KB262898

순기초일본어

일본어가 튼튼하게 자란다 [겡끼]

げんき ①

시사일본어사

GENKI: An Integrated Course in Elementary Japanese I <Textbook & Workbook>
by Eri Banno, Yutaka Ohno, Yoko Sakane & Chikako Shinagawa
Copyright © 1999, 2000 by E. Banno, Y. Ohno, Y. Sakane & C. Shinagawa
All rights reserved
Cover art by Nakayama Design Office: Gin-o Nakayama, Mutsumi Satoh & Masataka Muramatsu
Original Japanese edition published by The Japan Times, Ltd.
Korean translation rights arranged with The Japan Times, Ltd.
through Japan Foreign-Rights Centre

머리말

    이 책은 학생들의 요청으로 시작하여, 실제 수업에서 반복하여 사용해 본 후, 학생의 반응이나 의견, 감상을 참고로 하여, 세부적인 사항에 이르기까지 개정을 거듭하여 만들어졌습니다. 이 책을 이렇게 출판하기까지 4년이라는 시간이 걸렸습니다만, 덕분에 그 보람이 헛되지 않은 이상적인 교재가 될 수 있었다고 생각합니다. 이 책을 사용함으로써 학습자들은 그림이나 게임 등을 통해 즐겁고, 자연스럽게 일본어 능력을 키워 갈 수 있으리라고 확신합니다.

    이 책이 완성된 것은 많은 분들의 도움 덕분입니다. 특히 출판에 있어서, The Japan Times 출판부의 関戸千明 씨께 여러 가지로 신세를 졌습니다. 또, 11과 이후의 작업에 참가해 주신 渡嘉敷恭子 씨, 이 책을 써 보고 조언을 주신 関西外国語大学 유학생별과의 동료, 실습생, 시용판의 일러스트를 담당하신 田嶋香織 씨, 번역에 도움을 주신 大川ジュディ 씨, 지금까지 저희를 지도해 주셨던 선생님들께 진심으로 깊은 감사를 드립니다. 그리고 마지막으로 이 책을 만들게 된 동기이자 원동력이었던 関西外国語大学의 유학생 여러분들께 감사를 드립니다.

차례

이 책에 대하여

1. 대상

이 책은 처음 일본어를 배우는 사람들을 위한 교재입니다.
제1권·제2권, 전 23과로 초급 일본어 학습이 끝나며, 대학생은 물론, 고등학생이나 사회인, 일본어를 독학하고자 하는 사람도 효과적으로 일본어를 학습할 수 있습니다.
이 책은 종합 교재로서, 일본어의 4가지 기능(듣기·말하기·읽기·쓰기)을 키워, 종합적인 일본어 능력을 높여 가는 것을 목표로 하고 있습니다. 정확하게 문장을 만들 수 있다 해도 유창함이 결여되어 있다거나, 유창하기는 하지만 간단한 문장 밖에 말하지 못한다거나 하는 일이 없도록, 언어 습득의 목표인 「정확성」「유창성」「복잡성」을 균형있게 높여 갈 수 있도록 배려했습니다.

2. 구성

기본적인 문법을 배우고 어휘를 늘리면서,「말하기」「듣기」를 학습합니다. 각 과는 다음과 같이 구성되어 있습니다.

会話 「회화」는 일본에서 온 유학생과 그 친구·가족을 중심으로 전개되며, 학습자가 일상 생활에서 경험할 만한 여러 가지 장면으로 되어 있습니다. 회화문을 통해서 학습자는 「맞장구」 등을 포함한 자연스러운 회화를 접하고, 회화 속에서 문장과 문장이 어떻게 이어지는지, 어떠한 부분이 생략되는지 등을 배울 수 있습니다. 「회화」에는 그 과에서 배우는 새로운 학습 항목이 많이 포함되어 있기 때문에, 과의 처음에 「회화」를 읽으면 매우 어렵다고 느낄지도 모릅니다. 하지만 이들 항목은 연습을 통해서 익혀 나갈 수 있게 하였으므로, 처음에는 어려워도 그렇게 걱정하지 않으셔도 됩니다.
또, 「회화」는 부록 Tape에 녹음되어 있습니다. ⑴ 부분 Tape를 듣고, 발음이나 억양 등에 주의를 기울이며, 반복해서 말하는 연습을 하면 좋습니다.

「단어」에는 그 과의 「회화」와 「연습」에 나오는 새로운 단어가 정리되어 있습니다. 이 중에서 「회화」에 나오는 단어에는 ＊ 가 붙어 있습니다. 제1과와 제2과에서는 기능별로 단어를 제시하고 제3과부터는 품사별로 제시하고 있습니다.

이 단어는 부록의 「색인」에 정리되어 있습니다.

「단어」에 있는 말은 그 후의 과에도 반복해서 나오기 때문에, 매일 조금씩 외우는 것이 좋습니다. 제3과부터 상용 한자로 쓰이는 단어에는 모두 한자를 함께 적었지만, 이 한자는 외울 필요는 없습니다.

그리고, 이 책에서는 과의 악센트(박의 고저)를 표시하지 않았습니다. 일본어의 악센트는 지역이나 개인(세대간 차 등)에 따라 차이가 심한 데다가, 어형 변화나 단어의 연결 등에 의한 변화도 복잡합니다. 따라서 악센트에 너무 구애받지 말고, 문장의 억양 등을 생략하여, 가능한 한 Tape를 따라하도록 합시다.

문법은 꽤 자세하게 설명되어 있기 때문에, 독학하는 분도 쉽게 이해할 수 있습니다. 그리고 교실에서 배우는 학습자는 미리 문법 설명을 읽고 나서 수업에 임해 주세요.

뒤의 「연습」에서 나오는 항목은 모두 「문법」 속에 설명되어 있습니다.

연습은 없지만 설명이 필요한 문법이나 어휘에 대해서는 「문법」 뒤에 있는 「表現ノート」에 그때그때 정리해 놓았습니다.

「연습」은 각 학습 항목에 관해 기본 연습에서 응용 연습으로 단계적으로 배열해 놓았고, 학습자가 이들 연습을 순서대로 배우면서 무리없이 일본어를 습득할 수 있도록 배려하였습니다.

또, 「연습」의 마지막에는 「まとめの練習」가 있습니다. 이것은 여러 개의 학습 항목을 종합한 연습이나 「회화」를 응용한 별도의 회화를 만드는 연습 등, 그 과의 학습 마무리가 되는 연습입니다.

「청취」는 듣기 연습을 위해 회화문을 중심으로 3,4개의 문제를 실었습니다. 부분 Tape에 녹음된 내용을 듣고 질문에 대답하면 됩니다. 문제에는 각 과에서 다룬 문법이나 단어가 포함되어 있으므로 각 과를 마친 후 「청취」를 학습하면 좋습니다.

과의 마지막에 필요에 따라 칼럼을 실었습니다. 이 칼럼에는 제1과 「じかん・とし」처럼 그 과의 주제와 관련 있는 표현이나, 제10과 「駅で」처럼 장소에 따라 쓰이는 표현이 정리되어 있습니다. 이들 단어도 부록의 「색인」에 실어 놓았습니다.

- **부록**

제1권, 제2권 각각의 권말에 「색인」을 실었습니다. 각 과의 「단어」나 「칼럼」에 나오는 단어를 오십음도 순으로 실었습니다. 단어에 붙어 있는 숫자는, 그 단어가 도입된 과의 번호를 나타내고 있습니다.

그 밖에 동사 활용표와 조수사의 음의 변화를 정리한 표를 실었습니다. 그리고 「연습」 「청취」의 해답과 「청취」 스크립트를 실었습니다.

3. 표기에 관하여

본문은 기본적으로, 한자와 가나를 함께 표기하고 있습니다. 한자 표기는 기본적으로 상용 한자표에 따랐습니다만, 상용 한자에 포함되어 있는 한자라도 초급 학습자에게 어렵다고 생각되는 것은 히라가나로 표기했습니다.

또, 한자에 모두 음을 달아 놓았습니다.

단, 「あいさつ」와 제1과와 제2과는 학습자의 부담을 줄이고 쉽게 학습할 수 있도록 히라가나·가타카나 표기도 하고 로마자도 함께 적었습니다. 그러나 이 로마자 표기는 어디까지나 보조적인 것이므로, 처음부터 너무 의지하지 않도록 주의하세요.

가르치는 분들께

Ⅰ. 장점

이 책은 처음 일본어를 배우는 사람을 대상으로 한 교재입니다. 초급용의 종합 교재로서 일본어의 4가지 기능(듣기·말하기·읽기·쓰기)을 키워, 종합적인 일본어 능력을 높여 가는 것을 목적으로 하고 있습니다.

1. 일상 생활과 밀접한 장면 설정

이 책에서는 학습자가 배운 것을 바로 응용할 수 있도록, 어휘, 표현, 문법은 전부 학습자에게 필요한 것만 골라 수록하였습니다.

쇼핑과 레스토랑 등 학습자가 일상에서 만나는 장면과 상황을 설정하여, 실생활에서 바로 도움이 되는 회화를 제시하였습니다. 과의 맨 뒤에 수록되어 있는 「駅で」「美容院で」 등의 칼럼에서는 각각의 장소에서 필요한 표현을 정리했습니다.

2. 즐겁고 적극적으로 배울 수 있는 연습

학습자가 일본어 학습에 흥미를 갖고 꾸준히 즐겁고 적극적으로 배울 수 있도록 여러 가지 요소들을 활용했습니다. 하나는 그림을 가능한 한 많이 넣어 보기에도 즐겁게 하여, 단조롭기 쉬운 기본 연습에 변화를 주었습니다. 다른 하나는 다양한 액티비티(활동)를 넣어, 회화 연습은 물론 한자 연습과 독해를 즐겁게 할 수 있도록 했습니다. 또, 조와 그룹끼리의 연습도 많이 넣어 학습자가 편안한 분위기에서 적극적으로 회화 할 수 있도록 했습니다.

3. 알기 쉬운 정중한 문법 설명

문법 설명은 문법 전문가가 아닌 학습자가 읽고 이해할 수 있어야 합니다. 그래서 예문이 많이 나오고, 읽기 쉽게 쓰여져 있습니다. 또 학습자가 범하기 쉬운 실수에 대해서도 그때마다 본문 안이나 주에서 설명하였습니다. 이 설명을 수업 전에 미리 학습자가 읽는다면, 수업에서는 문법 설명보다 연습에 더 많은 시간을 할애할 수 있어 효과적입니다.

4. 부교재와 Tape

이 책 이외에 읽고 쓰기 위주의 부교재, Tape가 있어 종합적인 일본어 학습이 가능합니다. 읽고 쓰기 위주의 부교재에서는 일본어의 문자를 배우고, 문장을 읽고 쓰는 것을 통해, 독해력과 쓰는 능력을 키울 수 있습니다.

Tape에는 회화와 청취가 수록되어 있습니다. 듣는 것뿐만 아니라, 실제로 소리를 내서 연습하는 것이 더욱 효과적입니다.

II. **학습 내용과 소요 시간**

이 책은 기본적인 문법을 배우고 어휘를 늘리면서, 일본어를 말하고 듣는 능력을 높이는 것을 목적으로 하고 있습니다. 읽고 쓰기 위주의 부교재에서는 일본어의 문자(히라가나 · 가타카나 · 한자)를 배우고, 문장을 읽고 쓰는 것을 통해, 독해력과 쓰는 능력을 키우는 것을 목표로 하고 있습니다.

학습 내용 : 이 교재는 총 23과로 초급 수준의 학습 항목을 마칩니다.
(제1권 : 제1과~제12과, 제2권 : 제13과~제23과를 수록)
〈문형〉 ⋯ 초급 기본 문형을 거의 다 다루고 있습니다.
「です・ます」에서 경어, 수동, 사역, 사역수동까지
〈한자〉 ⋯ 일본어능력시험 3급 한자표의 전부를 포함한 기본 한자 317자를 학습합니다.
제1권 : 일본어능력시험 4급한자표의 전부를 포함한 145자
제2권 : 일본어능력시험 3급한자표의 전부를 포함한 172자
〈어휘〉 ⋯ 일상 생활에 필요한 기본어휘 약 1100 단어를 학습합니다.

소요 시간 : 23과를 학습하는 데 약 200시간을 상정하고 있습니다.
(텍스트 : 각 과 6시간, 부교재(읽고 쓰기 위주) : 각 과 3시간)

기본적인 사용 순서는, 우선 텍스트의 과를 학습하고, 읽고 쓰기 위주의 부교재의 같은 과를 학습합니다. 이것은 부교재에는 텍스트의 같은 과에서 다루어진 학습 항목이 들어 있으므로 확인 학습이 가능하기 때문입니다.

또 부교재를 사용하지 않고 텍스트만으로 학습을 진행하는 것도 가능합니다. 다만 이 경우 제2과를 끝낼 때까지 히라가나와 가타카나를 읽을 수 있도록 지도해 주십시오. 제3과 이후에는 한자와 가나를 같이 표기하고 있고, 로마자는 표기하지 않습니다, 또한 한자에는 모두 음이 달려 있습니다.

일본어의 글자와 발음

일본어에는 3종류의 글자가 있습니다. 즉, 히라가나, 가타카나, 한자입니다. 이 문자들이 모두 한 문장에 나올 수 있습니다.

$$\underset{\text{가타카나}}{\underline{テ レ ビ}} \; を \; \underset{\text{한자}}{\overset{み}{見}} \; \underset{\text{히라가나}}{ます。} \qquad \text{나는 텔레비전을 봅니다.}$$

영어의 알파벳과 마찬가지로 히라가나와 가타카나는 소리를 대표합니다. 위의 예문에서 볼 수 있듯이 히라가나는 둥글둥글한 모양을 가지고 있으며, 동사 활용의 어미 변화, 기능어 및 한자로서 표현할 수 없는 일본 고유의 말에 사용됩니다. 가타카나는 좀 직선적인 선을 연상케 하며 외래어나 차용어를 쓰는 데 사용됩니다. 예를 들면, 텔레비전은 일본어로 テレビ와 같이 가타카나로 씁니다. 한자는 소리뿐만 아니라 뜻을 대표합니다. 일반적으로 한자는 명사, 동사 어간 및 형용사에 사용됩니다.

1. 히라가나

A. 기본 히라가나

히라가나는 아래에 나와 있는 바와 같이 46개의 음이 있습니다. 이 표를 한번 외워 두면 모든 일본어를 말할 수 있게 됩니다.

あ *a*	い *i*	う *u*	え *e*	お *o*
か *ka*	き *ki*	く *ku*	け *ke*	こ *ko*
さ *sa*	し **shi*	す *su*	せ *se*	そ *so*
た *ta*	ち **chi*	つ **tsu*	て *te*	と *to*
な *na*	に *ni*	ぬ *nu*	ね *ne*	の *no*

は ha	ひ hi	ふ fu	へ he	ほ ho
ま ma	み mi	む mu	め me	も mo
や ya		ゆ yu		よ yo
ら ra	り ri	る ru	れ re	ろ ro
わ wa				を wo

ん n

> ❶ し, ち, つ는 각각 [shi], [chi], [tsu]라고 발음합니다.

로마자는 일반적인 발음을 위한 참고로 밑에 붙였습니다.

B. 「゛」와 「゜」를 붙인 히라가나

히라가나에 (゛)를 붙임으로 23개의 소리를 추가로 낼 수 있습니다. (゛)가 붙으면 무성자음인 k, s, t 및 h는 유성자음인 g, z, d, b로 변합니다. 자음 h는 작은 원 (゜)을 붙이므로써 p로 변합니다.

が ga	ぎ gi	ぐ gu	げ ge	ご go
ざ za	じ zi	ず zu	ぜ ze	ぞ zo
だ da	*ぢ ji	*づ zu	で de	ど do
ば ba	び bi	ぶ bu	べ be	ぼ bo
ぱ pa	ぴ pi	ぷ pu	ぺ pe	ぽ po

> ❶ ぢ와 づ는 じ와 ず처럼 발음됩니다. 그러나 그 용법은 제한됩니다.

C. や, ゆ, よ의 발음

や, ゆ, よ의 작은 문자 ゃ, ゅ, ょ는 い를 제외한 [- i]모음 히라가나 뒤에서 축소음을 내는데
사용됩니다. 축소음은 단절음을 나타냅니다.

きゃ *kya*	きゅ *kyu*	きょ *kyo*
しゃ sya	しゅ syu	しょ syo
ちゃ cha	ちゅ chu	ちょ cho
にゃ nya	にゅ nyu	にょ nyo
ひゃ *hya*	ひゅ *hyu*	ひょ *hyo*
みゃ *mya*	みゅ *myu*	みょ *myo*
りゃ rya	りゅ ryu	りょ ryo

ぎゃ *gya*	ぎゅ *gyu*	ぎょ *gyo*
じゃ ja	じゅ ju	じょ jo

びゃ *bya*	びゅ *byu*	びょ *byo*
ぴゃ *pya*	ぴゅ *pyu*	ぴょ *pyo*

D. つ의 발음

작은 문자 つ는 tt나 pp와 같은 중자음을 발음할 때 사용됩니다.

예　かった　　katta　　이겼다　　　※ かた　　kata　　어깨
　　さっか　　sakka　　작가
　　はっぱ　　happa　　잎사귀
　　ざっし　　zasshi　　잡지

E. 기타 발음

① 장모음

같은 모음이 연이어 붙어 있을 때의 발음은 1개의 모음일 때보다 2배 길게 발음됩니다.
이 때 모음 발음의 길이에 주의해야 하는데, 모음 발음의 길이에 따라 단어의 뜻이 달라지기
때문입니다.

aa	おばあさん	obaasan	할머니	※ おばさん	obasan	아주머니
ii	おじいさん	ojiisan	할아버지	※ おじさん	ojisan	아저씨
uu	すうじ	suuji	숫자			

ee 장모음 ee는 보통 い를 [-e]모음 히라가나에 붙여서 발음합니다.
그러나 い 대신 え가 쓰이는 단어도 있습니다.

| えいが | eega | 영화 |
| おねえさん | oneesan | 누나(언니) |

oo 장모음 oo는 보통 う를 [-o]모음 히라가나에 붙여서 발음합니다.
그러나 역사적인 이유로 장모음이 お로 발음되는 경우도 있습니다.

| ほうりつ | hooritsu | 법률 |
| とお | too | 열(10) |

② 발음법

ん은 그 길이에 있어서 1개의 음절로 취급됩니다. ん은 뒤에 따르는 단어의 음에 따라서 발음이 변합니다.

- ん이 모음 앞이나 단어 끝에 올 때는 앞의 모음 발음이 길어지면서 생략되기도 한다.

  예　れんあい　rẽai　연애
  　　ほん　　　hõ　　책

- ん이 n, t, d, s음 앞에 올 때는 n으로 발음한다.

  예　おんな　onna　여자

- ん이 m, p, b음 앞에 올 때는 m으로 발음한다.

  예　さんぽ　sampo　산보

- ん이 k, g음 앞에 올 때는 ng으로 발음한다.

  예　まんが　mangga　만화

③ 모음의 생략

[-i] 모음과 [-u] 모음은 종종 무성자음(k, s, t, p, h) 사이에서 생략되거나, 무성자음 뒤에 오면서 말의 끝에서는 생략됩니다.

   예   すきです   s(u)kides(u)   좋아합니다

④ 악센트

일본어는 고저 악센트를 가지고 있습니다. 즉 모든 음절은 근본적으로 고저(高低)로 발음됩니다. 음절은 거의 같은 길이와 억양으로 발음되며, 고저 발음은 지방에 따라 다릅니다.

   예   あさ   a sa   아침
         なまえ   na ma e   이름
         たかい   ta ka i   높다

2. 가타카나

ア *a*	イ *i*	ウ *u*	エ *e*	オ *o*
カ *ka*	キ *ki*	ク *ku*	ケ *ke*	コ *ko*
サ *sa*	シ *˙shi*	ス *su*	セ *se*	ソ *so*
タ *ta*	チ *˙chi*	ツ *˙tsu*	テ *te*	ト *to*
ナ *na*	ニ *ni*	ヌ *nu*	ネ *ne*	ノ *no*
ハ *ha*	ヒ *hi*	フ *hu*	ヘ *he*	ホ *ho*
マ *ma*	ミ *m*	ム *mu*	メ *me*	モ *mo*
ヤ *ya*		ユ *yu*		ヨ *yo*
ラ *ra*	リ *ri*	ル *ru*	レ *re*	ロ *ro*
ワ *wa*				ヲ *wo*
ン *n*				

❗ シ, チ, ツ는 각각 [shi], [chi], [tsu]라고 발음합니다.

ガ *ga*	ギ *gi*	グ *gu*	ゲ *ge*	ゴ *go*
ザ *za*	ジ *zi*	ズ *zu*	ゼ *ze*	ゾ *zo*
ダ *da*	*ヂ *ji*	*ヅ *zu*	デ *de*	ド *do*
バ *ba*	ビ *bi*	ブ *bu*	ベ *be*	ボ *bo*
パ *pa*	ピ *pi*	プ *pu*	ペ *pe*	ポ *po*

❗ ヂ와 ヅ는 ジ와 ズ처럼 발음됩니다. 그러나 그 용법은 제한됩니다.

キャ *kya*	キュ *kyu*	キョ *kyo*
シャ *sya*	シュ *syu*	ショ *syo*
チャ *cha*	チュ *chu*	チョ *cho*
ニャ *nya*	ニュ *nyu*	ニョ *nyo*
ヒャ *hya*	ヒュ *hyu*	ヒョ *hyo*
ミャ *mya*	ミュ *myu*	ミョ *myo*
リャ *rya*	リュ *ryu*	リョ *ryo*

ギャ *gya*	ギュ *gyu*	ギョ *gyo*
ジャ *ja*	ジュ *ju*	ジョ *jo*

ビャ *bya*	ビュ *byu*	ビョ *byo*
ピャ *pya*	ピュ *pyu*	ピョ *pyo*

가타카나와 그 결합어의 발음은 히라가나와 동일하지만, 다음은 예외입니다.

(1) 장모음이 다음과 같이 쓰여질 때

예			
	カー	kaa	자동차
	スキー	sukii	스키
	スーツ	suutsu	정장
	ケーキ	keeki	케이크
	ボール	booru	공

세로로 쓸 때에는 장음 기호(ー)도 역시 세로로 써야 합니다.

예

ボール → ボ
　　　　　｜
　　　　　ル

(2) 작은 문자와의 결합은 일본어에 존재하지 않는 외국어를 발음하는 데 쓰입니다.

예				
	ウィ	ハロウィーン	harowiin	할로윈
	ウェ	ハイウェイ	haiwee	고속도로
	ウォ	ミネラルウォーター	mineraruwootaa	광천수
	シェ	シェリー	sherii	쉐리
	ジェ	ジェームス	jeemusu	제임스
	チェ	チェック	chekku	체크
	ファ	ファッション	fasshon	패션
	フィ	フィリピン	firipin	필리핀
	フェ	カフェ	kafe	카페
	フォ	カリフォルニア	kariforunia	캘리포니아
	ティ	パーティー	paatii	파티
	ディ	ディスコ	disuko	디스코
	デュ	デューク	dyuuku	공작

(3) v음은 종종 ヴ로 쓰입니다. 예를 들면 Venus는 때때로 ビーナス나 ヴィーナス로 쓰입니다.

あいさつ(인사)

おはよう。
おはようございます。
こんにちは。
こんばんは。
さようなら。
おやすみなさい。
ありがとう。
ありがとうございます。
いいえ。
すみません。

おはよう。	Ohayoo.	안녕.(아침 인사)
おはよう　ございます。	Ohayoo gozaimasu.	안녕하세요.
こんにちは。	Konnichiwa.	안녕하세요.(점심 인사)
こんばんは。	Konbanwa.	안녕하세요.(저녁 인사)
さようなら。	Sayoonara.	안녕.(헤어질 때)
おやすみなさい。	Oyasuminasai.	안녕히 주무세요.
ありがとう。	Arigatoo.	고마워.
ありがとう　ございます。	Arigatoo gozaimasu.	고맙습니다.
すみません。	Sumimasen	실례합니다./ 미안합니다.
いいえ。	Iie.	아니요.
いってきます。	Ittekimasu.	다녀오겠습니다.
いってらっしゃい。	Itterasshai.	다녀오세요.
ただいま。	Tadaima.	다녀왔습니다.
おかえりなさい。	Okaerinasai.	다녀오셨어요.
いただきます。	Itadakimasu.	잘 먹겠습니다.
ごちそうさま。	Gochisoosama.	잘 먹었습니다.
はじめまして。	Hajimemashite.	처음 뵙겠습니다.
どうぞ　よろしく。	Doozoyorosiku.	잘 부탁합니다.

❀ おはよう／ありがとう

おはようは 친구와 가족간에 사용되며 おはようございます는 친숙하지 않는 사이에서 쓰인다. ありがとう와 ありがとうございます도 마찬가지다. 만약 여러분이 어떤 사람과 이름을 부를 정도로 친한 관계라면 전자를 택하고, 어떤 사람을 「～씨」라고 불러야 한다면 후자를 택한다. 예를 들어 학생들은 선생님께 늘 길게 말하는 어법을 사용한다.

❀ さようなら

일본어는 작별 인사에 관한 표현법이 여러 가지 있는데, 얼마나 오랫동안 떨어져 있는지에 따라 그 쓰임이 다르다. さようなら는 ①상대자에 대하여 그를 평생 만나지 않을 것이거나 ②새 날이 올 때까지 만나지 않을 것이거나 ③운명이 두 사람을 다시 결합시켜 주지 않는 한 만나지 않을 것이거나 ④다른 세계에서 다시 만날 때까지 만나지 않을 것이라는 뜻을 내포하고 있다.

じゃあ、また。	그럼, 또.(친구 사이에서 조만간 다시 만나게 될 때)
しつれいします。	실례했습니다.(예 교수 연구실에서 나갈 때)
いってきます。	다녀오겠습니다.(외출할 때)

❀ すみません

すみません은 ①다른 사람의 관심을 끌기 위하여 ②다른 사람에게 끼친 일에 대해 사과하기 위한 「미안합니다」라는 뜻으로 ③다른 사람이 행한 일에 대해 감사의 뜻으로 사용된다.

❀ いいえ

질문에 대한 부정적인 대답인 「아니요」라는 뜻이다. 그러나 회화에서 나오는 이 표현은 「천만에요」라는 뜻에 해당하며, 상대방에게 해 준 일에 대해 부담감을 가질 필요가 없다는 것을 표현하는 것이다.

❀ いってらっしゃい／いってきます／ただいま／おかえりなさい

식구가 외출하거나 집에 돌아올 때 교환되는 표현이다. 외출하는 사람은 いってきます(다녀오겠습니다)라고 하고, 집에 있는 사람은 いってらっしゃい(다녀오겠습니다)라고 한다. ただいま와 おかえりなさい는 가족이 집에 돌아왔을 때 사용된다. 집에 도착한 사람은 ただいま(다녀왔습니다)라고 말하고, 집에 있는 사람은 おかえりなさい(잘 다녀오셨어요)라고 대답한다.

아래와 같은 상황에서 여러분은 뭐라고 말하면 좋을까요?
친구들과 함께 상황을 재현해 보세요.

1. 하숙집 식구들을 처음으로 만났습니다. 그들에게 인사하세요.

2. 지금은 오후 1시입니다. 이웃인 야마다 씨를 만났습니다.

3. 아침에 학교에 왔습니다. 선생님과 친구들에게 인사하세요.

4. 복잡한 지하철 안에서 다른 사람의 발을 밟았습니다.

5. 책을 떨어뜨렸습니다. 어떤 사람이 그 책을 주워 주었습니다.

6. 지금은 저녁 8시입니다. 선생님을 편의점에서 우연히 만났습니다.

7. 하숙집 식구들과 함께 텔레비전을 보고 있습니다. 이제 잘 시간이 되었습니다.

8. 외출하려고 합니다.

9. 외출했다가 집에 돌아왔습니다.

10. 밥을 먹기 시작하려고 합니다.

11. 식사를 마쳤습니다.

あたらしいともだち

会話

Ⅰ　일본에 온 지 얼마 안 된 메리가 일본 학생에게 시간을 묻고 있습니다.

メアリー　　すみません。いま　なんじですか。
Mearii　　　Sumimasen.　　　Ima　　nanji desu ka?

たけし　　　じゅうにじはんです。
Takeshi　　　Juuniji han desu.

メアリー　　ありがとう　ございます。
Mearii　　　Arigatoo　　gozaimasu.

たけし　　　いいえ。
Takeshi　　　Iie.

Ⅱ

たけし Takeshi	あの、りゅうがくせいですか。 Ano,　　ryuugakusee desu ka?
メアリー Mearii	ええ、アリゾナだいがくの　がくせいです。 Ee,　　Arizona daigaku no　　　　gakusee　desu.
たけし Takeshi	そうですか。せんもんは　なんですか。 Soo desu ka.　　Senmon wa　　　nan desu ka?
メアリー Mearii	にほんごです。いまにねんせいです。 Nihongo desu.　　Ima ninensee desu.

*あの	ano	저
*いま	ima	지금
えいご	eego	영어
*ええ	ee	예, 네
*がくせい	gakusee	학생
*〜ご	〜go	〜어
		▶ にほんご 일본어
こうこう	kookoo	고등학교
ごご	gogo	오후
ごぜん	gozen	오전
〜さい	〜sai	〜살, 〜세
〜さん	〜san	〜씨
*〜じ	〜ji	〜시
		▶ いちじ 1시
〜じん	〜jin	〜 인
		▶ にほんじん 일본인
せんせい	sensee	선생님
*せんもん	senmon	전공
*そうです	soo desu	그렇습니다
*だいがく	daigaku	대학
でんわ	denwa	전화
ともだち	tomodachi	친구
なまえ	namae	이름
*なん／なに	nan/nani	무엇
*にほん	nihon	일본
*〜ねんせい	〜nensee	〜학년
		▶ いちねんせい 1학년
はい	hai	예, 네
*はん	han	반, 30 분
		▶ にじはん 2시 반
ばんごう	bangoo	번호
*りゅうがくせい	ryuugakusee	유학생
わたし	watashi	나

補充単語

● 나라

アメリカ あめりか	Amerika	미국
イギリス いぎりす	Igirisu	영국
オーストラリア おおすとらりあ	Oosutoraria	오스트레일리아
かんこく	Kankoku	한국
スウェーデン すうぇえでん	Sueeden	스웨덴
ちゅうごく	Chuugoku	중국

● 전공

かがく	kagaku	과학
アジアけんきゅう あじあ	ajiakenkyuu	아시아 연구
けいざい	keezai	경제
こくさいかんけい	kokusaikankee	국제 관계
コンピューター こんぴゅうたあ	konpyuutaa	컴퓨터
じんるいがく	jinruigaku	인류학
せいじ	seeji	정치
ビジネス びじねす	bijinesu	비즈니스
ぶんがく	bungaku	문학
れきし	rekishi	역사

● 직업

しごと	shigoto	일
いしゃ	isha	의사
かいしゃいん	kaishain	회사원
こうこうせい	kookoosee	고등학생
しゅふ	shufu	주부
だいがくいんせい	daigakuinsee	대학원생
だいがくせい	daigakusee	대학생
べんごし	bengoshi	변호사

● **가족**

おかあさん	okaasan	어머니
おとうさん	otoosan	아버지
おねえさん	oneesan	(남의) 누나(언니)
おにいさん	oniisan	(남의) 형(오빠)
いもうと	imooto	여동생
おとうと	otooto	남동생

文　法

1　XはYです

「12시 30분입니다」「저는 학생입니다」「저의 전공은 일본어입니다」와 같은 「～입니다」라는 표현은 일본어로 ～です라고 합니다.

> **～です。**　　～입니다.

じゅうにじはんです。　　12시 반입니다.

がくせいです。　　学생입니다.

にほんごです。　　일본어입니다.

일본어의 경우, 한국어와 마찬가지로 주어가 생략된 문장이 일반적입니다. 말하는 사람은 언급하려는 대상(주어)을 상대방이 확실히 안다고 생각할 때 주어를 생략하는 경향이 있습니다. 주어가 확실하게 드러나 있지 않은 경우는 어떻게 해야 할까요? 그 때는 주어를 분명히 말해야 합니다.

　　_________は　にほんごです。　　　　　_________은/는 일본어입니다.

______ 부분에는 아래 문장의 にほんご와 같이 주어나 화제를 나타내는 말이 옵니다.

　　せんもんは　にほんごです。　　전공은 일본어입니다.

이와 같이 XはYです는 「X(사람 또는 물건)는 Y입니다」라는 뜻을 나타냅니다.

> **XはYです。**　X는 Y입니다.

わたしは　キム・スーです。　　저는 김 수입니다.

やましたさんは　せんせいです。　　야마시타 씨는 선생님입니다.

メアリーさんは　アメリカじんです。　　메리 씨는 미국인입니다.

　　は는 조사입니다. 조사 の에 대해서는 이 과의 뒷부분에서 다루겠습니다만, 이러한 조사는 우리말의 조사와 유사한 점이 많습니다. 즉 조사라는 것은 구에 붙어, 그 구가 문장의 다른 부분과 어떤 관계에 있는가를 가리킵니다.

2 의문형

일본어의 의문형은 문말에 か를 붙이면 됩니다.

りゅうがくせいです。　　　　　りゅうがくせいです**か**。
유학생입니다.　　　　　　　　　유학생입니까?

　　윗문장에서 りゅうがくせいですか는 의문문입니다. 의문문은 なん(무엇)과 같은 의문사를 포함할 수도 있습니다. 이 과에서는 なんじ(몇 시), なんさい(몇 살), なんねんせい(몇 학년)와 같은 의문사로 질문하는 방법과 이런 질문에 대답하는 방법에 관하여 공부하겠습니다. 문장의 어순은 우리말과 거의 같습니다.

せんもんは　**なん**ですか。　　　　　（せんもんは）　**えいご**です。
전공은 무엇입니까?　　　　　　　　（전공은) 영어입니다.

いま　**なんじ**ですか。　　　　　　　（いま）　**くじ**です。
지금 몇 시입니까?　　　　　　　　　（지금) 9시입니다.

メアリーさんは　**なんさい**ですか。　**じゅうきゅうさい**です。
메리 씨는 몇 살입니까?　　　　　　　19살입니다.

なんねんせいですか。　　　　　　　**にねんせい**です。
몇 학년입니까?　　　　　　　　　　　2학년입니다.

でんわばんごうは　**なん**ですか。　　**186の7343**です。
전화 번호는 몇 번입니까?　　　　　　186-7343입니다.

❗ 일본어에는 의문문에 물음표가 붙지 않습니다.

❗ 「무엇」에 해당하는 일본어의 의문사는 なん과 なに의 두 가지 발음이 있습니다. なん은 です나 수사(예를 들어, じ(시))의 바로 앞에서 사용되고, なに는 조사 앞에서 사용됩니다. 또한 なに는 なにじん(어느 나라 사람)과 같은 조합으로도 사용됩니다.

の는 두 명사를 연결해 주는, 우리말의 「의」에 해당하는 조사입니다. 東西大学の学生(도자이 대학의 학생)에서 두 번째 명사 「学生」는 주요 관념(학생이라는)을 나타내고, 첫 번째 명사 東西大学는 제한(고등 학교가 아니라 대학이라는)을 나타냅니다. の는 아주 여러 가지 역할을 하는 조사입니다. 첫째는 아래와 같이 소유격을 나타냅니다. 두 명사가 어떤 관계를 나타내는지 아래의 예문을 보세요.

たけしさんの	でんわばんごう	다케시 씨(의) 전화 번호
だいがくの	せんせい	대학(의) 학생
にほんごの	がくせい	일본어(의) 학생
にほんの	だいがく	일본(의) 대학

위의 예문을 보면 우리말과 마찬가지로 주요 관념이 가장 뒤에 오게 됩니다. 우리말과의 차이점은, 두 개의 명사를 연결시킬 때 の가 생략되는 경우는 드물다는 것입니다. 위의 예문에서처럼 한국어의 경우는 の에 해당되는 조사 '의'를 생략하는 것이 자연스럽지만, 일본어의 경우는 の를 생략하면 부자연스러워집니다.

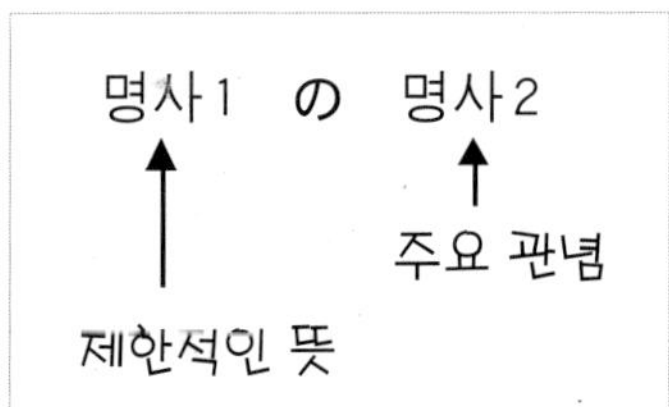

위와 같은 「명사1의명사2」는 우리말과 마찬가지로 하나의 큰 명사와 같이 사용됩니다. 아래와 같이 말이죠.

たけしさんの おかあさん は こうこうの せんせい です。

다케시 씨(의) 어머니는 고등 학교(의) 선생님입니다.

❀ あの

あの는 다음 이야기할 것에 관해 좀 망설이는 것을 나타낸다. 상대방이 현재 하고 있는 일을 방해하지 않을까 걱정하거나 또는 개인적인 질문을 하는 것에 대해 무례하고 불친절하다고 생각하지 않을까 걱정할 때 쓰인다.

❀ はい／ええ

はい／ええ, 이 두 가지 말은 yes-no 대답을 할 상황에서 yes에 해당하는 말이다. はい는 또한 노크할 때 대답으로 쓰이기도 하며, 사람의 이름을 불렀을 때 "여기 있습니다"의 뜻으로도 사용된다.

선생님 :	スミスさん？	스미스 씨?
학생 　 :	はい。	네, 여기 있습니다.

❀ そうですか

상대방의 대답을 이해했다고 단정하는 표현. 「그렇습니까?」「알았습니다」라고 해석한다.

❀ は의 발음

조사 は는 [wa]로 발음한다.

わたしのでんわばんごうは　37-8667 です。

나의 전화 번호는 37-8667입니다.

こんにちは(점심 인사)와 こんばんは(저녁 인사)의 경우도 [wa]로 발음한다.

❀ 숫자

숫자는 대부분 하나 이상의 발음을 가지고 있다. 부록의 「数」를 참조하기 바란다.

- 0 ゼロ나 れい라고 발음된다.
- 1 いち라고 발음된다. 하지만 いっぷん(1분), いっさい(1살)에서 いっ으로 발음된다.
- 2 항상 に라고 발음된다. 그러나 전화 번호를 읽을 때나 숫자를 단위별로 발음할 때에는 にい로 발음한다.

3 항상 さん이라고 발음된다. 그러나 뒤에 오는 말이 달라지는 경우가 있는데, 예를 들면 さんふん 대신 さんぷん으로 발음된다.

4 대부분 よん이라고 발음되지만, 「4학년」은 よねんせい, 「4시」는 よじ라고 발음한다. 그리고 しがつ(4월)과 같이 し로 발음하는 경우도 있다. よんぶん처럼 뒤에 오는 말이 바뀌는 경우가 많다.

5 항상 ご라고 발음된다. 단위별로 발음할 때는 장모음의 ごう처럼 발음한다.

6 ろく로 발음하며, ろっぷん에서는 ろっ으로 발음한다.

7 대부분 なな라고 발음되지만, 「7시」는 しち로 발음한다.

8 대부분 はち라고 발음되며, はっぷん와 はっさい에서는 はっ으로 발음한다.

9 대부분 きゅう라고 발음되지만, 「9시」는 くじ로 발음한다.

10 じゅう라고 발음되며, じゅっぷん와 じゅっさい에서는 じゅっ으로 발음한다.

✳ 전화 번호 읽기

조사 の는 보통 지방 전화국 국번호와 마지막 4자리 사이에 붙인다. 그러므로 전화 번호 012-345-6789는 ゼロ いち に さん よん ご の ろく なな はち きゅう 라고 읽는다.

✳ せんせい

せんせい는 보통 사람의 직업 뒤에 붙인다. わたしは せんせいです라고 하면 건방진 표현이 된다. 왜냐하면 せんせい는 「존경할 만한 어른」이라는 의미를 포함하고 있기 때문이다. 만약 여러분의 가족 중 한 사람이 실제로 직업이 선생님이라면 きょうし란 단어를 쓰는 것이 좋다.

✳ さん

さん은 이름이나 성 뒤에 일반적인 호칭으로 붙인다. 어린이들은 이름이나 성 뒤에 ちゃん을 붙이고, 윗사람이 아랫사람인 소년이나 남성을 부를 때 くん을 붙인다. 대학 교수나 의사는 보통 직업의 호칭 뒤에 せんせい를 붙인다.

✳ 대화하고 있는 상대방에 대해 언급할 때

일본어에서는 일반적으로 あなた(당신)를 사용하지 않는다. 그 대신 여러분이 상대방에 대해 언급할 때에는 상대방의 이름이나 그 사람의 호칭 뒤에 さん이나 せんせい를 붙여 말한다. 그러므로 하트 씨가 스웨덴 사람인지 묻기 위해서는 아래와 같이 말해야 한다.

（○）　ハートさんは　スウェーデンじんですか。
（×）　ハートさん、　あなたは　スウェーデンじんですか。

❀ 일본인의 이름

일본도 우리 나라와 마찬가지로 성을 먼저 말하고 이름을 나중에 말한다. 일본인
들은 자기 소개를 할 때 종종 성만을 말한다.
다음은 대표적인 일본인 성명의 예이다.

성	이름	
	남자	여자
さとう	ひろし	ゆうこ
すずき	いちろう	めぐみ
たかはし	けんじ	くみこ
たなか	ゆうき	なおみ
いとう	まさひろ	きょうこ

練 習

Ⅰ. すうじ

0	ゼロ／れい				
1	いち	11	じゅういち	30	さんじゅう
2	に	12	じゅうに	40	よんじゅう
3	さん	13	じゅうさん	50	ごじゅう
4	よん／し／（よ）	14	じゅうよん／じゅうし	60	ろくじゅう
5	ご	15	じゅうご	70	ななじゅう
6	ろく	16	じゅうろく	80	はちじゅう
7	なな／しち	17	じゅうなな／じゅうしち	90	きゅうじゅう
8	はち	18	じゅうはち	100	ひゃく
9	きゅう／く	19	じゅうきゅう／じゅうく		
10	じゅう	20	にじゅう		

A. 다음 숫자를 읽으세요.

(a) 5　　(b) 9　　(c) 7　　(d) 1　　(e) 10

(f) 8　　(g) 2　　(h) 6　　(i) 4　　(j) 3

B. 다음 숫자를 읽으세요.

(a) 45   (b) 83   (c) 19   (d) 76   (e) 52

(f) 100   (g) 38   (h) 61   (i) 24   (j) 97

C. 다음 질문에 대답하세요.

(a) 5+3   (b) 9+1   (c) 3+4   (d) 6-6   (e) 10+9   (f) 8-7   (g) 40-25

Ⅱ. じかん

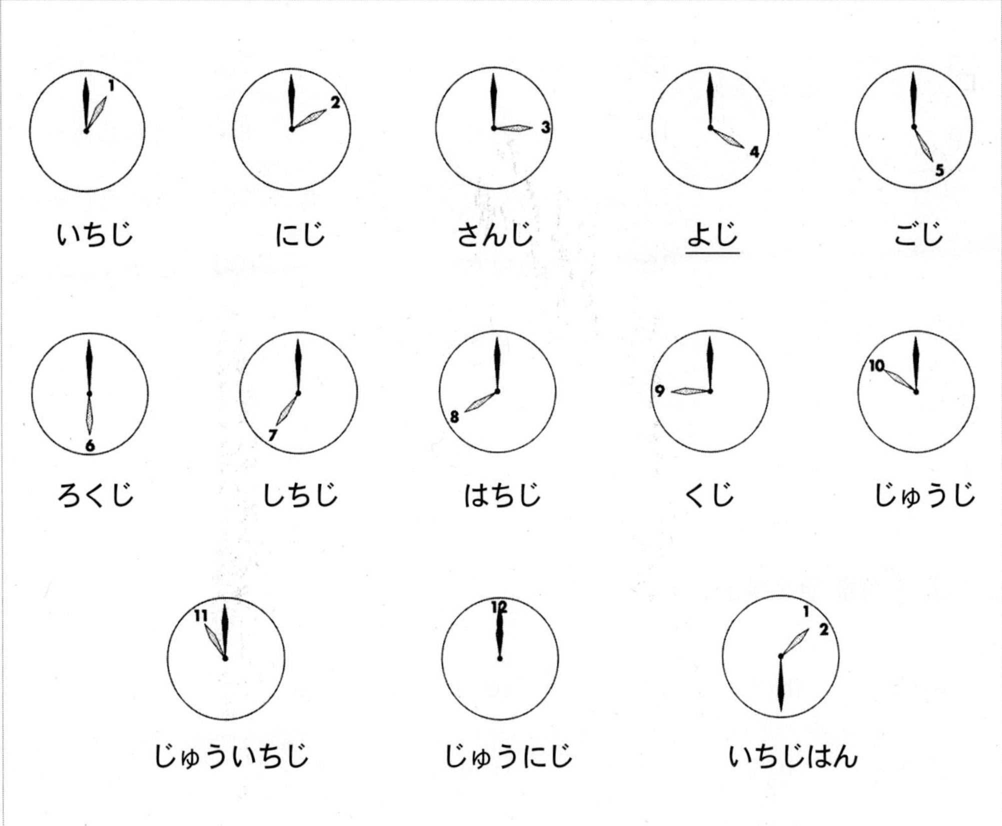

A. 다음 그림을 보고 질문에 대답하세요.

Q : いま　なんじですか。
A : いちじはんです。

(a)

(b)

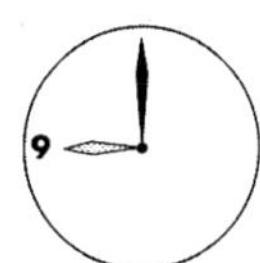

(c)

(d)

(e)

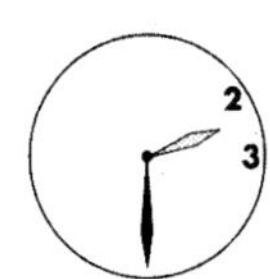

(f)

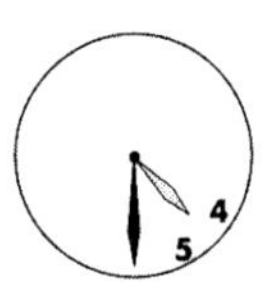

B. 다음 질문에 대답하세요.

Q : とうきょうは　いま　なんじですか。
A : ごぜん　さんじです。

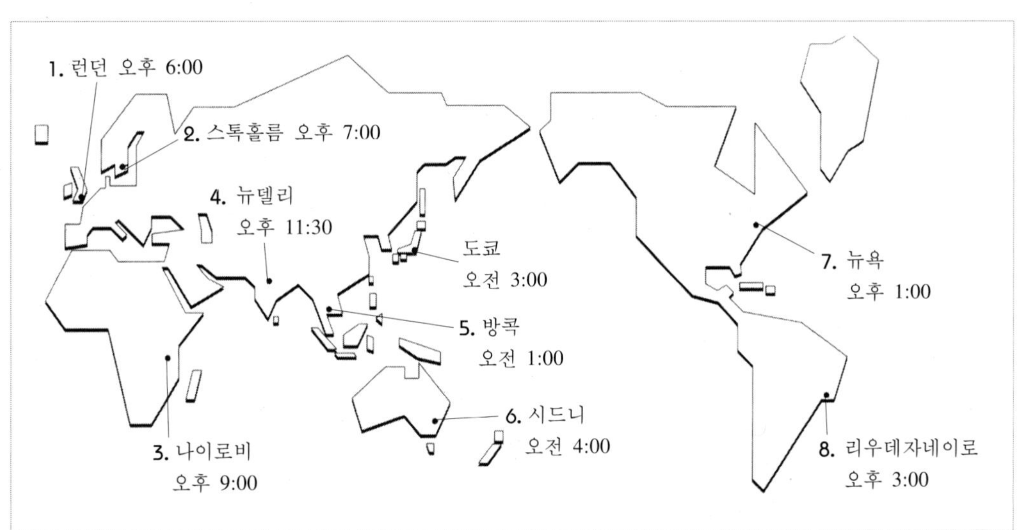

Ⅲ. でんわばんごう

A. 다음 사람의 전화 번호를 읽으세요.

예 | やました　283-9547　→　にはちさんの　きゅうごよんなな

1. メアリー　　　951-0326

2. たけし　　　　362-4519

3. スー　　　　　691-4236

4. ロバート　　　852-1032

ペア **B. 두 명씩 짝을 지어 다음 대화를 읽으세요.**

A : でんわばんごうは　なんですか。
B : 283-9547 です。
A : 283-9547 ですね。
B : はい、そうです。

グループ **C. 위의 대화를 이용하여 친구 3명의 전화 번호를 물어 보세요.**

이름	전화번호

Ⅳ. にほんごの　がくせい

A. 조사 の를 사용하여 다음 문장을 번역하세요.

> 예　일본어 학생　→　にほんごの　がくせい

1. 나의 선생님
2. 내 전화 번호
3. 내 이름
4. 다케시의 전공
5. 메리의 친구
6. 런던 대학 학생
7. 일본어 선생님
8. 고등학교 선생님

Ⅴ. メアリーさんは　アメリカじんです

A. 아래의 표를 보고 다음 사람에 대해 (a)~(e)와 같이 설명하세요.

1. たけしさん　　2. スーさん　　3. ロバートさん　　4. やましたせんせい

(a) 국적

> 예　メアリーさん　→　メアリーさんは　アメリカじんです。

(b) 학년

> 예　メアリーさん　→　メアリーさんは　にねんせいです。

(c) 나이

> 예　メアリーさん　→　メアリーさんは　じゅうきゅうさいです。

(d) 학교

> 예　メアリーさん　→　メアリーさんはアリゾナだいがくのがくせいです。

(e) 전공

> 예　メアリーさん　→　メアリーさんの　せんもんは　にほんごです。

	하트 메리	기무라 다케시 (きむら たけし)	김 수	스미스 로버트	야마시타 교수 (やましたせんせい)
국적	미국	일본	한국	영국	일본
학년	2학년	4학년	3학년	4학년	
나이	19세	22세	20세	22세	47세
학교	애리조나대	도자이대	서울대	런던대	도자이대
전공	일본어	역사 (れきし)	컴퓨터 (コンピューター)	경영 (ビジネス)	일본어 교수

ペア **B. 다음 단어를 사용하여 예와 같이 묻고 대답하세요.**

예

① メアリーさん ／ アメリカじん

Q : メアリーさんは　アメリカじんですか。

A : ええ、そうです。

② メアリーさん ／ さんねんせい

Q : メアリーさんは　さんねんせいですか。

A : いいえ、にねんせいです。

1. メアリーさん／アリゾナだいがくの　がくせい

2. メアリーさん／いちねんせい

3. たけしさん／にほんじん

4. たけしさん／にほんだいがくの　がくせい

5. たけしさん／じゅうきゅうさい

6. スーさん／スウェーデンじん

7. スーさんの　せんもん／けいざい（경제）

8. ロバートさんの　せんもん／ビジネス

9. ロバートさん／よねんせい

10. ロバートさん／にじゅういっさい

11. やましたせんせい／にほんじん

12. やましたせんせい／ハワイだいがくの　せんせい

Ⅵ. おとうさんは　かいしゃいんです

A. 아래의 표를 보고 다음 사람에 대해 (a)~(b)와 같이 설명하세요.

1. おかあさん　　　2. おにいさん　　　3. いもうと

(a) 직업 / 학교

예　おとうさん　→　メアリーさんの　おとうさんは　かいしゃいんです。

(b) 나이

예　おとうさん　→　メアリーさんの　おとうさんは　よんじゅうはっさいです。

	おとうさん (아버지)	おかあさん (어머니)	おにいさん (오빠)	いもうと (여동생)
직업/ 학교	かいしゃいん (회사원)	しゅふ (주부)	だいがくいんせい (대학원생)	こうこうせい (고등학생)
나이	48 세	45 세	23 세	16 세

B. 위의 그림을 보고 다음 질문에 대답하세요.

1. おとうさんは　かいしゃいんですか。

2. おとうさんは　なんさいですか。

3. おかあさんは　せんせいですか。

4. おかあさんは　なんさいですか。

5. おにいさんは　かいしゃいんですか。

6. おにいさんは　なんさいですか。

7. いもうとは　だいがくせいですか。

8. いもうとは　なんさいですか。

`クラス` A. 친구 5 명에게 질문하여 아래의 표를 완성하세요.

> 예
> - おなまえは？　　　　　　　　(이름은?)
> - どこから　きましたか。　　　(어디에서 왔습니까?)
> - しごとは　なんですか。　　　(직업은 무엇입니까?)
> - なんねんせいですか。　　　　(몇 학년입니까?)
> - なんさいですか。　　　　　　(몇 살입니까?)
> - せんもんは　なんですか。　　(전공은 무엇입니까?)

이름	국적	직업/학교	나이	전공

B. 자기 소개를 해 보세요.

예 

 C. 다음과 같이 친구들의 전공을 묻고 해당하는 곳에 이름을 적으세요.

예 Q : せんもんは　なんですか。
    A : にほんごです。

	이름
1. 일본어	
2. 경제학	
3. 영어	
4. 역사	
5. 경영학	

A. 테이프를 잘 듣고 알맞는 그림을 고르세요.

1. (　　)　　2. (　　)　　3. (　　)　　4. (　　)　　5. (　　)　　6. (　　)

7. (　　)　　8. (　　)　　9. (　　)　　10. (　　)　　11. (　　)

(a) 

(b) 

(c) 

(d) 

(e) 

(f) 

(g) 

(h) 

(i) 

(j) 

(k) 

B. 비행기 안에서 승객과 승무원의 대화를 듣고, 다음 도시에 알맞는 시간을 쓰세요.

| 예 | とうきょう | 오전 8:00 |

1. パリ (파리)
2. ソウル (서울)
3. ニューヨーク (뉴욕)
4. ロンドン (런던)
5. タイペイ (타이베이)
6. シドニー (시드니)

C. 다나카와 전화 교환원의 대화를 듣고, 다음 사람의 전화 번호를 쓰세요.

| 예 | すずき | 51 - 6751 |

1. かわさき
2. リー
3. ウッズ
4. トンプソン

D. 이와 타일러가 일본인과 이야기하고 있습니다. 다음 대화를 듣고 표를 완성하세요.

	1. 국적	2. 대학	3. 학년	4. 전공
이				
타일러				

じかん(시간)・とし(나이)

▶ 시간

시		분			
1	いちじ	1	いっぷん	11	じゅういっぷん
2	にじ	2	にふん	12	じゅうにふん
3	さんじ	3	さんぷん	13	じゅうさんぷん
4	よじ	4	よんぷん	14	じゅうよんぷん
5	ごじ	5	ごふん	15	じゅうごふん
6	ろくじ	6	ろっぷん	16	じゅうろっぷん
7	しちじ	7	ななふん	17	じゅうななふん
8	はちじ	8	はっぷん／はちふん	18	じゅうはっぷん／じゅうはちふん
9	くじ	9	きゅうふん	19	じゅうきゅうふん
10	じゅうじ	10	じゅっぷん	20	にじゅっぷん
11	じゅういちじ			30	さんじゅっぷん
12	じゅうにじ				

▶ 나이 **なんさいですか。／おいくつですか。**(몇 살입니까?)

숫자를 세는 접미사 ～さい는 나이를 나타낼 때 사용됩니다.

1	いっさい	5	ごさい	9	きゅうさい
2	にさい	6	ろくさい	10	じゅっさい
3	さんさい	7	ななさい	11	じゅういっさい
4	よんさい	8	はっさい	20	**はたち***

❗ 20살은 일반적으로 はたち를 사용하지만, にじゅっさい라고도 합니다.

かいもの

会　話

I 메리가 벼룩 시장에 갔습니다.

メアリー Mearii	すみません。これは　いくらですか。 Sumimasen.　Kore wa　ikura desu ka?
みせのひと Mise no hito	それは　さんぜんえんです。 Sore wa　sanzen en desu.
メアリー Mearii	たかいですね。じゃあ、あのとけいは　いくらですか。 Takai desu ne.　Jaa,　ano tokee wa　ikura desu ka?
みせのひと Mise no hito	あれは　さんぜんごひゃくえんです。 Are wa　sanzengohyaku en desu.
メアリー Mearii	そうですか。あれも　たかいですね。 Soo desu ka.　Aremo　takai desu ne.
みせのひと Mise no hito	これは　せんはっぴゃくえんですよ。 Kore wa　senhappyaku en desu yo.
メアリー Mearii	じゃあ、そのとけいを　ください。 Jaa,　sono tokee o kudasai.

| しらないひと | これは　だれの　さいふですか。 |
| Siranai hito | Kore wa　dareno　saifu desu ka. |

メアリー	わたしの　さいふです。
Mearii	Watasino　saifu desu.
	ありがとうございます。
	Arigatoo gozaimasu.

Ⅱ 쇼핑 후, 레스토랑에 갔습니다.

| ウエートレス | いらっしゃいませ。メニューを　どうぞ。 |
| Ueetoresu | Irasshaimase.　Menyuu o　doozo. |

| メアリー | どうも。これは　なんですか。 |
| Mearii | Doomo.　Kore wa　nan desu ka? |

| ウエートレス | どれですか。ああ、とんかつです。 |
| Ueetoresu | Dore desu ka?　Aa,　tonkatsu desu. |

| メアリー | とんかつ？　さかなですか。 |
| Mearii | Tonkatsu?　Sakana desu ka? |

ウエートレス	いいえ、さかなじゃありません。にくです。
Ueetoresu	Iie,　sakana ja arimasen.　Niku desu.
	おいしいですよ。
	Oishii desu yo.

| メアリー | じゃあ、これを　おねがいします。 |
| Mearii | Jaa,　kore o　onegaishimasu. |

＊　　　＊　　　＊

| メアリー | すみません、おてあらいは　どこですか。 |
| Mearii | Sumimasen,　otearai wa　doko desu ka? |

| ウエートレス | あそこです。 |
| Ueetoresu | Asoko desu. |

単　語

● 지시어

これ	kore	이것
それ	sore	그것
あれ	are	저것
どれ	dore	어느 것
この	kono	이
その	sono	그
あの	ano	저
どの	dono	어느
あそこ	asoko	저기
どこ	doko	어디
だれ	dare	누구

● 음식

おいしい	oishii	맛있다
さかな	sakana	생선
とんかつ	tonkatsu	포크 커틀릿
にく	niku	고기
メニュー	menyuu	메뉴
やさい	yasai	야채

● 물건

えんぴつ	enpitsu	연필
かさ	kasa	우산
かばん	kaban	가방
くつ	kutsu	구두
さいふ	saifu	지갑
ジーンズ	jiinzu	청바지
じしょ	jisho	사전

じてんしゃ	jitensha	자전거
しんぶん	shinbun	신문
テープ	teepu	테이프
* とけい	tokee	시계
トレーナー	toreenaa	운동복
ノート	nooto	노트
ペン	pen	펜
ぼうし	booshi	모자
ほん	hon	책

● 장소

* おてあらい	otearai	화장실
きっさてん	kissaten	커피숍
ぎんこう	ginkoo	은행
としょかん	toshokan	도서관
ゆうびんきょく	yuubinkyoku	우체국

● 국가

アメリカ	Amerika	미국
イギリス	Igirisu	영국
かんこく	Kankoku	한국
ちゅうごく	Chuugoku	중국

● 직업

けいざい	keezai	경제
コンピューター	konpyuutaa	컴퓨터
ビジネス	bijinesu	비즈니스
れきし	rekishi	역사

● 가족

| おかあさん | okaasan | 어머니 |
| おとうさん | otoosan | 아버지 |

● **돈과 관련된 단어**

* いくら	ikura	얼마
* 〜えん	~en	〜엔
* たかい	takai	비싸다

● **표현**

* いらっしゃいませ	irasshaimase	어서 오세요
* (〜を)おねがいします	(〜o) onegaishimasu	(〜을) 부탁합니다
* (〜を) ください	(〜o) kudasai	(〜 을) 해 주십시오
* じゃあ	jaa	그럼
* (〜を) どうぞ	(〜o) doozo	여기 있습니다
* どうも	doomo	감사합니다

文 法

1 これ それ あれ どれ

우리가 이름을 모르는 어떤 것을 말할 때 어떻게 하나요? 그럴 땐 「이것」「그것」「저것」 등으로 말하죠. 일본어로는 これ, それ, あれ를 사용합니다.

これは　いくらですか。	이것은 얼마입니까?
それは　さんぜんえんです。	그것은 3천 엔입니다.

これ는 말하는 사람으로부터 가까운 곳에 있는 것을 가리킬 때 사용됩니다(이것 여기 있어요). それ는 상대방에게 가까운 곳에 있는 것입니다(그것은 당신 앞에 있어요). 그리고, あれ는 말하는 사람과 상대방 모두에게서 멀리 있는 것을 가리킬 때 사용됩니다(저기에 있는 저것).

あれは　わたしの　ペンです。
저것은 저의 펜입니다.

これは　わたしの　ペンです。　　**それ**は　わたしの　ペンです。
이것은 저의 펜입니다.　　　　　　그것은 저의 펜입니다.

「어느 것」에 해당되는 것은 どれ입니다. 사용법은 아래와 같죠.

どれですか。　　　　　　어느 것입니까?

どれと 같은 의문사는 조금 복잡하기 때문에 이 과에서는 どれ가 사용되는 모든 표현을 다 다루지는 않겠습니다. どれ나 なに와 같은 의문사는 조사 は를 붙일 수 없습니다. 그 대신 조사 が를 써야 합니다.

  どれが　あなたの　ペンですか。어느 것이 당신의 펜입니까?

2　この／その／あの／どの ＋ 명사

これ, それ, あれ보다 좀더 자세한 표현을 하려면, この(이), その(그), あの(저)를 명사 앞에 붙여 사용합니다(여기서 ～れ는 반드시 단독으로 사용하는 데 비해, ～の는 언제나 명사가 뒤에 와야 합니다). 만일 여러분의 손에 있는 것이 시계(とけい)라는 것을 안다면 다음과 같이 표현하는 대신에

  これは　いくらですか。 이것은 얼마입니까?

이렇게 말할 수 있죠.

  このとけいは　いくらですか。 이 시계는 얼마입니까?

마찬가지로, 여러분이 말하는 시계가 상대방의 손에 있다면, 여러분은 다음과 같이 말할 수 있습니다.

  そのとけいは　さんぜんえんです。 그 시계는 3천 엔입니다.

그리고, 만일 그 시계가 말하는 사람과 듣는 사람 모두에게서 먼 곳에 있다면, 다음과 같이 말할 수 있습니다.

  あのとけいは　さんぜんごひゃくえんです。 저 시계는 3천 500엔입니다.

만일 당신이 하나 또는 몇 개의 시계가 3천 500엔인 것을 아는데, 그것이 어느 것인지 모를 때는, 다음과 같이 말할 수 있습니다.

  どのとけいが　さんぜんごひゃくえんですか。 어느 시계가 3천 500엔입니까?

どの(어느)도 위에서 말한 どれ와 같은 의문사이므로 조사 は를 붙일 수 없으며, 조사 が를 써야 합니다.

これ(は～)	この명사(は～)	말하는 사람과 가까울 때(이것・이)
それ(は～)	その명사(は～)	듣는 사람과 가까울 때(그것・그)
あれ(は～)	あの명사(は～)	두 사람 모두에게서 멀 때(저것・저)
どれ(が～)	どの명사(が～)	모를 때(어느 것・어느)

3 だれの 명사

제1과에서 우리는 メアリーさんの　でんわばんごう(메리 씨의 전화 번호)와 たけしさんの　おかあさん(다케시 씨의 어머니)과 같은 표현을 공부했습니다. 여기서는 어떤 것이 누구에게 속해 있는지, 즉 누구의 것인지 말하는 것을 공부하겠습니다. 의문사 「누구」에 해당되는 것은 だれ이므로, 「누구의」는 だれ에 조사 の를 붙이면 됩니다.

これは　**だれの**　かばんですか。　　이것은 **누구의** 가방입니까?

それは　**スーさんの**　かばんです。　　그것은 **수 씨의** 가방입니다.

4 ここ そこ あそこ どこ

여기서는 こ-そ-あ-ど 표현 중 장소를 나타내는 ここ, そこ, あそこ, どこ에 대해서 공부하겠습니다.

ここ	여기
そこ	거기
あそこ	저기
どこ	어디

방향을 물을 때는 다음과 같이 말할 수 있습니다.

すみません、ゆうびんきょくは　どこですか。　　실례합니다, 우체국은 어디입니까?

만일 우체국이 눈에 보이는 곳에 있다면, 손으로 가리키며 다음과 같이 말할 수 있습니다.

（ゆうびんきょくは）　あそこです。　　　（우체국은) 저기입니다.

더 자세하게 방향을 나타내는 말은 제4과에서 공부하겠습니다.

제1과에서 우리는 「A는 이것이고 B는 저것이다」와 같은 표현을 배웠습니다. 여기서는 「A는 이것이고, B도 이것이다」라는 표현을 공부하겠습니다.

たけしさんは　にほんじんです。　　다케시 씨는 일본인입니다.

みちこさん**も**　にほんじんです。　　미치코 씨**도** 일본인입니다.

위의 두 문장은 거의 같은 형식입니다. 즉, 어떤 사람이 일본인이라는 것을 말하고 있죠. 하지만, 두 번째 문장에서 조사는 は가 아니라 も가 쓰였습니다. 이것은 우리말의 조사 「도」와 같은 의미입니다. 또한 조사의 위치가 みちこさん의 바로 뒤, 즉 주어 뒤에 붙는 것도 우리말과 같습니다.

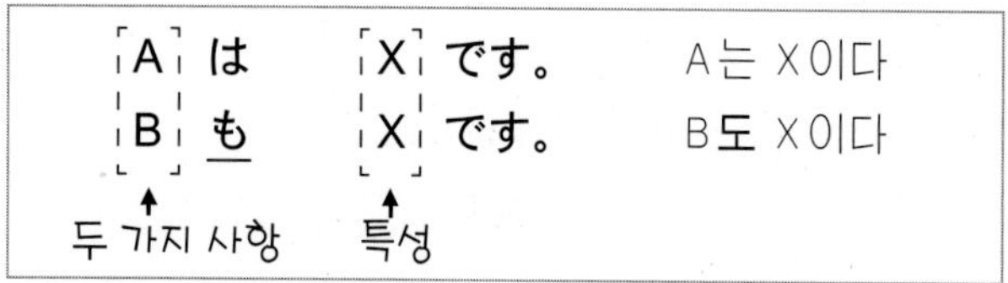

❗ も를 사용할 수 없는 경우가 있습니다. 패트라는 친구가 두 개의 국적을 가지고 있을 경우, 즉 패트가 일본인인 동시에 미국인일 경우입니다. 이럴 때 일본어에서는 パットも　アメリカ人です。라고 하지 않습니다. 이렇게 말하면 패트라는 사람이 한 번 더 추가되어 이상한 문장이 되어 버리죠. 그렇다고 パットは　アメリカ人もです。라고도 하지 않습니다. 그러면 어떻게 표현할까요? 참고로 말씀드리면, パットは　アメリカ人でもあります。(패트는 미국 사람이기도 합니다.)라고 합니다.

6 명사 じゃありません

「X는 Y입니다」를 부정하는 말은, Y가 명사일 경우 뒤에 です 대신에 じゃありません을 씁니다.

やまださんは　がくせいじゃありません。　야마다 씨는 학생이 아닙니다.

じゃありません에서 じゃ는 では의 축약형입니다. 일본어의 문어체에서는 일반적으로 축약되지 않은 형태로 씁니다. 위의 예문을 문어체로 바꾸면 やまださんは　がくせいではありません이 됩니다.

긍정문 : (Xは) Yです。	X는 Y입니다.
부정문 : (Xは) Yじゃありません。	X는 Y가 아닙니다.

❗ あれも　たかいですね。(저것도 비싸네요) 또는 おいしいですよ。(맛있어요)와 같은 문장에서는, です 대신에 じゃありません을 쓰면 부정문이 되는 것이 아니라 문법적으로 잘못된 문장이 됩니다. 이는 たかい와 おいしい가 명사가 아니라 형용사이기 때문이죠. 이 때는 각각 たかく　ありません(비싸지 않습니다), おいしく　ありません(맛있지 않습니다)이라고 해야 합니다. 형용사의 활용에 대해서는 제5과에서 다루도록 하겠습니다.

문장 끝에 종종 ね 또는 よ가 붙는 것을 볼 수 있는데, 이는 말하는 사람과 듣는 사람과의 상호 작용을 위한 것입니다. 말하는 사람이 듣는 사람의 동의를 구할 때는 ね가 붙습니다.

リーさんの　せんもんは　ぶんがくですね。	이 씨의 전공은 문학이지요?
これは　にくじゃありませんね。	이것은 고기가 아니네요.

한편 조사 よ가 붙으면, 말하는 사람이 듣는 사람에게 자신이 말하는 것을 납득시키고자 하는 표현이 됩니다.

とんかつは　さかなじゃありませんよ。	포크 커틀릿은 생선이 아니예요.
スミスさんは　イギリスじんですよ。	스미스 씨는 영국 사람이에요.

⊛ **(〜を)ください**

이 표현은 「나에게 X를 주세요」라는 뜻이다. 일반적으로 구체적인 물건을 요청할 때에 쓴다.

⊛ **(〜を)おねがいします**

이 표현 역시 X라는 사항을 요구할 때 쓰인다. 어떤 구체적인 물건을 요구하기 위하여 쓰일 때의 おねがいします는 ください보다 좀더 정중한 요구를 나타낸다. 또한 식당에서 음식을 주문할 때나 수리, 설명 및 이해와 같은 추상적인 것을 요구할 때 쓰이기도 한다.

⊛ **(〜を)どうぞ**

이 표현은 X라는 사항에 관계된 제의를 받을 때에 쓰인다. 일반적으로 식당 종업원이 고객에게 메뉴를 건네줄 때 쓰며 또한 여러분이 누군가에게 X라는 사항을 제공할 때에 쓸 수도 있다. 또, 전화 교환원이 여러분의 이름을 물어 보기 위해 아마도 おなまえを どうぞ라고 말할 것이다.(여기서 お는 경어를 만드는 접두어이다.)

⊛ **숫자의 발음**

300, 600, 800, 3,000 및 8,000은 발음할 때 음의 변화가 생긴다. 예를 들어, 100의 ひゃく는 3, 6, 8 뒤에서 발음에 변화가 있고, 1,000의 せん도 3과 8 뒤에서 발음이 바뀐다. 부록의 「数」를 참조하기 바란다.

⊛ **큰 숫자**

10, 100 및 1,000 다음으로 일본인은 만(まん) 단위의 숫자를 사용한다. 예를 들면 2만를 にまん이라고 한다. 더 높은 단위로서 100만은 ひゃくまん이라고 한다. 더 복잡한 숫자는 아래와 같이 작은 수로 나누어 표현한다.

234,567	=	23 × 10,000	にじゅうさんまん
		4 × 1,000	よんせん
		5 × 100	ごひゃく
		6 × 10	ろくじゅう
		7	なな

練　習

I. すうじ

100	ひゃく	1,000	せん	10,000	いちまん
200	にひゃく	2,000	にせん	20,000	にまん
300	さんびゃく	3,000	さんぜん	30,000	さんまん
400	よんひゃく	4,000	よんせん	40,000	よんまん
500	ごひゃく	5,000	ごせん	50,000	ごまん
600	ろっぴゃく	6,000	ろくせん	60,000	ろくまん
700	ななひゃく	7,000	ななせん	70,000	ななまん
800	はっぴゃく	8,000	はっせん	80,000	はちまん
900	きゅうひゃく	9,000	きゅうせん	90,000	きゅうまん

A. 다음 숫자를 따라 읽으세요.

(a) 34　　(b) 67　　(c) 83　　(d) 99　　(e) 125

(f) 515　　(g) 603　　(h) 850　　(i) 1,300　　(j) 3,400

(k) 8,900　　(l) 35,000　　(m) 64,500　　(n) 92,340

예
Q : ペンは　いくらですか。
A : はちじゅうえんです。

 C. 두 명씩 짝을 지어 한 명은 그림 A를 보고 다른 사람은 그림 B(p.72)를 봅니다(다른 그림은 보지 말 것). 예와 같이 서로 묻고 대답하면서 아래의 물건들에 대한 가격을 알아맞혀 보세요.

예 Q : えんぴつは　いくらですか。
A : ひゃくえんです。

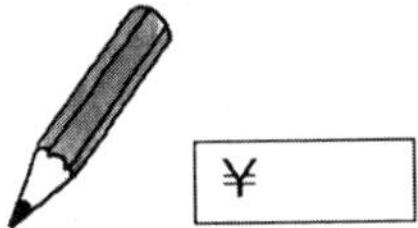

Ⅱ. これは　なんですか

A. (1)～(6)의 물건들은 여러분 가까이에 있으며, (7)～(12)의 물건들은 친구 가까이에 있습니다. 친구가 물건들이 무엇인지 물어 보면, これ와 それ에 주의하면서 예와 같이 대답하세요.

예　① 친구　:　それは　なんですか。

　　　나　：　これは　ペンです。

　　② 친구　:　これは　なんですか。

　　　나　：　それは　トレーナーです。

B. 다음 그림을 보고 각 건물이 무엇인지 대답하세요.

> 예 Q : あれは　なんですか。
>   A : あれは　としょかんです。

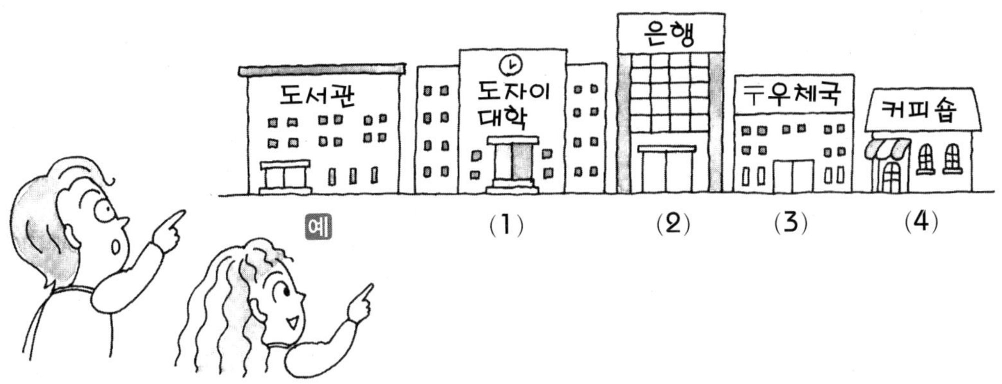

C. p.73의 단어를 참고로 교실에 있는 5가지 물건을 친구와 これ, それ, あれ를 사용하여 다음과 같이 묻고 대답하세요.

> 예 ① A : あれは　なんですか。
>   B : あれは　とけいです。
>   ② A : それは　なんですか。
>   B : これは　ペンです。

 D. 카드 A와 p.73의 카드 B를 보고 これ, それ, あれ를 사용하여 각 물건의 가격을 묻고 대답하세요.

예　손님 : このほんは　いくらですか。
　　점원 : にせんひゃくえんです。

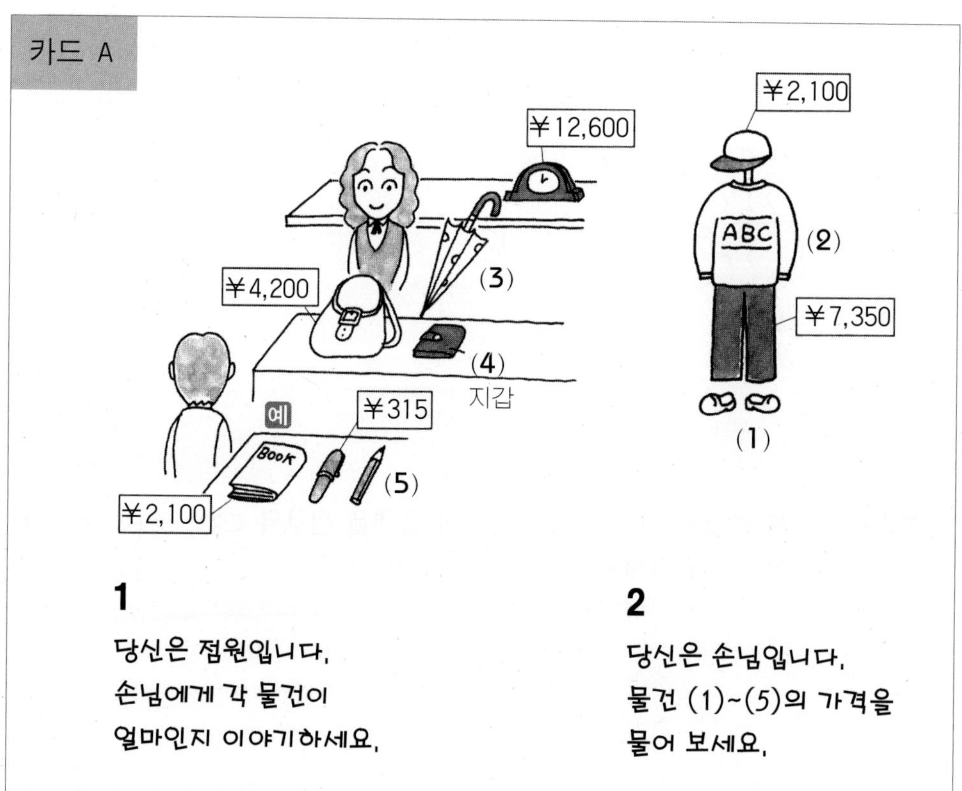

1

당신은 점원입니다.
손님에게 각 물건이
얼마인지 이야기하세요.

2

당신은 손님입니다.
물건 (1)~(5)의 가격을
물어 보세요.

Ⅲ. これは　だれの　かさですか

 A. 두 명씩 짝을 지어 한 명은 그림 A를 보고 누구의 것인지를 묻고, 다른 한 명은 그림
B(p.74)를 보고 누구의 것인지를 대답하세요.

예　A : これは　だれの　かさですか。
　　B : メアリーさんの　かさです。

그림 A

(1)　　　　(2)　　　　(3)　　　　(4)　　　　(5)

◆ 짝과 역할을 바꾸어서

(6)　　　　(7)　　　　(8)　　　　(9)　　　　(10)

Ⅳ. やまださんも　にほんじんです

A. 다음 그림을 보고 묘사하세요.

Ⅴ. メアリーさんは　にほんじんじゃありません

A. 아래의 표를 보고 질문에 대답하세요.

1. たけしさんは　ちゅうごくじんですか。

2. ロバートさんは　アメリカじんですか。

3. やましたせんせいは　かんこくじんですか。

4. ロバートさんの　せんもんは　にほんごですか。

5. スーさんの　せんもんは　けいざいですか。

6. たけしさんは　とうざいだいがくの　がくせいですか。

7. メアリーさんは　ロンドンだいがくの　がくせいですか。

8. たけしさんは　にねんせいですか。

9. スーさんは　いちねんせいですか。

10. ロバートさんは　よねんせいですか。

	하트 메리	기무라 다케시 (きむら たけし)	김 수	스미스 로버트	야마시타 교수 (やましたせんせい)
국적	미국	일본	한국	영국	일본
학교	애리조나대	도자이대	서울대	런던대	도자이대
전공	일본어	역사	컴퓨터	무역	일본어 교수
학년	2학년	4학년	3학년	4학년	

B. 두 명씩 짝을 지어 한 명은 물건 (1)~(7)이 누구의 것인지 물어 보세요.
　　다른 한 명은 아래의 그림을 참고로 질문에 대답하세요.

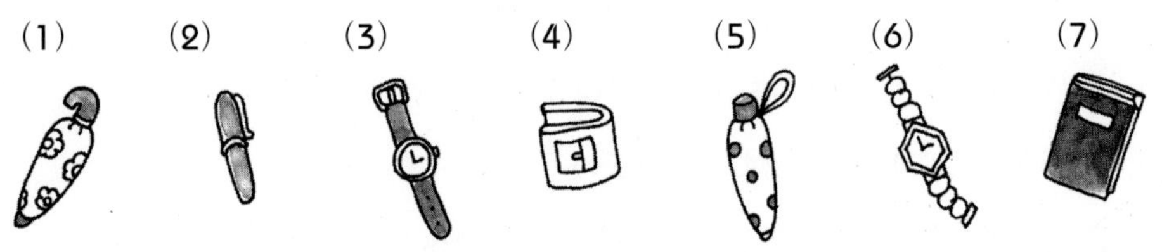

(1)　　(2)　　(3)　　(4)　　(5)　　(6)　　(7)

Ⅵ. まとめの　れんしゅう

ロールプレー A. 한 명은 판매원, 다른 한 명은 고객이 됩니다. 회화 1을 참고로 하여 연습하세요.

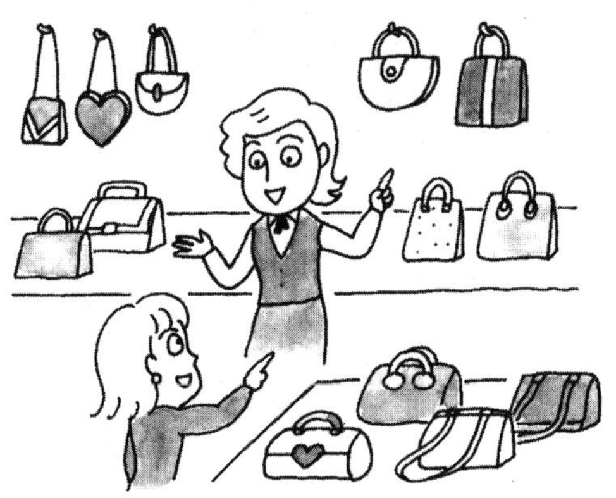

ロールプレー B. 한 명은 웨이터, 다른 한 명은 손님이 됩니다.
회화 2를 참고로 하여 다음 메뉴를 보고 음식이나 음료수를 주문하세요.

メニュー

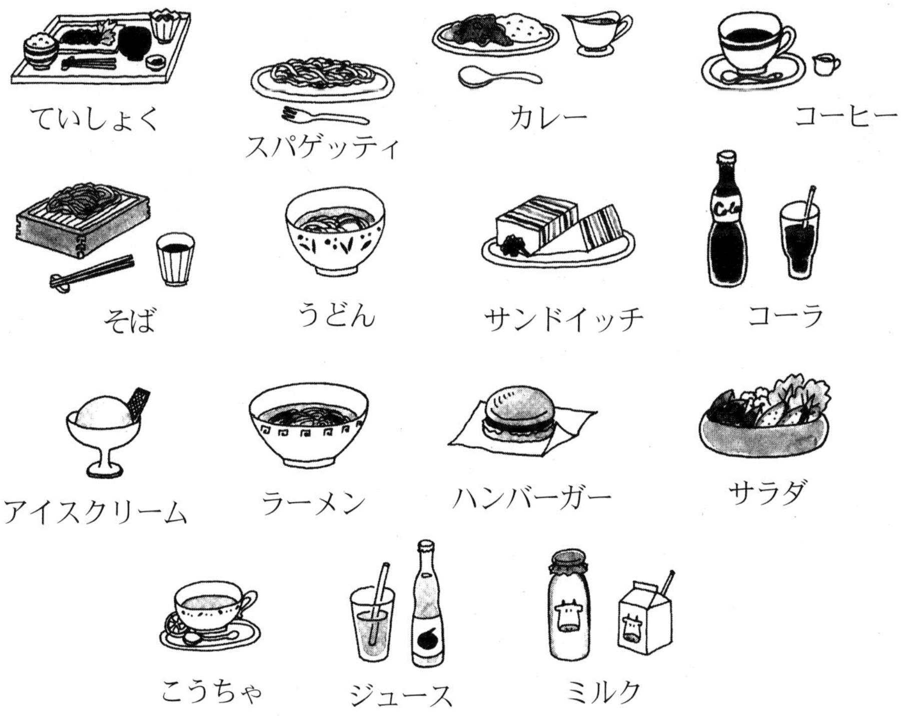
ていしょく
スパゲッティ
カレー
コーヒー
そば
うどん
サンドイッチ
コーラ
アイスクリーム
ラーメン
ハンバーガー
サラダ
こうちゃ
ジュース
ミルク

I－C.

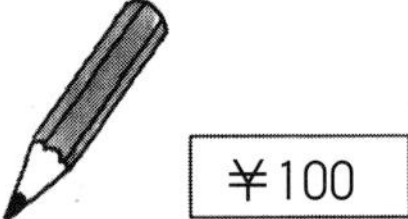

A ： えんぴつは　いくらですか。
B ： ひゃくえんです。

￥100

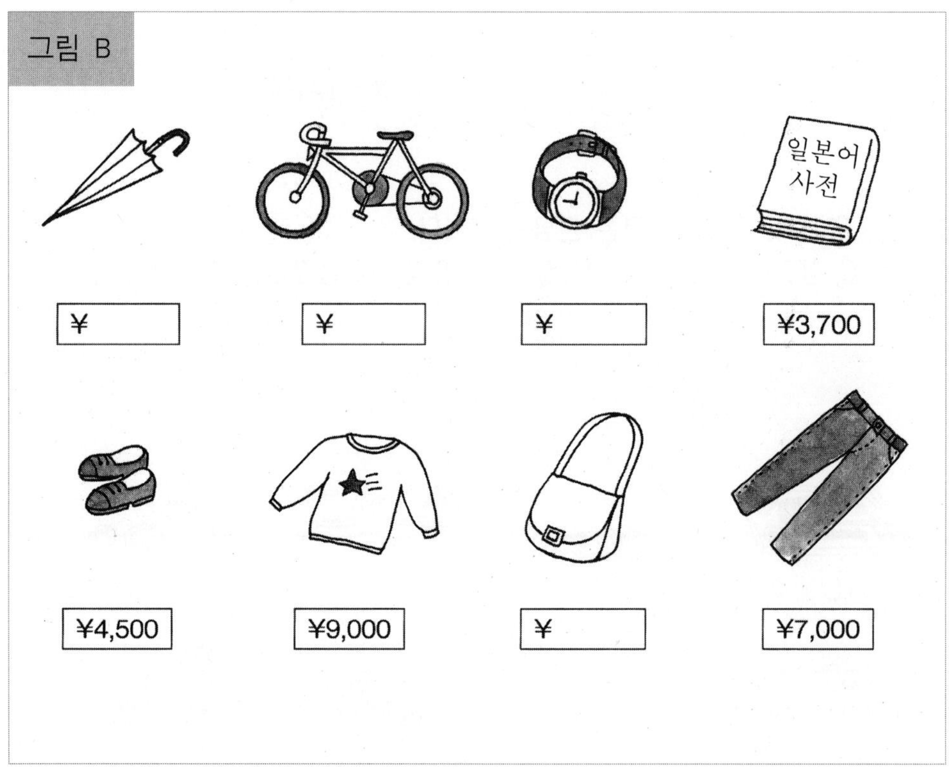

II－D.

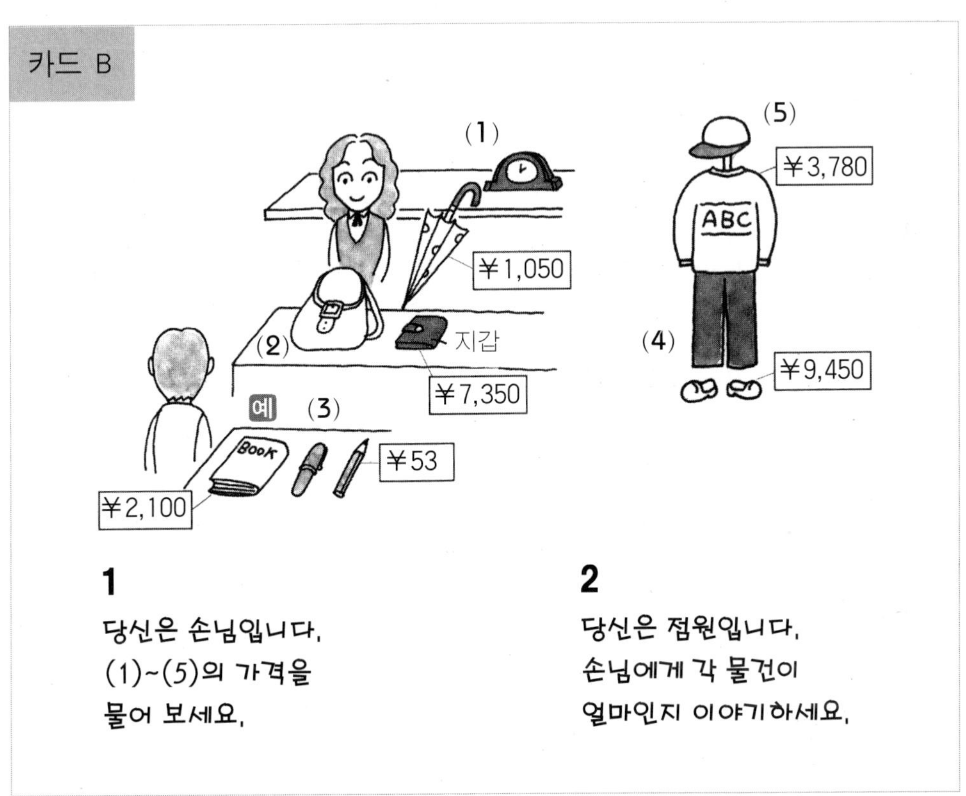

1

당신은 손님입니다.
(1)~(5)의 가격을
물어 보세요.

2

당신은 점원입니다.
손님에게 각 물건이
얼마인지 이야기하세요.

例 A：これは　だれの　かさですか。
B：メアリーさんの　かさです。

聴　取

A. 매점에서의 대화를 듣고 다음 물건의 가격을 알아맞혀 보세요. 만약 가격을 알아낼 수 없다면 그 물건에 (?)를 하세요.

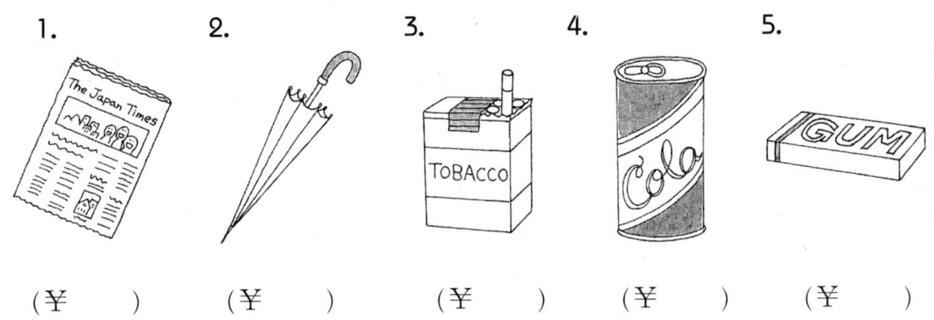

1.	2.	3.	4.	5.
(¥　　)	(¥　　)	(¥　　)	(¥　　)	(¥　　)

B. 메리가 친구를 다케시에게 소개하고 있습니다. 대화를 듣고 빈 칸을 완성하세요.

메리의 친구의 이름은 1.＿＿＿＿＿＿＿. 그녀의 출신지는 2.＿＿＿＿＿＿＿＿＿＿.

그녀는 파리 대학에서 3.＿＿＿＿＿＿＿ 을 전공하고 있습니다.

그녀의 어머니는 4.＿＿＿＿＿＿＿. 그녀의 아버지는 5.＿＿＿＿＿＿＿.

C. 메리와 다케시는 일본 레스토랑에 갔습니다. 종업원이 가져온 메뉴를 보고 있는데, 대화를 듣고 다음 질문에 대답하세요.

1. 이 요리들은 얼마입니까?

   a) すきやき　¥＿＿＿＿　　b) うどん　¥＿＿＿＿　　c) てんぷら　¥＿＿＿＿

2. 메리가 무엇을 주문했습니까? 왜 그녀가 그것으로 결정했습니까?

3. 다케시는 무엇을 주문했습니까?

きょうしつ_(교실)

표현

わかりました。	——————————	알겠습니다.
わかりません。	——————————	모르겠습니다.
ゆっくり いってください。	——————————	천천히 이야기해 주세요.
もういちど いってください。	——————————	다시 한번 이야기해 주세요.
ちょっと まってください。	——————————	잠시만 기다려 주세요.

デートの約束
やく そく

会　話

Ⅰ　메리와 다케시의 대화

たけし　　メアリーさん、週末はたいてい何をしますか。
　　　　　　　　　　しゅうまつ　　　　　　なに

メアリー　そうですね。たいていうちで勉強します。でも、ときどき
　　　　　　　　　　　　　　　　べんきょう

　　　　　映画を見ます。
　　　　　えいが　み

たけし　　そうですか……じゃあ、土曜日に映画を見ませんか。
　　　　　　　　　　　　　どようび　えいが　み

メアリー　土曜日はちょっと……。
　　　　　どようび

たけし　　じゃあ、日曜日はどうですか。
　　　　　　　　にちようび

メアリー　いいですね。

メアリー　　おはようございます。

お母さん　　おはよう。早いですね。

メアリー　　ええ、今日は京都に行きます。京都で映画を見ます。

お母さん　　いいですね。何時ごろ帰りますか。

メアリー　　九時ごろです。

お母さん　　晩ごはんは?

メアリー　　食べません。

お母さん　　そうですか。じゃあ、いってらっしゃい。

メアリー　　いってきます。

単 語

● **명사**

오락과 스포츠

* えいが	映画	영화
おんがく	音楽	음악
ざっし	雑誌	잡지
スポーツ		스포츠
デート		데이트
テニス		테니스
テレビ		텔레비전
ビデオ		비디오

음식과 음료

あさごはん	朝御飯	아침 식사
おさけ	お酒	술
おちゃ	お茶	차
コーヒー		커피
* ばんごはん	晩御飯	저녁 식사
ハンバーガー		햄버거
ひるごはん	昼御飯	점심 식사
みず	水	물

장소

いえ	家	집
* うち		집
ＬＬ（エルエル）		어학 실습실
がっこう	学校	학교

시간

あさ	朝	아침
あした		내일
いつ		언제
* きょう	今日	오늘
* ～ごろ		～쯤

こんばん	今晩	오늘 밤
*しゅうまつ	週末	주말
*どようび	土曜日	토요일
*にちようび	日曜日	일요일
まいにち	毎日	매일
まいばん	毎晩	매일 밤

● [－u]동사

*いく	行く	가다[목적지에／へ]
*かえる	帰る	돌아가다 [목적지에／へ]
きく	聞く	듣다[〜を]
のむ	飲む	마시다[〜を]
はなす	話す	이야기하다[언어를／で]
よむ	読む	읽다[〜を]

● [－る]동사

おきる	起きる	일어나다
*たべる	食べる	먹다[〜を]
ねる	寝る	자다
*みる	見る	보다[〜を]

● 불규칙동사

くる	来る	오다[목적지에／へ]
*する		하다[〜を]
*べんきょうする	勉強する	공부하다[〜を]

● [－い]형용사

*いい		좋다
*はやい	早い	이르다

● 부사

あまり ＋ 부정		그다지 〜 않다
ぜんぜん ＋ 부정	全然	전혀 〜 않다

* たいてい	大抵	대개
* ちょっと		잠깐, 조금
* ときどき	時々	가끔
よく		잘, 자주

● 표현

* そうですね		그렇지요, 글쎄요
* でも		하지만
* どうですか		어떻습니까?

文 法

1 동사 활용

 일본어의 동사는 활용을 하거나 여러 가지 형태를 갖습니다. 이 과에서는 (1)사전형 (2)현재 긍정형 (3)현재 부정형 3가지에 대해서 공부하겠습니다.
 규칙적인 활용은 다음과 같은 2종류의 동사로 나뉘어집니다.

	[-る]동사	[-u]동사
어간	tabe	ik
사전형	食べる(먹다)	行く(가다)
현재 긍정형	食べます	行きます
현재 부정형	食べません	行きません

 食べる는 [-る]동사 그룹에 속합니다. 이는 동사의 어간(예를 들면 위의 tabe)에 る가 붙어 사전형이 되었으므로 [-る]동사라고 합니다. 그리고 る 대신에 ます(긍정형)와 ません(부정형)을 붙인 정중체를 배우겠습니다. 이 과에서는 아래와 같이 4개의 [-る]동사를 공부하겠습니다.

食べる　寝る　起きる　見る
食べます　寝ます　起きます　見ます

 규칙적인 활용의 다른 한 그룹은 [-u]동사입니다. 行く와 같은 동사인데, 위에서 보는 바와 같이 어간(예를 들면 위의 ik)과 어미(u)로 나뉘어집니다. 그리고 行きます, 行きません과 같은 정중체는 어간에 어미 iます와 iません이 붙여진 것입니다. [-u]동사의 활용은 모음 i가 더 추가되므로 [-る]동사의 경우보다 조금 더 어렵습니다. 이 과에서는 6개의 [-u]동사를 공부하겠습니다.

飲む　読む　話す　聞く　行く　帰る
飲みます　読みます　話します　聞きます　行きます　帰ります

다른 과에서 ます와 ません의 앞에 오는 食べ와 行き 부분이 다시 나오므로 앞으로 이러한 형태([-る]동사의 어간과 [-u]동사의 어간에 i를 붙인 부분)를 「ます형」이라고 부르겠습니다.

[-る]동사와 [-u]동사에 이어, 이번엔 불규칙동사에 대해 공부하겠습니다. 이것은 사전형과 정중체에서 어간의 모음이 서로 다릅니다.

	불규칙동사	
사전형	する	くる
현재 긍정형	します	きます
현재 부정형	しません	きません
어간	し	き

이 두 동사는 복합동사의 형태로도 쓰입니다. 이 과에서는 동사 勉強する에 대해서 공부하였습니다. 이는 불규칙동사 する와 같은 활용을 합니다.

어떤 동사가 어떤 활용 그룹에 속하는지를 기억해 두는 것은 아주 중요합니다. 단지 동사의 사전형만을 외우는 것보다는 사전형과 정중체의 현재 긍정형을 같이 외우는 것이 좋습니다. 즉, 行く와 行きます를 같이 외우는 거죠. 이런 방법으로 학습하면 동사의 어미가 る로 끝나는 경우에 특히 중요한 역할을 합니다. 왜냐하면 る로 끝나는 동사는 [-る]동사만이 아니라, 불규칙동사 する, くる 그리고 [-u]동사 중에서 る로 끝나는 예외 동사가 있어서 동사의 사전형만으로는 어떤 활용을 하는지 알 수 없기 때문입니다. 만일 여러분이 동사의 활용 그룹과 각 그룹의 활용 규칙을 안다면 見ります(×) 또는 帰ます(×)가 잘못된 활용이라는 건 금방 알 수가 있죠.

	見る ([-る]동사)	帰る ([-u]동사이지만 る로 끝나는 경우)
동사 어간	mi	kaer
정중형	見ます／見ません	帰ります／帰りません
어간	見	帰り

이 과에서는 인간의 기본적인 행동을 표현하는 동사 12가지를 공부합니다. 이 동사들을 동작동사라고 하며, 이 동사들의 현재형은 다음과 같은 경우에 씁니다.

(1) 습관적이거나, 규칙적으로 하는 동작
(2) 미래에 할 것으로 예정되어 있거나 계획하고 있는 동작

▶ 습관적인 동작

私はよくテレビを見ます。　　　　　　　　　저는 자주 텔레비전을 봅니다.

メアリーさんはときどき朝ごはんを食べません。　메리 씨는 가끔 아침을 먹지 않습니다.

▶ 미래의 동작

私はあした京都に行きます。　　　　　　　저는 내일 교토에 갑니다.

スーさんは今日うちに帰りません。　　　　　수 씨는 오늘 집에 돌아오지 않습니다.

3 **조사**

일본어의 조사는 우리말의 조사와 비슷한 점이 많은데, 이 과에서는 4개의 조사(で, に, へ, を)에 대해서 공부하겠습니다.

で(~에서)
조사 で는 어떤 동사가 그 행위를 행하는 장소를 나타냅니다.

図書館で本を読みます。　　　　　　　　　도서관에서 책을 읽습니다.

うちでテレビを見ます。　　　　　　　　　집에서 텔레비전을 봅니다.

に(~에)
조사 に는 여러 가지 의미가 있는데, 여기서는 어떤 물체의 이동 목적지를 나타내는 의미와 어떤 일이 일어나는 시간을 나타내는 의미에 대해서 공부하겠습니다.

(1) 이동 목적지

私は今日学校に行きません。　　　　　　　나는 오늘 학교에 가지 않습니다.

私はうちに帰ります。　　　　　　　　　　나는 집에 돌아갑니다.

(2)시간

日曜日に京都に行きます。　　　　　　일요일에 교토에 갑니다.

十一時に寝ます。　　　　　　　　　　11시에 잡니다.

　시간을 나타내는 단어 중 일부는 조사 없이 단독으로 쓰이는 것도 있습니다. 여기에 대해서는 설명 [4]에서 다루겠습니다.

十一時ごろ(に)寝ます。　　　　　　11시쯤에 잡니다.

へ(~에)

조사 へ도 이동 목적지를 나타냅니다. 그러므로 위의 (1)의 に를 へ로 바꾸어 쓸 수 있습니다. 단, 발음이 [e]인 점을 주의하세요.

私は今日学校へ行きません。　　　　저는 오늘 학교에 가지 않습니다.

私はうちへ帰ります。　　　　　　　저는 집에 돌아갑니다.

여기서 주의해야 할 점은 へ는 이동 목적지를 나타낼 때만 조사 に와 바꾸어 쓸 수 있다는 점입니다. 조사 に가 시간을 나타내는 경우와 へ가 다른 뜻으로 쓰이는 경우는 に 대신에 へ를 쓸 수 없습니다. へ가 다른 뜻으로 쓰이는 경우에 대해서는 다른 과에서 공부하겠습니다.

を(을/를)

조사 を는 「을/를」이라는 뜻으로, 직접 목적어를 나타냅니다. 그리고 발음은 [o]로 발음됩니다.

コーヒーを飲みます。　　　　　　　커피를 마십니다.

テープを聞きます。　　　　　　　　테이프를 듣습니다.

テレビを見ます。　　　　　　　　　텔레비전을 봅니다.

4　시간을 나타내는 말

　다음 예문과 같이 「일요일에」라던가 「10시 42분에」, 또는 「9월에」와 같이 숫자로 나타내는 시간의 경우, 조사 には 반드시 필요합니다.

日曜日に行きます。　　　　　　　　일요일에 갑니다.

十時四十二分に起きます。　　　　　10시 42분에 일어납니다.

九月に帰ります。　　　　　　　　　9월에 돌아갑니다.

그런데, 다음과 같은 경우에 조사 に는 생략됩니다.
  (1) 「오늘」 또는 「내일」과 같이 현재의 시간과 상대적으로 쓰이는 시간 표현
  (2) 「매일」과 같이 규칙적인 간격을 나타내는 시간 표현
  (3) 「언제」와 같은 의문사

あした来ます。 내일 옵니다.
毎晩テレビを見ます。 매일 밤 텔레비전을 봅니다.
いつ行きますか。 언제 갑니까?

다음 예문에 나오는 「아침」과 「주말」의 경우에도 보통 に를 사용하지 않지만, 앞에서 나온 あした 또는 毎晩과는 달리, 문체나 개인적인 취향에 따라 に를 사용할 수도 있습니다.

朝(に)新聞を読みます。 아침에 신문을 봅니다.
週末(に)何をしますか。 주말에 무엇을 합니까?

5 ～ませんか

ませんか(현재 부정형에 의문 조사 か가 붙은 경우)는 권유의 의미로 사용할 수 있습니다. 이에 반해 현재 긍정형인 ますか의 경우는 단순한 질문으로 쓰일 뿐, 권유의 뜻으로는 사용할 수 없습니다.

昼ごはんを食べませんか。 점심 먹지 않으실래요?
いいですね。 좋죠.

テニスをしませんか。 테니스 하지 않으실래요?
うーん、ちょっと。 음, 조금 (곤란하네요).

6 어순

일본어는 문장 내의 구성 요소들의 위치가 자유롭게 바뀔 수 있습니다.. 일반적으로는 명사-조사에 이어 동사나 형용사 등이 옵니다. 그리고 か나 ね, よ와 같은 종조사의 경우엔 문장의 제일 마지막에 옵니다.
  전형적인 문장은 다음과 같지만, 경우에 따라 명사-조사로 이루어진 요소의 위치를 바꿀 수 있습니다. 이러한 어순은 한국어의 어순과 거의 흡사하므로 쉽게 알 수 있으리라 생각됩니다.

私は　今日　図書館で　日本語を　勉強します。

주제　　때　　장소　　　대상　　　동사

저는 오늘 도서관에서 일본어를 공부합니다.

私は　よく　七時ごろ　うちへ　帰ります。

주제　　빈도　　때　　　목적지　　동사

저는 종종 7시 경에 집에 돌아갑니다.

7 빈도 부사

어떤 일을 얼마나 자주 하는가를 나타내는 毎日(매일), よく(자주, 종종), ときどき(가끔)와 같은 빈도 부사가 문장에 덧붙여질 수 있습니다.

私はときどき喫茶店に行きます。　　　　저는 가끔 커피숍에 갑니다.

이 과에서는 어떤 행동이나 일이 드물게 일어나는 것을 표현하는 부사 ぜんぜん(전혀)과 あまり(별로, 그다지)에 대해서 공부하겠습니다. 이들 부사는 기본적으로는 뒤에 부정 표현이 옵니다. 그러므로 만일 문장에서 ぜんぜん이나 あまり를 사용한다면 그 문장의 끝에는 ません이 오는 것이 보통입니다.

私はぜんぜんテレビを見ません。　　　저는 전혀 텔레비전을 보지 않습니다.

たけしさんはあまり勉強しません。　　다케시 씨는 별로 공부하지 않습니다.

8 주제를 나타내는 조사 は

제1과에서 우리가 보았던 것처럼 조사 は는 어떤 사람이 말하는 주제를 나타내며, 이는 말하고자 하는 대상 앞에 오게 됩니다. 여기서 우리들은 メアリーさんは三年生です。(메리 씨는 3학년입니다.)와 私の専門は日本語です。(저의 전공은 일본어입니다.)와 같은 문장의 주제구가 그 문장의 주어라는 것을 알 수 있습니다. 그렇지만, 주제구가 꼭 문장의 주어를 필요로 하는 것은 아닙니다. 주어를 가지지 않는 구가 조사 は의 도움으로 주제가 되는 다음 문장을 보세요.

メアリーさん、**週末は**たいてい何をしますか。　메리 씨, 주말은 대개 무엇을 합니까?
今日は京都に行きます。　　　　　　　　　　오늘은 교토에 갑니다.

　위의 문장에서, 는는 각 문장의 주제로서 시간 표현을 나타냅니다. 이것은 우리말의 조사 「은/는」과 비슷하죠.

晩ごはんは？　　　　食べません。
저녁은?　　　　　　　　안 먹어요.

　위와 같은 문장도 우리말과 비슷하죠. 즉, 는는 목적어만 가지고도 충분히 하나의 문장으로서 사용할 수 있게 해 줍니다.

表現ノート ④

❀ 行く／来る

상대방을 향해 이동해 갈 때 일본어로는 私は行きます라고 한다.
来る는 말하는 사람이 있는 장소를 향하여 오는 동작이며, 行く는 말하는 사람으로부터 멀어지는 방향으로 가는 동작을 말한다.

❀ ちょっと

ちょっと는 ちょっとください(조금 주십시오)나 ちょっと待ってください(잠깐 기다려 주십시오)와 같이 「조금, 잠깐」이라는 뜻이다. 이 표현은 정중히 거절할 때도 흔히 사용된다. 이 경우 「형편이 나쁜」「불가능한」 등의 뜻이 된다. 일본 사람들은 대개 いいえ로 요청이나 제의, 초대를 거절하지 않는다. 왜냐하면 너무나 직설적이기 때문이다.

A : 土曜日に映画を見ませんか。　토요일에 영화 보러 가지 않을래요?
B : 土曜日は、ちょっと。　　　　토요일은 좀(시간이나 사정이 좋지 않아요)

Ⅰ. 図書館で本を読みます
としょかん　ほん　よ

A. 다음 동사를 ～ます와 ～ません의 형태로 바꾸세요.

> 예　たべる　→　たべます
> 　　たべる　→　たべません

1. のむ
2. きく
3. みる
4. する
5. はなす
6. いく
7. くる
8. かえる
9. ねる
10. よむ
11. おきる
12. べんきょうする

B. 다음 그림을 보고 예와 같이 문장을 만드세요.

(a) 대상어에 알맞는 동사를 연결해서 말하세요.

> 예　雑誌　→　雑誌を読みます。
> 　　ざっし　　ざっし　よ

예　雑誌　　　　(1) テープ　　　　(2) テニス　　　　(3) ハンバーガー

도서관 / 2:00　　　L.L. / 4:30　　　학교 / 토요일　　　맥도날드 / 5:00

(4) コーヒー

(5) テレビ

(6) 日本語
にほんご

커피숍 / 3:00

집 / 오늘 밤

대학 / 매일

(b) 문장에 장소를 넣어서 말하세요.

예 도서관 → 図書館で雑誌を読みます。
としょかん　ざっし　よ

C. 아래 그림을 보고 예와 같이 문장을 만드세요.

예 우체국에 갑니다 → 郵便局に行きます。
ゆうびんきょく　い

예 우체국에 가다

1:00

(1) 도서관에 가다

3:00

(2) 학교에 가다

8:30

(4) 커피숍에 가다　　(5) 집에 오다　　(6) 미국에 돌아가다

일요일　　　　　　　　　5:30　　　　　　　　　내일

D. 이 과에서 배운 동사를 이용하여 예와 같이 묻고 대답하세요.

> 예
> Q : 図書館で雑誌を読みますか。
> A : ええ、読みます。／いいえ、読みません。

E. 두 명씩 짝을 지어, 한 명이 질문을 하고 다른 한 명이 고른 물건을 알아맞혀 보세요.

1. 시작하기 전에 두 사람은 표의 각 줄에 있는 물건 중 하나를 골라 그것에 표시를 해 둡니다

2. 각 줄의 동사와 4가지 물건 중 하나를 사용하여 yes / no 질문문을 만들어 상대방이 어떤 물건을 골랐는지 알아맞히는 게임입니다.

3. 한 동사를 가지고 최소한 두 개의 질문을 할 수 있습니다. 만약 여러분이 상대방이 고른 물건을 알아맞혔다면 1점이 올라 갑니다. 그러나 상대방은 여러분이 틀린 질문을 하면 올바른 대답을 해 주지 않을 것입니다.

4. 표에 있는 모든 동사에 관해 질문이 끝나면 상대방과 역할을 바꾸어 그들의 질문에 대답합니다.

5. 점수를 계산하여, 득점을 많이 한 사람이 승자가 됩니다.

> 예
> A : 学校に行きますか。
> B : いいえ、行きません。
> A : 喫茶店へ行きますか。
> B : はい、行きます。
> (A는 B가 동그라미 친 것을 맞추었기 때문에 A가 이겼다.)

～に行きます _い	우체국	학교	커피숍	도서관
～を見ます _み	텔레비전	영화	비디오	만화
～を飲みます _の	술	녹차	물	커피
～を読みます _よ	책	신문	잡지	일본어 책
～をします	데이트	공부	전화	테니스

Ⅱ. 何時に起きますか

A. 다음 메리의 스케줄을 보고 질문에 대답하세요.

메리의 스케줄

7:30 (오전)	기상
8:00	아침을 먹다
8:30	학교에 가다
12:00	점심을 먹다
3:00 (오후)	커피를 마시다
4:00	테니스를 하다
5:00	집으로 가다
6:30	저녁을 먹다
7:00	텔레비전을 보다
8:00	공부하다
11:30	취침하다

1. メアリーさんは何時に起きますか。
2. メアリーさんは何時に学校に行きますか。
3. メアリーさんは何時に昼ごはんを食べますか。
4. メアリーさんは何時にコーヒーを飲みますか。
5. メアリーさんは何時にうちに帰りますか。
6. メアリーさんは何時に勉強しますか。
7. メアリーさんは何時に寝ますか。

B. 두 명씩 짝을 지어 상대방에게 아래의 일들을 언제 하는지 묻고 대답하세요.

예
A : 何時に起きますか。
B : 八時に起きます。

친구의 스케줄

시 간	
	일어나다
	아침을 먹다
	학교에 가다
	점심을 먹다
	집에 가다
	자다

C. I-B (p.90)와 I-C (p.91)에 있는 그림을 보고 시간에 관한 표현을 말하세요.

> 예 2:00 → 二時に図書館で本を読みます。

Ⅲ. コーヒーを飲みませんか

A. 다음 제시어를 사용하여 제의하는 문장을 만드세요.

> 예 커피를 마시다 → コーヒーを飲みませんか。

1. 영화를 보다　　　2. 집에 오다　　　3. 테니스를 하다

4. 저녁을 먹다　　　5. 도서관에서 공부하다　6. 커피숍에서 이야기하다

7. 집에서 차를 마시다　8. 음악을 듣다

ペア B. 다음 그림을 보고 아래의 예와 같이 권유하면서 묻고 대답하세요.

> 예 A : 映画を見ませんか。
> B : いいですね。／ううん、ちょっと……。

Ⅳ. 毎日本を読みます
まいにちほん　　よ

여러분은 얼마나 자주 다음과 같은 행동을 합니까?
다음 질문에 대답하세요.

> 예　Q : 本を読みますか。
> 　　　　ほん　よ
> 　　A : ええ、よく読みます。／いいえ、あまり読みません。
> 　　　　　　　　　よ　　　　　　　　　　　　　　　よ

1. スポーツをしますか。

2. 雑誌を読みますか。
　　ざっし　よ

3. 図書館に行きますか。
　　としょかん　い

4. 映画を見ますか。
　　えいが　み

5. コーヒーを飲みますか。
　　　　　　の

6. 日本の音楽を聞きますか。
　　にほん　おんがく　き

7. 朝ごはんを食べますか。
　　あさ　　　た

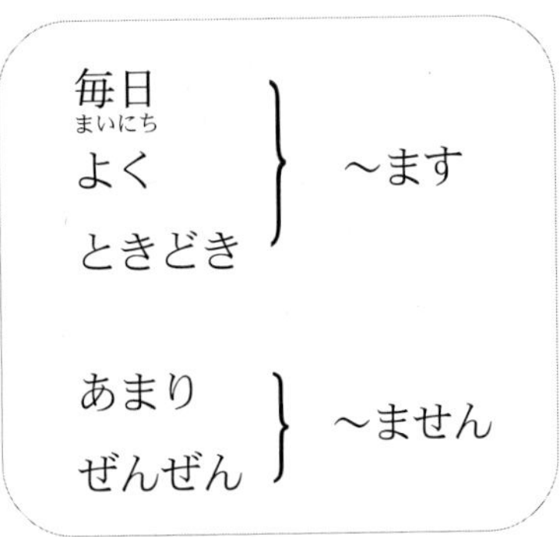

A. 다음 질문에 대답하세요.

1. 何時に起きますか。
なんじ　お

2. どこで勉強しますか。
べんきょう

3. いつテレビを見ますか。
み

4. スポーツをしますか。

5. 週末はどこに行きますか。
しゅうまつ　　　　い

6. 朝、何を食べますか。
あさ　なに　た

7. 今晩、何をしますか。
こんばん　なに

8. 毎晩、何時ごろ寝ますか。
まいばん　なんじ　　ね

B. 예와 같이 여러분의 오늘 / 내일 / 이번 주의 계획을 옆 사람에게 이야기하세요.

예 今日は二時にＬＬに行きます。三時に図書館で日本語を勉強します。
きょう　にじ　エルエル　い　　　　　　さんじ　としょかん　にほんご　べんきょう
六時ごろうちに帰ります。
ろくじ　　　　かえ

C. 다음과 같은 행동을 하는 사람을 찾아 보세요.

이름

1. 7시에 일어나다

2. 매일 아침을 먹다

3. 프랑스어를 말하다

4. 집에서 텔레비전을 보다

5. 일본 음악을 듣다

6. 테니스를 하다

예 A ： Bさんはテニスをしますか。

B ： はい。

A ： じゃあ、日曜日にテニスをしませんか。

B ： 日曜日はちょっと……。

A ： そうですか。じゃあ、土曜日はどうですか。

B ： ええ、いいですね。

A. 수와 메리의 대화를 듣고 그들이 어디에 갈지, 무엇을 할지 빈 칸을 완성하세요.

	1. 토요일	2. 일요일
메리	________________ 에서	________________ 에서
수	________________ 에서	________________ 에서

B. 여름 캠프의 저녁 모임에서 그룹 대표자와 학생들이 다음 날의 스케줄에 대해 토의하고 있습니다. 대화를 듣고 스케줄을 완성하세요.

1. (　　　　　) 6:00 (오전)
2. (　　　　　) 7:30
3. (　　　　　) 9:00
4. (　　　　　) 12:30 (오후)
5. (　　　　　) 1:30
6. (　　　　　) 3:00
7. (　　　　　) 6:00
8. (　　　　　) 7:30
9. (　　　　　) 11:30

a. 아침 식사　　b. 저녁 식사　　c. 기상　　d. 취침　　e. 점심 식사

f. 농구　　g. 테니스　　h. 공부　　j. 영화 관람

C. 수와 친구의 대화를 듣고, 아래의 일들을 얼마나 자주 하는지 적으세요.
   (a = 매일, b = 자주, c = 가끔, d = 그다지, e = 전혀)

   1. (   ) 일본어를 공부하다
   2. (   ) 도서관에 가다
   3. (   ) 일본어 테이프를 듣다
   4. (   ) 미국 영화를 보다
   5. (   ) 일본 영화를 보다
   6. (   ) 테니스를 하다
   7. (   ) 커피를 마시다

D. 메리와 일본인 친구와의 대화를 듣고 다음 질문에 적당한 답을 고르세요.

   1. 몇 시입니까? (   )
      a. 8시   b. 9시   c. 10시   d. 11시

   2. 남자는 처음에 무엇을 제의했습니까? (   )
      a. 커피숍에서 커피   b. 바에서 맥주   c. 그의 직장에서 커피   d. 점심

   3. 여자는 어떻게 그의 제의를 거절했습니까? (해당하는 곳에 O표 하세요.)
      a. (   ) 집에 돌아가야 한다고 말하면서
      b. (   ) 시간이 너무 늦었다고 말하면서
      c. (   ) 공부해야 한다고 말하면서
      d. (   ) 일찍 자야 한다고 말하면서

   4. 남자는 그 밖에 어떤 제의를 했습니까? (해당하는 곳에 O표 하세요.)
      a. (   ) 같이 일본어 테이프를 듣는 것
      b. (   ) 커피숍에서 일본어를 연습하는 것
      c. (   ) 다음 날 점심을 같이 하는 것
      d. (   ) 걸어서 그녀를 집에 데려다 주는 것

初めてのデート
はじ

会　話

Ⅰ　메리가 번화가에 갔습니다.

メアリー	すみません。マクドナルドはどこですか。
知らない人 し　　ひと	あのデパートの前ですよ。 まえ
メアリー	ありがとうございます。

Ⅱ　저녁, 메리의 홈스테이 집.

メアリー	ただいま。
お父さん とう	おかえりなさい。映画はどうでしたか。 えいが
メアリー	見ませんでした。たけしさんは来ませんでした。 み　　　　　　　　　　　　　　　　　き
お父さん とう	えっ、どうしてですか。
メアリー	わかりません。だから、一人で本屋とお寺に行きました。 ひとり　ほんや　てら　い
お父さん とう	人がたくさんいましたか。 ひと
メアリー	はい。お寺で写真をたくさん撮りました。 てら　しゃしん　　　　　　と デパートにも行きました。はい、おみやげです。 い

| お父さん | ありがとう。 |
| お母さん | あっ、メアリーさん、さっき電話がありましたよ。 |

Ⅲ 전화

たけし	はい、木村です。
メアリー	もしもし、たけしさんですか。メアリーです。
	たけしさん、今日来ませんでしたね。
たけし	行きましたよ。ハーゲンダッツの前で一時間待ちました。
メアリー	えっ。ハーゲンダッツじゃありませんよ。マクドナルドですよ。
たけし	マクドナルド……ごめんなさい！

単　語

● 명사

활동

アルバイト		아르바이트
かいもの	買い物	쇼핑
クラス		클래스, 학급

사람과 사물

あなた		당신
いぬ	犬	개
*おみやげ	お土産	(여행이나 외출에서 사 온) 선물
こども	子供	아이
ごはん	御飯	식사
*しゃしん	写真	사진
つくえ	机	책상
てがみ	手紙	편지
ねこ	猫	고양이
パン		빵
*ひと	人	사람

장소

*おてら	お寺	절
こうえん	公園	공원
スーパー		슈퍼마켓
*デパート		백화점
バスてい	バス停	버스 정류장
びょういん	病院	병원
ホテル		호텔
*ほんや	本屋	책방, 서점
まち	町	마을
レストラン		레스토랑

시간

きのう	昨日	어제

*さっき		아까, 조금 전
*〜じかん	〜時間	〜시간
いちじかん	一時間	1 시간
せんしゅう	先週	지난 주
とき	時	때 [〜の]
げつようび	月曜日	월요일
かようび	火曜日	화요일
すいようび	水曜日	수요일
もくようび	木曜日	목요일
きんようび	金曜日	금요일

● [−u]동사

あう	会う	만나다 [사람에]
*ある		있다 [〜が]
かう	買う	사다 [〜を]
かく	書く	쓰다 [사람에 사물을]
*とる	撮る	찍다 [〜を]
*まつ	待つ	기다리다 [〜を]
*わかる		이해하다 [〜が]

● [−る]동사

*いる	(사람·동물이) 있다 [장소에]

● 부사와 그 밖의 표현

〜ぐらい		〜정도
*ごめんなさい		미안합니다
*だから		그래서
*たくさん		많이
〜と		〜와/과
*どうして		어떻게
*ひとりで	一人で	혼자서
*もしもし		여보세요(전화상의 용어)

● 장소를 나타내는 말

みぎ	右	오른쪽[～の]
ひだり	左	왼쪽[～の]
* まえ	前	앞[～の]
うしろ	後ろ	뒤[～の]
なか	中	안, 속[～の]
うえ	上	위[～の]
した	下	아래[～の]
そば		옆[～の]
となり	隣	옆[～の]
あいだ	間	사이[AとBの]
そこ		거기
ここ		여기

文　法

1　Ｘがあります／います

Ｘがありますは「Ｘが 있습니다」라는 뜻입니다. 그런데 あります는 무생물과 움직일 수 없는 생물인 식물 등에만 사용할 수 있습니다.

> あそこにマクドナルドがあります。　　저기에 맥도날드가 있습니다.

あります는 다음과 같은 3가지 점에서 다른 동사와 다릅니다.
첫째, 장소를 나타내는 조사는 で 대신 に가 쓰입니다.
둘째, 장소를 나타내는 표현은 주로 그 문장의 시작 부분에 옵니다.
셋째, 주로 조사 は보다는 が에 붙어 쓰입니다.

또한, あります는 어떤 물건의 소유의 의미로도 쓸 수 있습니다.

> テレビがありません。　　　　텔레비전이 없습니다.
>
> 時間がありません。　　　　　시간이 없습니다.
> じかん

❗ 다음의 차이점에 주의합시다.
  • テレビ<u>が</u>ありません(텔레비전이 없습니다)　— テレビがあります의 부정형
  • テレビ<u>じゃ</u>ありません(텔레비전이 아닙니다) — テレビです의 부정형

그리고, あります는 어떤 일이 일어나는 것을 나타내기도 합니다.

> 火曜日にテストがあります。　　　화요일에 시험이 있습니다.
> かようび
> あしたは日本語のクラスがありません。　내일은 일본어 수업이 없습니다.
> 　　　にほんご

❗ 어떤 일이 일어남을 나타내는 あります가 장소를 나타내는 표현과 같이 쓰일 때는 장소에 조사 で를 붙여 사용합니다. 그리고 제3과에서 공부했듯이 日曜日に와 같이 시간을 나타내는 표현에는 조사 に가 붙지만, あした와 같이 상대적인 시간을 나타내는 표현에는 に가 붙지 않습니다.

한편, 사람을 포함하여 움직이는 생물이 있음을 나타낼 때는 います라는 동사가 쓰입니다.

> あそこに留学生がいます。　　　저기에 유학생이 있습니다.
> 　　りゅうがくせい

$$
（장소　に）\left\{\begin{array}{l}\text{물건　が　あります。}\\\text{사람　が　います。}\end{array}\right\}\qquad\text{~이/가 있습니다.}
$$

2　위치 표현

제2과에서 공부했듯이 X의 위치를 묻기 위해서는 どこ라는 단어를 사용해서 Xはどこで
すか라고 합니다.

　　　マクドナルドはどこですか。　　　　　　맥도날드는 어디입니까?

이에 대한 대답으로는 다음과 같이 표현할 수 있습니다.

$$
\text{マクドナルドは}\left\{\begin{array}{l}\text{あそこ}\\\text{そこ}\\\text{ここ}\end{array}\right\}\text{です。}\qquad\text{맥도날드는}\left\{\begin{array}{l}\text{저기}\\\text{거기}\\\text{여기}\end{array}\right\}\text{입니다.}
$$

이 과에서는 위치를 나타내는 표현을 좀더 자세히 공부하겠습니다. 여기서는 어떤 물체와
다른 물체와의 관계를 나타내는 위치 표현, 예를 들면 「X는 Y의 앞에 있습니다」와 같은 표
현을 공부하겠습니다. 일본어로 XはYの前です와 같이 표현되죠.

　　　（マクドナルドは）あのデパートの前です。　　맥도날드는 저 백화점(의) 앞입니다.

그 밖의 유용한 위치를 나타내는 단어는 다음과 같습니다.

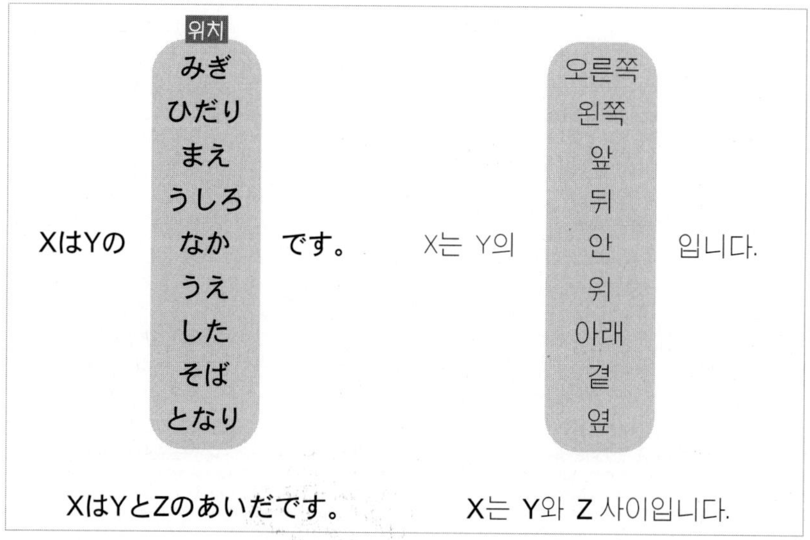

銀行は図書館の**となり**です。
ぎんこう　　としょかん

은행은 도서관(의) 옆입니다.

かさはテーブルの**下**です。

우산은 테이블(의) 밑입니다.

レストランはデパートと**病院**の**間**です。
びょういん　　あいだ

레스토랑은 백화점과 병원(의) 사이입니다.

❗ ちかく라는 단어도 そば와 마찬가지로 「곁」이라는 뜻으로 자주 쓰입니다.

❗ XはYのとなりです와 XはYのよこです는 둘 다 두 가지의 물체(X와 Y)가 옆에 있다는 표현입니다. 그런데, となり의 경우 두 물체 X와 Y는 두 사람, 두 건물 등과 같이 같은 종류에 속하는 것이여야 합니다. よこ의 경우는 성질이 다른 두 물체가 옆에 있다는 것을 나타냅니다.

(○) **電話**はトイレの**よこ**です。　　전화는 화장실 옆입니다.
でん わ

(×) **電話**はトイレの**となり**です。
でん わ

위의 위치 표현들은 모두 그 곳에서 일어나는 일을 표현하는 동사와 같이 쓸 수 있습니다. 食べる나 待つ 등의 동사와 같이 쓰일 때는 조사 で가 붙습니다.

私はハーゲンダッツの**前**で メアリーさんを**待**ちました。
わたし　　　　　　　　　　　まえ　　　　　　　　　　　　ま

저는 하겐다즈 앞에서 메리 씨를 기다렸습니다.

3 과거형

과거형은 다음과 같이 「~」부분에 동사의 ます형이 들어갑니다.

	긍정형	부정형
현재형	～ます	～ません
과거형	～**ました**	～**ませんでした**

メアリーさんは**九時**ごろうちに**帰**りました。
く　じ　　　　　　　かえ

메리 씨는 9시 경에 집으로 돌아왔습니다.

私はきのう**日本語**を**勉強**しませんでした。
わたし　　　　に ほん ご　　べんきょう

저는 어제 일본어 공부를 하지 않았습니다.

정중체의 다양한 형태에 대해서는 [-る]동사/ [-u]동사/불규칙동사와 같은 구분으로 제3과에서 공부했습니다. 과거형의 경우도 같은 형태를 사용하죠.

「XはYです」의 과거형은 다음과 같습니다.

	긍정형	부정형
현재형	~です	~じゃありません
과거형	~でした	~じゃありませんでした

山下先生は東西大学の学生でした。
やましたせんせい　とうざいだいがく　がくせい
야마시타 선생님은 도자이 대학의 학생이었습니다.

あれは日本の映画じゃありませんでした。
にほん　えいが
그것은 일본 영화가 아니었습니다.

❗ 현재형인 じゃありません의 경우와 마찬가지로 문어체에서는 축약된 じゃありませんでした 대신에 ではありませんでした가 주로 사용됩니다.

4 たくさん

많은 양을 나타내는 たくさん은 「많이」라는 뜻인데, 수식하는 동사 앞이나 목적어가 되는 명사 앞에 옵니다.

私は京都で { 写真をたくさん / たくさん写真を } 撮りました。　저는 교토에서 사진을 많이 찍었습니다.
わたし　きょうと　しゃしん　と

{ 野菜をたくさん / たくさん野菜を } 食べました。　야채를 많이 먹었습니다.
やさい　た

5 一時間
いちじかん

어떤 행동의 지속된 시간을 나타낼 때는 一時間(한 시간 동안)과 같은 명사로서 표현합니다. 이것은 조사 등이 붙지 않고 다음과 같이 단독으로 사용됩니다.

メアリーさんはそこでたけしさんを**一時間**待ちました。
いちじかん ま
메리 씨는 거기서 다케시 씨를 1시간(동안) 기다렸습니다.

또한, 「정도」라는 뜻을 가진 ぐらい가 ~時間 뒤에 올 수도 있습니다.

私 はきのう日本語を三時間ぐらい勉 強 しました。
저는 어제 일본어를 3시간 정도 공부했습니다.

❗ 제3과에서는 「~즈음, ~경」이라는 뜻의 ごろ를 공부했습니다.

6 と

と는 「와/과」라는 뜻의 조사입니다.

日本語と英語を話します。　　　　　　일본어와 영어를 말합니다.
京 都と大阪に行きました。　　　　　　교토와 오사카에 갔습니다.

❗ 여기서의 と는 명사에만 접속할 수 있습니다. 동사나 문장에 접속하는 と는 제 6과에서 배웁니다.

또다른 의미로 「~와/과 (함께)」라는 뜻이 있습니다.

メアリーさんはスーさんと韓国に行きます。　메리 씨는 수 씨와 (함께) 한국에 갑니다.

7 も

　조사 も는 제2과에서 나왔었는데 다음과 같은 여러 용법으로도 사용됩니다. 우선, 두 사람이 같은 행동을 할 경우에 사용됩니다.

私 はきのう京 都に行きました。　　　저는 어제 교토에 갔습니다.
山下先生もきのう京 都に行きました。　야마시타 선생님도 어제 교토에 갔습니다.

그리고, 한 사람이 둘 이상의 것을 사거나, 보거나, 입거나 하는 경우에도 사용됩니다.

メアリーさんはくつを買いました。　　메리 씨는 구두를 샀습니다.
メアリーさんはかばんも買いました。　메리 씨는 가방도 샀습니다.

또한, も는 둘 이상의 장소 또는 둘 이상의 시간을 나타낼 때도 사용됩니다.

私 は先週 京 都に行きました。　　저는 지난 주에 교토에 갔습니다.
大阪にも行きました。　　　　　오사카에도 갔습니다.
ロバートさんは土曜日にパーティーに行きました。
　　　　　　　　　　　　　　　　로버트 씨는 토요일에 파티에 갔습니다.
日曜日にもパーティーに行きました。
　　　　　　　　　　　　　　　　일요일에도 파티에 갔습니다.

위의 예문에서는 조사 に 뒤에 조사 も가 붙여져 있습니다. 우리말로 「에도」「에서도」라고 해석합니다. 일본어의 조사 は, が, を도 조사 も와 같이 사용할 수 있습니다.

練習

I. 大学があります
だいがく

A. 다음 그림을 보고 あります와 います를 사용하여 보고 있는 것을 말하세요.

B. 다음 질문에 대답하세요.

1. あなたの町に日本のレストランがありますか。
   まち　　にほん

2. あなたの家に猫がいますか。
   いえ　ねこ

3. あなたの学校に何がありますか。
   がっこう　　なに

4. あなたの学校に日本人の学生がいますか。
   がっこう　　にほんじん　　がくせい

5. デパートに何がありますか。
   なに

6. この教室(교실)にだれがいますか。
   きょうしつ

7. 動物園(동물원)に何がいますか。
　　どうぶつえん　　　　なに

8. あなたの国(고국)に何がありますか。
　　　　　くに　　　　なに

9. あなたの家に何がありますか。
　　　　　　いえ　なに

C. 아래 다케시의 일주일 스케줄을 보고 다음 질문에 답하세요.

	학교	방과 후
월요일	프랑스어　영어　컴퓨터	
화요일	역사	클럽 활동
수요일	프랑스어　영어　컴퓨터	
목요일	역사	클럽 활동
금요일	영어(시험)	파티
토요일	수업 없음	데이트
일요일	수업 없음	아르바이트

* 클럽 활동 クラブ　　파티 パーティー　　시험 テスト

1. 月曜日に英語のクラスがありますか。
　　げつようび　えいご

2. 火曜日にコンピューターのクラスがありますか。
　　か　ようび

3. 木曜日にフランス語のクラスがありますか。
　　もくようび　　　　　　　　ご

4. 土曜日にクラスがありますか。
　　ど　ようび

5. 水曜日に何がありますか。
　　すいようび　　なに

6. 金曜日に何がありますか。
　　きんようび　　なに

7. 日曜日に何がありますか。
　　にちようび　　なに

 D. 아래 빈 칸에 다음 주 스케줄을 써 넣고 서로 각 요일에 관한 계획이 무엇인지 묻고
대답하세요.

> 예
> A : 月曜日に何がありますか。
> 　　げつよう び　　なに
> B : 日本語のクラスがあります。
> 　　に ほん ご

	내 스케줄	친구 스케줄
月曜日 げつよう び		
火曜日 か よう び		
水曜日 すいよう び		
木曜日 もくよう び		
金曜日 きんよう び		
土曜日 ど よう び		
日曜日 にちよう び		

Ⅱ. 図書館はどこですか
　　と しょかん

A. 다음 그림을 보고 위치를 말하세요.

> 예
> 図書館
> と しょかん
> → 図書館は大学の後ろです。
> 　　と しょかん　だいがく　うし
> 図書館はスーパーのとなりです。
> 　　と しょかん

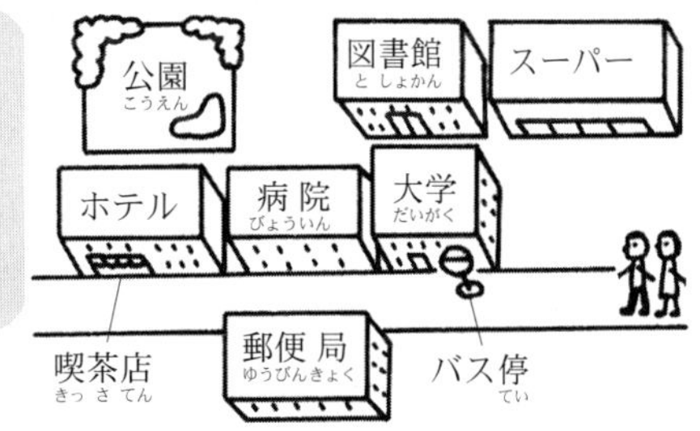

1. 郵便局　　2. 喫茶店　　3. バス停
　ゆうびんきょく　　きっ さ てん　　　　　てい

4. 公園　　5. スーパー　6. 病院
　こうえん　　　　　　　　　びょういん

B. 다음 그림을 보고 위치를 말하세요.

> | 예 | 本 → 本はつくえの上です。 |
> | --- | --- |
> | | ほん　　ほん　　　　　　うえ |

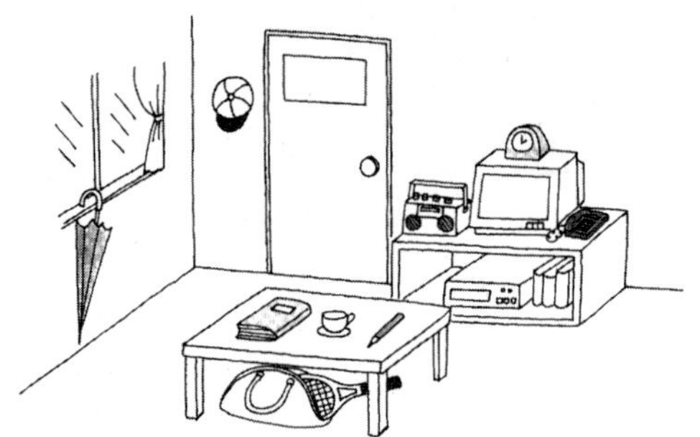

1. えんぴつ　　2. ラケット(라켓)

3. 時計　　　　4. 電話
　 とけい　　　　 でんわ

5. かばん　　　6. ぼうし

C. 한 명은 아래 지도 A를 보고 다른 한 명은 지도 B(p.122)를 보면서, 각 건물의 위치를 묻고 대답하세요.

> | 예 | A : 公園はどこですか。 |
> | --- | --- |
> | | こうえん |
> | | B : 公園はホテルのとなりです。 |
> | | こうえん |

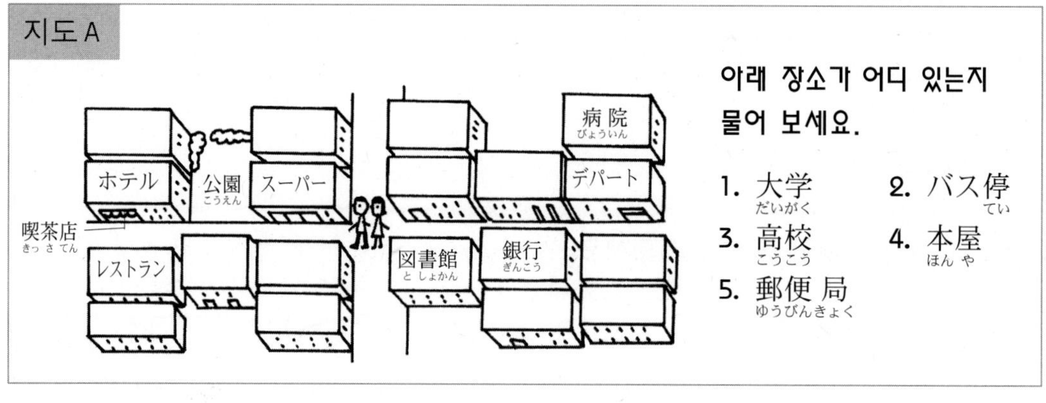

Ⅲ. 先生は二十二歳でした
　　せんせい　　にじゅうにさい

A. 아래 25년 전의 야마시타 교수의 프로필을 보고 다음 질문에 대답하세요.

야마시타 교수는 25년 전에 22세였다.

야마시타 교수는 25년 전에 대학교 2학년이었다.

야마시타 교수는 25년 전에 훌륭한 학생이었다.

야마시타 교수는 25년 전에 전공이 일본 역사였다.

1. 山下先生は子供でしたか。

2. 山下先生は一年生でしたか。

3. 山下先生はいい学生でしたか。

4. 山下先生の専門は英語でしたか。

5. 山下先生の専門は歴史でしたか。

B. 추리 게임
질문을 해서 친구가 선택한 물건의 가격들을 알아 맞혀 보세요.

❶ 시작하기 전에 먼저 두 사람 다 표의 각 줄에 있는 가격 중 하나를 골라 표시를 해 둡니다.

❷ 각 줄에서 물건과 4개의 가격을 사용하여 yes / no 질문문을 만들어 친구가 어떤 가격을 골랐는지를 알아냅니다.

❸ 여러분은 한 물건에 대해 최소한 2개의 질문을 할 수 있습니다. 여러분이 친구가 고른 물건의 가격을 맞추면 1점이 올라가며, 만약 여러분이 틀린 질문을 하면, 친구는 올바른 대답을 해 주지 않을 것입니다.

❹ 표에 있는 모든 물건들에 관해 질문이 끝나면 친구와 역할을 바꿔서 그들의 질문에 대답하세요.

❺ 점수를 계산하여 득점을 많이 한 사람이 승자가 됩니다.

かばん	￥5,000	￥10,000	￥15,000	￥20,000
かさ	￥600	￥1,000	￥1,300	￥2,000
ぼうし	￥1,600	￥2,000	￥2,400	￥3,000
トレーナー	￥3,500	￥4,000	￥6,500	￥8,000
時計 とけい	￥3,000	￥10,000	￥17,000	￥25,000

C. 여러분이 생일 선물로 아래 그림 중 한 가지 물건을 받았습니다. 친구는 여러분이 무엇을 받았는지 알아알아맞혀야 합니다. 친구의 질문에 대답하세요.

예 B : プレゼントはかばんでしたか。
A : ええ、かばんでした。
　　いいえ、かばんじゃありませんでした。

Ⅳ. 月曜日に何をしましたか
げつようび　なに

A. 다음 동사를 ～ました와 ～ませんでした의 형태로 바꾸세요.

예 たべる　→　たべました
　たべる　→　たべませんでした

1. はなす　　2. かう　　3. よむ　　4. かく　　5. くる　　6. まつ
7. おきる　　8. わかる　　9. する　　10. とる　　11. ある　　12. ねる
13. きく　　14. かえる　　15. のむ

B. 아래 그림은 메리가 지난 주에 한 일들입니다. 메리가 무엇을 했는지 예와 같이 말해 보세요.

예 월요일　　　　(1) 화요일　　　　(2) 수요일　　　　(3) 목요일

도서관에서

집에서

학교에서

커피숍에서

(4) 금요일　　　　(5) 토요일　　　　(6) 일요일

친구 집에서

교토에서

백화점에서

C. 위의 그림을 보고 질문에 대답하세요.

1. メアリーさんは火曜日に手紙を書きましたか。
　　かようび　てがみ　か

2. メアリーさんは水曜日に喫茶店に行きましたか。
　　すいようび　きっさてん　い

3. メアリーさんは木曜日に日本人の友だちに会いましたか。
　　もくようび　にほんじん　とも　あ

4. メアリーさんは金曜日にお寺に行きましたか。
　　きんようび　てら　い

5. メアリーさんは土曜日にテニスをしましたか。
　　どようび

6. メアリーさんは日曜日に買い物をしましたか。
　　にちようび　か　もの

D. B의 그림을 보고 질문에 대답하세요.

> [예] Q：メアリーさんは月曜日に何をしましたか。
> A：図書館で勉強しました。

1. メアリーさんは水曜日に何をしましたか。

2. メアリーさんは火曜日に何をしましたか。

3. メアリーさんはいつ映画を見ましたか。

4. メアリーさんはいつ買い物に行きましたか。

5. メアリーさんは金曜日にどこで晩ごはんを食べましたか。

6. メアリーさんは木曜日にどこで友だちに会いましたか。

[페어] E. 친구에게 월요일, 화요일 등에 무엇을 했는지 예와 같이 묻고 대답하세요.

> [예] A：月曜日に何をしましたか。
> B：テニスをしました。

Ⅴ. 子供の時よく本を読みましたか

[페어] 예와 같이 친구에게 어린 시절이나 학창 시절에 대해 묻고 대답하세요.

> [예] A：子供の時／高校の時よく本を読みましたか。
> B：はい、よく読みました。
>
> いいえ、あまり読みませんでした。

1. 勉強する
2. スポーツをする
3. 映画を見る
4. 公園に行く
5. 手紙を書く
6. デートをする

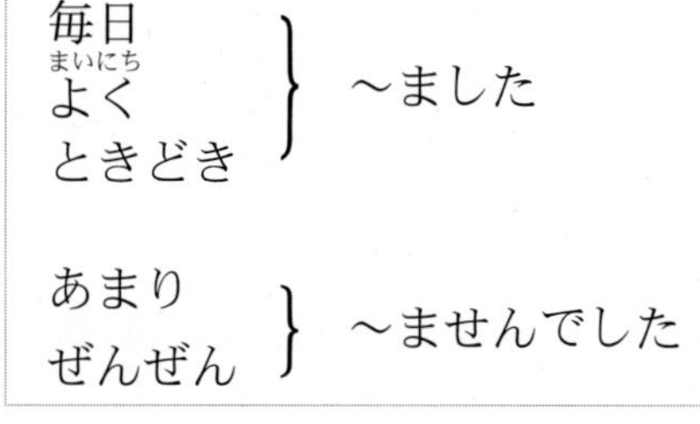

VI. コーヒーも飲みます

A. 예와 같이 (a)와 (b)를 비교하고, (b)를 も를 이용한 문장으로 바꾸세요.

> **예** (a) ハンバーガーは二百円です。
>
> (b) コーヒーは二百円です。　→　コーヒーも二百円です。

1. (a) たけしさんは時計を買いました。
   (b) たけしさんはかばんを買いました。

2. (a) ロバートさんは日本語を勉強します。
   (b) メアリーさんは日本語を勉強します。

3. (a) たけしさんは土曜日にアルバイトをします。
   (b) たけしさんは日曜日にアルバイトをします。

4. (a) メアリーさんはうちで日本語を話します。
   (b) メアリーさんは学校で日本語を話します。

5. (a) あした、メアリーさんはたけしさんに会います。
   (b) あした、メアリーさんはスーさんに会います。

6. (a) 先週、ＬＬに行きませんでした。
   (b) きのう、ＬＬに行きませんでした。

B. 다음 그림을 보고 も를 사용하여 말해 보세요.

> **예** 山本さんは学生です。
> 田中さんも学生です。

(1)　　　　　(2)　　　　　(3)　　　　　(4)

Ⅶ. まとめの練習
れんしゅう

A. 다음 질문에 대답하세요.

1. 毎日、何時に起きますか。
まいにち　なんじ　お

2. たいてい何時間ぐらい寝ますか。
なんじかん　ね

3. 毎日、何時間勉強しますか。
まいにち　なんじかんべんきょう

4. よくだれと昼ごはんを食べますか。
ひる　た

5. よく友だちに手紙を書きますか。
とも てがみ か

6. 先週、スポーツをしましたか。
せんしゅう

7. きのう、どこで晩ごはんを食べましたか。
ばん た

8. 先週、写真をたくさん撮りましたか。
せんしゅう しゃしん と

ペア

B. A와 B는 같이 농구를 하고 싶어합니다. 아래는 A의 이번 주 스케줄입니다. (B의 스케줄은 p.93) A와 B의 역할을 친구와 함께 해 보세요. 서로 상대방이 무엇을 하는지, 언제 농구를 할 것인지를 정하세요.

예

A : バスケット(농구)をしませんか。

B : いいですね。

A : 月曜日はどうですか。
　　げつようび

B : 月曜日は図書館で勉強します。
　　げつようび　としょかん　べんきょう
　　火曜日は？
　　かようび

A의 스케줄

일	
월	친구와 테니스 침.
화	3시에 은행 감.
수	
목	아르바이트
금	데이트
토	아르바이트(12~오후5시)

Ⅱ－C.

예　A：公園はどこですか。
　　　こうえん

　　B：公園はホテルのとなりです。
　　　こうえん

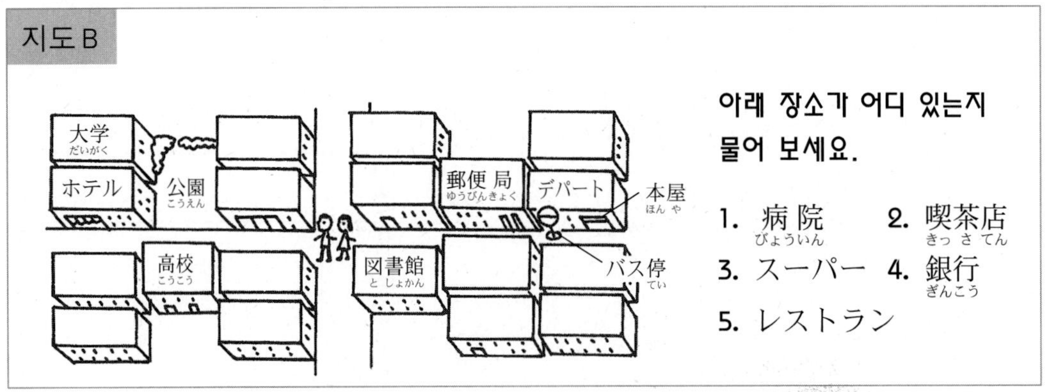

Ⅶ－B.

예　A：バスケット(농구)をしませんか。

　　B：いいですね。

　　A：月曜日はどうですか。
　　　げつよう び

　　B：月曜日は図書館で勉強します。
　　　げつよう び　　 と しょかん　　べんきょう

　　　火曜日は？
　　　か ようび

B의 스케줄

일	아침 6시 조깅
월	도서관에서 공부
화	
수	오사카에서 쇼핑
목	친구네 집에서 저녁 식사
금	
토	

A. 메리가 홈스테이 주인 아저씨와 이야기하고 있습니다. 대화를 듣고 우리말로 질문에 대답하세요.

1. 주인 아저씨는 오늘 무엇을 했습니까?

2. 주인 아주머니는 무엇을 했습니까?

3. 메리와 주인 아저씨는 내일 무엇을 할 것입니까?

B. 메리가 파티에서 찍은 사진을 보여 주고 있습니다. 다음의 사람들을 찾으세요.

1. (　　) 켄

2. (　　) 리카

3. (　　) 마이크

4. (　　) 다케시

5. (　　) 어머니

6. (　　) 아버지

a
b
c
d
e
f

C. 교실에서의 대화를 듣고 다음의 질문 대답하세요.

※ カラオケ(가라오케)

1. 오늘은 며칠입니까? _______________________________

2. 오늘은 무슨 요일입니까? _______________________________

3. 아래의 일들은 누가 했습니까? (해당 사항에 ○표 하세요)

	a. 공부했다	b. 춤췄다	c. 도쿄에 갔다	d. 편지를 썼다	e. 노래방에 갔다	f. 쇼핑했다
수						
메리						
로버트						

4. 로버트는 문제가 있을 것이다. 그 이유는? _______________________

位置(위치)
いち

つくえの上
うえ
つくえのそば
つくえの下
した
つくえの中
なか
左
ひだり
右
みぎ
よこはま
とうきょう
やまださんの
後ろ
うし
やまださんの
となり
やまださんと
さとうさんの 間
あいだ
やまださん
さとうさん
やまださんの前
まえ

日 (일)・週 (주)・月 (월)・年 (년)
ひ　　　しゅう　　　つき　　　とし

▶ 날짜와 요일

日曜日 にちようび	月曜日 げつようび	火曜日 かようび	水曜日 すいようび	木曜日 もくようび	金曜日 きんようび	土曜日 どようび
	1 ついたち	2 ふつか	3 みっか	4 よっか	5 いつか	6 むいか
7 なのか	8 ようか	9 ここのか	10 とおか	11 じゅういちにち	12 じゅうににち	13 じゅうさんにち
14 じゅうよっか	15 じゅうごにち	16 じゅうろくにち	17 じゅうしちにち	18 じゅうはちにち	19 じゅうくにち	20 はつか
21 にじゅういちにち	22 にじゅうににち	23 にじゅうさんにち	24 にじゅうよっか	25 にじゅうごにち	26 にじゅうろくにち	27 にじゅうしちにち
28 にじゅうはちにち	29 にじゅうくにち	30 さんじゅうにち	31 さんじゅういちにち			

▶ 월

いちがつ(一月) … 1월	ごがつ(五月) … 5월	くがつ(九月) … 9월
にがつ(二月) … 2월	ろくがつ(六月) … 6월	じゅうがつ(十月) … 10월
さんがつ(三月) … 3월	しちがつ(七月) … 7월	じゅういちがつ(十一月) … 11월
しがつ(四月) … 4월	はちがつ(八月) … 8월	じゅうにがつ(十二月) … 12월

▶ 시간을 나타내는 말

일	주	월	년
おととい 그저께	せんせんしゅう(先々週) 지지난 주	にかげつまえ(二か月前) 지지난 달	おととし 재작년
きのう(昨日) 어제	せんしゅう(先週) 지난 주	せんげつ(先月) 지난 달	きょねん(去年) 작년
きょう(今日) 오늘	こんしゅう(今週) 이번 주	こんげつ(今月) 이 달	ことし(今年) 올해
あした 내일	らいしゅう(来週) 다음 주	らいげつ(来月) 다음 달	らいねん(来年) 내년
あさって 모레	さらいしゅう(再来週) 다음다음 주	さらいげつ(再来月) 다음다음 달	さらいねん(再来年) 내후년

沖縄旅行
おきなわりょこう

会　話

Ⓘ 로버트와 켄은 오키나와 여행 중입니다.

ロバート　　いい天気ですね。
　　　　　　　てんき

けん　　　　そうですね。でも、ちょっと暑いですね。
　　　　　　　　　　　　　　　　　　　　あつ

ロバート　　わあ、きれいな海!
　　　　　　　　　　　　うみ

けん　　　　泳ぎましょう。
　　　　　　　およ

　　　　　　＊　　　　＊　　　　＊

けん　　　　ロバートさんはどんなスポーツが好きですか。
　　　　　　　　　　　　　　　　　　　　　　　す

ロバート　　サーフィンが好きです。
　　　　　　　　　　　　す

　　　　　　あした一緒にやりましょうか。
　　　　　　　　　いっしょ

けん　　　　でも、難しくありませんか。
　　　　　　　　　むずか

ロバート　　大丈夫ですよ。
　　　　　　だいじょうぶ

ロバート	すみません。はがきは、イギリスまでいくらですか。
郵便局員 ゆうびんきょくいん	七十円です。 ななじゅうえん
ロバート	じゃあ、七十円切手を二枚お願いします。 ななじゅうえんきって　　にまい　ねが それから、五十円切手を一枚ください。 ごじゅうえんきって　　いちまい

たけし	ロバートさん、はがき、ありがとう。 旅行は楽しかったですか。 りょこう　たの
ロバート	ええ。沖縄の海はとてもきれいでしたよ。 おきなわ　うみ
たけし	よかったですね。ぼくも海が大好きです。 うみ　だいす 飛行機の切符は高かったですか。 ひこうき　きっぷ　たか
ロバート	いいえ、あまり高くありませんでした。 たか たけしさんのデートはどうでしたか。
たけし	……

● 명사

* うみ	海	바다
* きって	切手	우표
* きっぷ	切符	표
* サーフィン		서핑
しゅくだい	宿題	숙제
たべもの	食べ物	음식
たんじょうび	誕生日	생일
テスト		시험
* てんき	天気	날씨
のみもの	飲み物	음료수
* はがき	葉書	엽서
バス		버스
* ひこうき	飛行機	비행기
へや	部屋	방
* ぼく	僕	나(남성어)
やすみ	休み	휴일, 방학
* りょこう	旅行	여행

● い형용사

あたらしい	新しい	새롭다
* あつい	暑い	덥다
あつい	熱い	뜨겁다
いそがしい	忙しい	바쁘다
おおきい	大きい	크다
おもしろい	面白い	재미있다
こわい	怖い	무섭다
さむい	寒い	춥다
* たのしい	楽しい	즐겁다
ちいさい	小さい	작다
つまらない		지루하다
ふるい	古い	오래되다

*むずかしい	難しい	어렵다
やさしい		쉽다, 친절하다
やすい	安い	싸다

● な형용사

きらい (な)	嫌い	싫어하다 [〜が]
*きれい (な)		깨끗하다
げんき (な)	元気	건강하다
しずか (な)	静か	조용하다
*すき (な)	好き	좋아하다 [〜が]
だいきらい (な)	大嫌い	매우 싫어하다
*だいすき (な)	大好き	매우 좋아하다
にぎやか (な)		번화하다
ハンサム (な)		잘생기다
ひま (な)	暇	한가하다

● [−u]동사

*およぐ	泳ぐ	수영하다
きく	聞く	묻다 [사람에]
のる	乗る	타다 [〜に]
*やる		하다 [〜を]

● [−る]동사

でかける	出かける	나가다, 외출하다

● 부사와 그 밖의 표현

*いっしょに	一緒に	함께
*それから		그래서
*だいじょうぶ	大丈夫	괜찮다
とても		매우
どんな		어떤
*〜まい	〜枚	〜장
*〜まで		〜까지

文　法

1　형용사

　일본어에는 두 가지 형태의 형용사, 즉 「い형용사」와 「な형용사」가 있습니다. 「い형용사」와 「な형용사」라는 용어는 이들이 명사를 수식할 때 끝의 형태가 각각 い와 な가 되는 것에서 비롯되었습니다.

い형용사

おもしろい映画　재미있는 영화

きのう、おもしろい映画を見ました。　어제 재미있는 영화를 봤습니다.

こわい先生　무서운 선생님

山下先生はこわい先生です。　야마시타 선생님은 무서운 선생님입니다.

な형용사

きれいな写真　아름다운 사진

京都できれいな写真を撮りました。　교토에서 아름다운 사진을 찍었습니다.

元気な先生　건강한(활달한) 선생님

山下先生は元気な先生です。　야마시타 선생님은 건강한(활달한) 선생님입니다.

　동사와 마찬가지로 형용사의 경우에도 시제(현재, 과거)나 긍정형인지 부정형인지 등에 따라 활용을 합니다. い형용사와 な형용사의 활용은 다음과 같습니다.

● い형용사 ●

い형용사는 다음과 같이 활용합니다. 형태가 조금 복잡하므로 주의해서 보세요.

おもしろい	긍정형	부정형
현재형	おもしろいです 재미있습니다	おもしろくありません 재미있지 않습니다
과거형	おもしろかったです 재미있었습니다	おもしろくありませんでした 재미있지 않았습니다

위의 현재형 (おもしろ)いです가 과거형으로 바뀔 때는 い형용사의 어미 い가 かった로 바뀝니다. 그리고 부정형의 경우에는 い형용사의 어미 い가 く로 바뀌고 ありません(아닙니다)이 붙습니다. 또 부정형의 과거는 부정형 おもしろくありません에 과거 표현 でした를 붙이면 됩니다.

❗ 사람에 따라 보다 규칙적인 활용을 사용하기도 합니다. 즉 아래와 같이 긍정형과 부정형에서 모두 です를 사용하는 경우도 있습니다.

	긍정형	부정형
현재형	〜いです	〜くないです
과거형	〜かったです	〜くなかったです

동사와는 달리 い형용사는 규칙 활용을 하므로 대부분 위의 규칙대로 활용이 이루어집니다. 단 いい(좋다)의 경우는 불규칙 활용을 하므로 주의해야 합니다. 즉 いい는 사전형과 정중체의 현재 긍정형 이외의 경우 첫음절인 い가 よ로 바뀝니다.

いい	긍정형	부정형
현재형	いいです 좋습니다	よくありません 좋지 않습니다
과거형	よかったです 좋았습니다	よくありませんでした 좋지 않았습니다

❗ 가끔 よい와 よいです가 사용되는 경우도 있습니다만, 대부분의 경우는 いい와 いいです가 사용됩니다.

● な형용사 ●

な형용사의 활용은 매우 간단합니다. 즉 제4과에서 이미 공부했던 명사에 です가 붙은 형태와 활용이 같습니다.

元気(な) げん き		긍정형	부정형
	현재형	元気です げん き 건강합니다	元気じゃありません げん き 건강하지 않습니다
	과거형	元気でした げん き 건강했습니다	元気じゃありませんでした げん き 건강하지 않았습니다

な형용사의 정중체에서는 음절 끝의 な가 탈락합니다.

❗ な형용사에서도 い형용사의 경우와 같이 보다 규칙적인 활용을 사용하기도 합니다.

	긍정형	부정형
현재형	～です	～じゃないです
과거형	～でした	～じゃなかったです

2 好き(な)／きらい(な)
   す

이 과에서는 아주 중요한 な형용사인 好き(な)(좋아하다)와 きらい(な)(싫어하다)에 대해서 공부하겠습니다. 「X는 Y를 좋아합니다/싫어합니다」라는 뜻인데, 조사 は와 が가 사용된다는 것에 주의해야 합니다.

$$\text{XはYが} \left\{ \begin{matrix} \text{好き} \\ \text{きらい} \end{matrix} \right\} \text{です。} \qquad \text{X는 Y를} \left\{ \begin{matrix} \text{좋아} \\ \text{싫어} \end{matrix} \right\} \text{합니다.}$$

ロバートさんは日本語のクラスが好きです。　로버트 씨는 일본어 수업을 좋아합니다.
　　　　　　　にほんご　　　　　　す
山下先生は魚がきらいです。　　　　　　　야마시타 선생님은 생선을 싫어합니다.
やましたせんせい　さかな

❗ 두 가지 이상의 사항을 대조적으로 표현할 때는 조사 が 대신에 は를 사용합니다.
　私は野菜は好きですが、肉はきらいです。저는 야채는 좋아합니다만, 고기는 싫어합니다.
　わたし　やさい　す　　　にく

이러한 好きです／きらいです는 사람에 대해서도 쓸 수 있습니다. 물론 好きです는 사랑
　　　　す　　　　　　　　　　　　　　　　　　　　　　　　す
의 고백에도 쓸 수가 있죠.

❗ 로맨틱한 애정 또는 가족적인 애정을 표현하고자 할 때는 조사 が 대신에 그 자리에 のことが를 쓸 수도 있습니다.
たけしさんはメアリーさん**のことが**好きです。 ＝ メアリーさん**が**好きです。
다케시 씨는 메리 씨를 좋아합니다.

여기서 好き(な)와 きらい(な)에 대해 3가지 사항을 더 공부하겠습니다.
첫째는 어떤 것(사람)에 대해 좋아하거나 싫어하는 정도가 매우 심할 경우에는, 大好きです/大きらいです라는 합니다. 이는 とても라는 정도 부사를 사용해서 とても好きです/きらいです라고 하는 것보다 더 일반적이고 간단한 표현이죠.

두 번째로 어떤 것에 대해 좋아하지도 싫어하지도 않을 경우에는 아래와 표현합니다.

好きでもきらいでもありません。　　　좋아하지도 싫어하지도 않습니다.

세 번째로 好きな와 きらいな가 명사를 수식할 경우 이제까지 です 앞에서 생략되었던 な가 생략되지 않습니다.

これは**私 の好きな**テレビです。　　　이것은 **제가 좋아하는** 텔레비전(방송)입니다.

3　정도 표현

만약 「매우 덥습니다」 또는 「조금 덥습니다」와 같은 표현을 하려면 정도 부사인 とても(매우, 아주)와 ちょっと(조금) 등을 형용사 앞에 놓아야 합니다.

沖縄の海はとてもきれいでした。　　　오키나와의 바다는 매우 아름다웠습니다.
この部屋はちょっと暑いです。　　　이 방은 조금 덥습니다.

好き(な)와 きらい(な)의 경우에는 앞에 とても를 붙이는 대신 大好き(な)(아주 좋아한다)와 大きらい(な)라는 표현을 씁니다.

たけしさんはコーヒーが大好きです。　　　다케시 씨는 커피를 아주 좋아합니다.
キムさんはなっとうが大きらいです。　　　김 씨는 낫토를 아주 싫어합니다.

4　～ましょう／～ましょうか

동사의 끝부분을 ましょう(합시다) 또는 ましょうか(할까요)로 바꾸면 권유를 나타내는 표현이 됩니다.

一緒に図書館で勉強しましょう。　　같이 도서관에서 공부합시다.
喫茶店でコーヒーを飲みましょうか。　커피숍에서 커피를 마실까요?

5 조수사

　우리말에 「하나, 둘, 셋, 넷…」과 「일, 이, 삼, 사…」가 있는 것처럼 일본어에도 고유 수사와 한자 수사가 있습니다. 그러므로 세는 대상이 사람인지 책인지에 따라 고유 수사를 쓰기도 하고 한자 수사를 쓰기도 합니다.

　　　リーさんは　切手を　三枚　買いました。 이 씨는 우표를 3장 샀습니다.
　　　　　　　　　↑　　　↑
　　　　　　　　物건　　　수

　위와 같이 세는 대상이 우표인 경우에는 한자 수사를 사용하여 三에 종이 따위를 세는 조수사 枚(장)가 붙습니다. 枚는 종이나 그 밖의 얇고 평평한 것을 세는 조수사입니다. 뒤에 나오는 과에서 사람, 책, 기다란 물건 등을 세는 법을 공부하겠습니다.

表現ノート ⑥

※ 忙しい／にぎやか(な)

　忙しい는 사람들에 관해 묘사할 때만 쓰이고, 장소에 관한 묘사에는 사용되지 않는다. 만약 도쿄가 바쁜 도시라고 묘사하고 싶을 때에는 にぎやか(な)를 사용해야 한다.

　　　たけしさんは忙しいです。　　다케시 씨는 바쁩니다.
　　　東京はにぎやかです。　　　　도쿄는 번잡합니다.

다음의 문장에서도 마찬가지다. 왜냐하면 주어 '나'가 문장에서 생략되었기 때문이다.

　　　日曜日は忙しいです。　＝　日曜日は(私は)忙しいです。
　　　일요일은 (나는) 바쁩니다.

練 習

Ⅰ. 大学があります
だいがく

A. 다음 단어를 예와 같이 긍정형으로 바꾸세요.

> **예**　たかい　→　たかいです
> 　　　 げんきな　→　げんきです

1. やすい　　　2. あつい　　　3. さむい　　　4. おもしろい
5. つまらない　6. いそがしい　7. いい　　　　8. しずかな
9. にぎやかな　10. きれいな　　11. ひまな

B. 다음 단어를 예와 같이 부정형으로 바꾸세요.

> **예**　やすい　→　やすくありません
> 　　　 ひまな　→　ひまじゃありません

1. さむい　　　2. ふるい　　　3. こわい　　　4. あたらしい
5. むずかしい　6. ちいさい　　7. いい　　　　8. げんきな
9. しずかな　　10. きれいな　　11. ハンサムな

C. 다음 그림을 보고 예와 같이 문장을 만드세요.

> **예**　この時計は高いです。
> 　　　 　 とけい　たか
> 　　　 この時計は安くありません。
> 　　　 　 とけい　やす

예

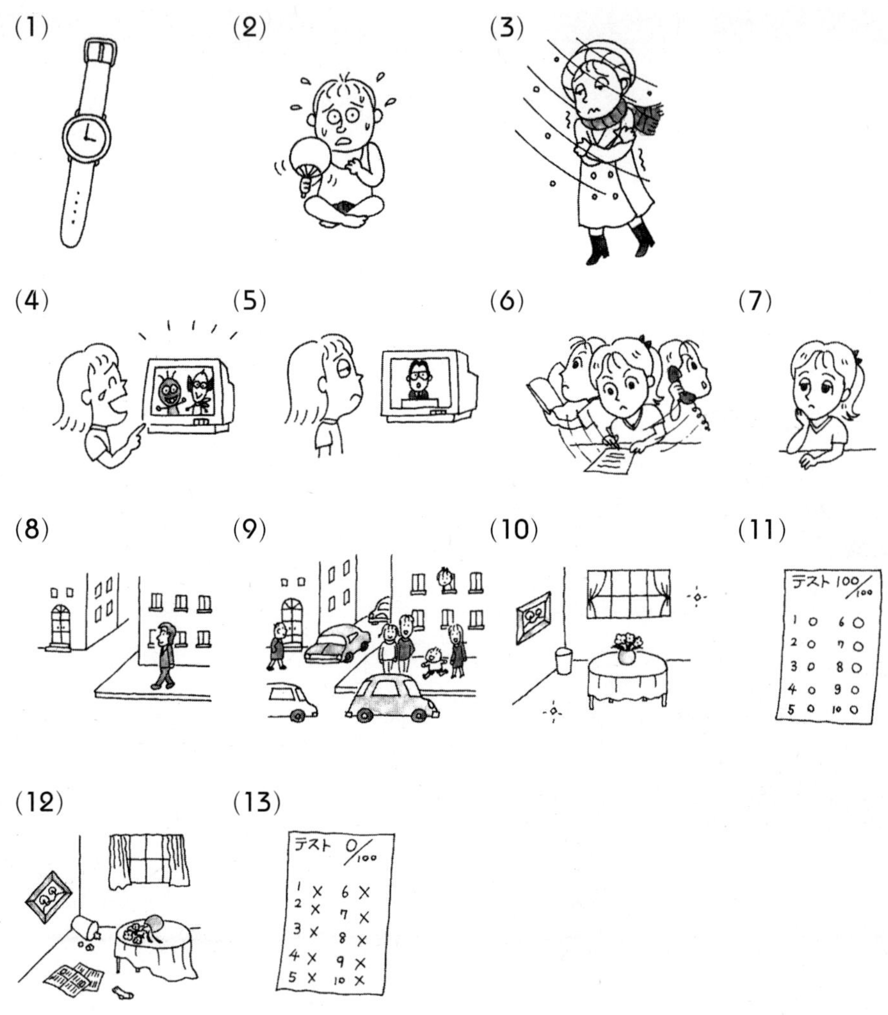

(1) (2) (3)

(4) (5) (6) (7)

(8) (9) (10) (11)

(12) (13)

D. 다음 질문에 대답하세요.

예

Q : 日本語のクラスは 難 しいですか。

A : ええ、難 しいです。／いいえ、難 しくありません。

1. 今日はひまですか。

2. 先生はやさしいですか。

3. 学校は大きいですか。

4. 部屋はきれいですか。

5. 日本の食べ物はおいしいですか。

6. 日本の食べ物は安いですか。

 E. 짝과 함께 긍정문과 부정문을 만드세요.

> 예　きれいな
> → 友達の部屋はきれいです。でも、私の部屋はきれいじゃありません。
> 　　ともだち　へ や　　　　　　　　　　わたし　へ や

1. おもしろい　　2. いい　　3. こわい　　4. おいしい

5. 高い　　6. ハンサムな　　7. 元気な　　8. ひまな
　 たか　　　　　　　　　　　　げん き

F. 형용사를 사용하여 다음 주제에 대해 문장을 만드세요.

> 예　テストは 難 しくありません。やさしいです。
> 　　　　　 むずか

1. 私 は　　2. 私 の町は　　3. 私 のとなりの人は
　 わたし　　　　わたし　まち　　　　　わたし　　　　　ひと
4. 私 の部屋は　　5. 東 京 は　　6. ハワイは
　 わたし　へ や　　　 とうきょう

Ⅱ. 高かったです
　　　 たか

A. 다음 단어를 예와 같이 과거형으로 바꾸세요.

> 예　たかい　 →　たかかったです
> 　　げんきな　→　げんきでした

1. やすい　　2. あつい　　3. さむい　　4. おもしろい

5. つまらない　　6. いそがしい　　7. いい　　8. しずかな

9. にぎやかな　　10. きれいな　　11. ひまな

B. 다음 단어를 예와 같이 과거 부정형으로 바꾸세요.

> 예　やすい　 →　やすくありませんでした
> 　　げんきな　→　げんきじゃありませんでした

1. たかい　　2. たのしい　　3. やさしい　　4. つまらない

5. おおきい　　　6. いい　　　7. いそがしい　　　8. にぎやかな

9. しずかな　　　10. きれいな　　　11. ひまな

C. 이것은 로버트가 오키나와로 여행을 갔다 와서 쓴 글입니다. 메모를 보고 문장을 만드세요

예　오키나와 ~ 덥다.

1. 음식 ~ 비싸지 않다.

2. 음식 ~ 맛있다.

3. 호텔 ~ 크지 않다.

4. 호텔 ~ 새것이다.

5. 레스토랑 ~ 조용하지 않다.

6. 바다 ~ 아름답다.

7. 서핑 ~ 재미있다.

예

沖縄は暑かったです。
おきなわ　あつ

D. 아래의 표를 보고 짝과 같이 밑줄 친 부분을 바꿔서 대화를 연습하세요. A와 B는 A의 휴가에 관해 이야기하고 있습니다.

예　A : 로버트

→　A : 休みに沖縄に行きました。
　　　　やす　　おきなわ　い

　　B : そうですか。どうでしたか。

　　A : とても暑かったです。
　　　　　　あつ

예 로버트	오키나와에 갔다.	매우 더웠다.
(1) 메리	영화를 봤다.	무서웠다.
(2) 다케시	집에 있었다.(うちにいる)	대단히 지루했다.
(3) 수	파티에 갔다.	재미없었다.
(4) 야마시타	벼룩시장(フリーマーケット)에 갔다.	싸지 않았다.
(5) 私 わたし		

Ⅲ. 高い時計ですね
たか　　とけい

A. 다음 그림을 보고 예와 같이 설명하세요.

예　時計　→　高い時計ですね。
　　とけい　　　たか　とけい

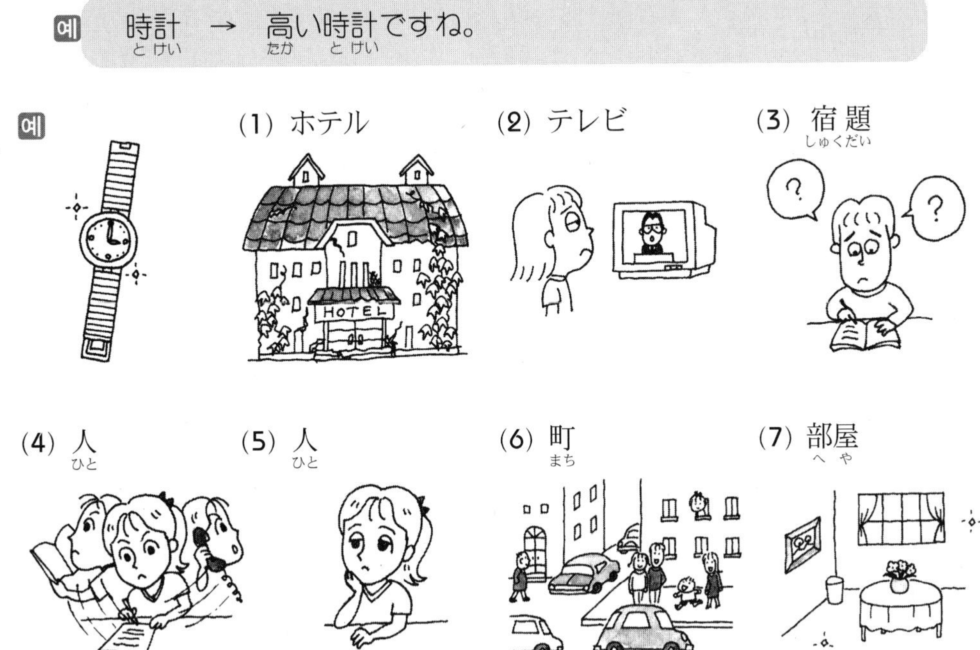

예

(1) ホテル

(2) テレビ

(3) 宿題
しゅくだい

(4) 人
ひと

(5) 人
ひと

(6) 町
まち

(7) 部屋
へや

B. 주어진 내용을 사용하여 예와 같이 질문에 대답하세요.

예　Q: メアリーさんはどんな人ですか。
　　　　　　　　　　　　　ひと
　　A: メアリーさんはやさしい人です。
　　　　　　　　　　　　　　　ひと

예 メアリー

친절하다

(1) スー

아름답다

(2) ロバート

재미있다

(3) たけし

건강하다(활발하다)

Ⅳ. 魚 が好きですか
さかな　 す

 A. 아래의 제시어에서 하나를 골라 짝에게 그것을 좋아하는지 물어 보세요.

> 예　A : メアリーさんは肉が好きですか。
> 　　　　　　　　　　　にく　す
> 　　B : はい、好きです。／大好きです。
> 　　　　　　す　　　　　　だい す
> 　　　　いいえ、きらいです。／大きらいです。
> 　　　　　　　　　　　　　　　だい

1. 음식 : 고기 / 낫토(なっとう)/아이스크림(アイスクリーム)

2. 스포츠 : 에어로빅(エアロビクス)/스키(スキー)/스케이팅(スケート)

3. 음악 : 하드록(ハードロック)/재즈(ジャズ)/클래식(クラシック)

4. 학교 공부 : 시험/일본어 수업/숙제

5. 음료수 : 술/녹차/커피

* 만약 좋아하지도 싫어하지도 않는다면 好きでもきらいでもありません이라는 표현을 씁니다.

B. 다음 질문에 대답하세요.

1. どんなスポーツが好きですか。
　　　　　　　　　　す

2. どんな食べ物が好きですか。
　　　　た　もの　す

3. どんな飲み物が好きですか。
　　　　の　もの　す

4. どんな映画が好きですか。
　　　　えい が　す

5. どんな音楽が好きですか。
　　　　おんがく　す

Ⅴ. 映画を見ましょう
えい が　み

A. 다음 문장을 ～ましょう의 형태로 바꾸세요.

> 예　日本語を話す　→　日本語を話しましょう。
> 　　に ほん ご　はな　　　　に ほん ご　はな

1. うちに帰る　　　2. 先生に聞く　　　3. 映画を見る
　　　かえ　　　　　　　せんせい　き　　　　　えい が　み

4. はがきを買う　　5. 出かける　　　　6. 待つ
　　　　　　か　　　　　で　　　　　　　　ま

7. 泳ぐ　　　　　　8. 写真を撮る　　　9. バスに乗る
　　およ　　　　　　　しゃしん　と　　　　　　　　の

ペア B. 다음 문장을 이용하여 ～ましょうか 형태의 권유문으로 만드세요.

> 예
> 寒いですね。
> → A：寒いですね。お茶を飲みましょうか。
> 　　B：そうしましょう。

1. 暑いですね。

2. 十二時ですね。

3. この宿題は難しいですね。

4. あした先生の誕生日ですよ。

5. あのレストランはおいしいですよ。

6. あしたはテストがありますね。

Ⅵ. まとめの練習

A. 다음 질문을 짝에게 하세요.

1. 지난 주에 바빴습니까?

2. 지난 주에 건강했습니까?

3. 당신의 고등학교는 큽니까?
　　　　　　　/ 오래되었습니까?

4. 당신의 시계는 비쌉니까?

5. 당신의 가방은 새것입니까?

6. 당신의 방은 작습니까? / 깨끗합니까?

7. 당신의 선생님은 친절합니까?

B. 여행에서 여러분이 찍은 사진을 가져와서 친구들에게 어디에 갔었는지, 무엇을 했는지, 그 일은 어떠하였는지 등을 설명하세요. 그리고 나서 나머지 학생들은 그 여행에 관해 예와 같이 자세히 물어 보세요.

> **예**
> どこに行きましたか。
> 天気はどうでしたか。
> だれと行きましたか。
> 飛行機の切符はいくらでしたか。

C. 회화 2를 참고로 하여 우표와 엽서를 사 보세요.

聴　取

A. 복덕방 주인과 손님의 대화를 듣고 알맞은 대답을 고르세요.

※ 1か月(1 개월)

1. 그 집은　[새 집이다 / 오래된 집이다]　　4. 그 방들은　[크다 / 크지 않다]

2. 그 집은　[깨끗하다 / 깨끗하지 않다]　　5.　[많은 / 많지 않은] 방들이 있다.

3. 그 집은　[조용하다 / 조용하지 않다]　　6. 집세는　[90,400 / 94,000] 엔이다

B. 텔레비전 게임쇼 "나의 데이트 상대는 누구?" 입니다. 세 남자는 스즈키 양를 데이트
에 초대하고 싶어합니다.

※ おめでとうございます(축하합니다)

1. 우리말로 아래의 빈 칸을 완성하세요

　　　　　　　　　　이상형　　　　　　　휴일에 무엇을 하는가

　　a. 吉田　__________________　　__________________
　　b. 川口　__________________　　__________________
　　c. 中山　__________________

2. 누가 스즈키 양를 택했습니까?　　　__________________

C. 메리와 다케시의 인터뷰를 듣고 아래 표에 알맞은 기호를 쓰세요.
　　　　(a= 좋아하다, b= 그다지 좋아하지 않는다, c= 싫어하다)

	1. 로큰롤	2. 재즈	3. 클래식	4. 서스팬스 영화	5. 공포 영화
메리					
다케시					

郵便局 で （우체국에서）
ゆうびんきょく

これ、お願いします。 ——————— 이것, 부탁드립니다.

五十円切手を三枚ください。 ——— 50엔 우표 3장 주세요.

(航空便)でお願いします。 ——— (항공편)으로 부탁합니다.

何日ぐらいかかりますか。 ——— 며칠 정도 걸립니까?

百五十円になります。 ——— 150엔입니다.

あと百円です。 ——————— 100엔 더 입니다.

窓口 まどぐち	—— 창구		切手 きって	—— 우표
はがき	—— 엽서		エアログラム	－ 항공 우편
小包 こづつみ	—— 소포		封書 ふうしょ	—— 봉투
航空便 こうくうびん	—— 항공편		船便 ふなびん	—— 배편
保険 ほけん	—— 보험		速達 そくたつ	—— 속달
書留 かきとめ	—— 등기			

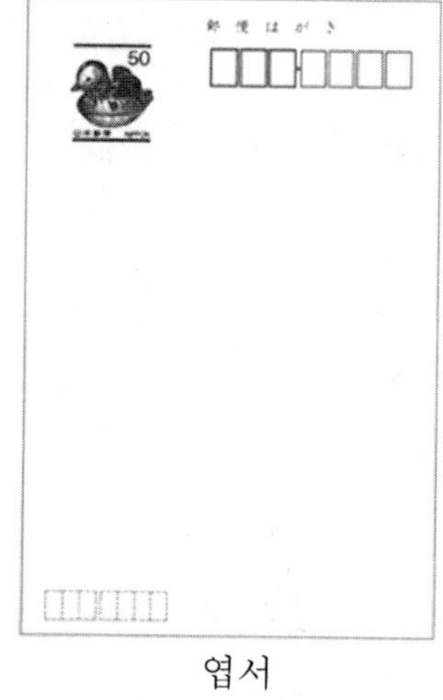

엽서

우표

写真屋で（사진관에서）
しゃしん や

손님	すみません。焼き増しお願いします。	실례합니다. 사진 현상을 부탁합니다.
점원	はい。光沢ありでよろしいですか。	네. 광택있는 게 좋으십니까?
손님	はい。	네.
점원	ここに名前と電話番号をお願いします。	여기에 이름과 전화 번호를 부탁합니다.
손님	いつできますか。	언제 가능합니까?
점원	仕上がりは十五日の三時です。	완성은 15일 3시입니다.
	この引き換え券を持ってきてください。	이 교환권을 가지고 와 주세요.
손님	わかりました。じゃ、お願いします。	알겠습니다. 그럼 부탁드립니다.
점원	ありがとうございます。	감사합니다.

단어

焼き増し	—— 사진 현상			
現像	—— 현상			
光沢あり	—— 광택 있음			
光沢なし	—— 광택 없음			
パノラマ	—— 파노라마			
スライド	—— 슬라이드			
プリント	—— 프린트	ネガ	—— 음화용 필름	
仕上がり	—— 완성	フィルム	—— 필름	
24 枚撮り	—— 24장짜리 필름	電池	—— 건전지	
使い捨てカメラ	—— 일회용 카메라	引き換え券	—— 교환권	

ロバートさんの一日
いちにち

会　話

Ⅰ　수업 시간

山下先生　ロバートさん、次のページを読んでください。
やましたせんせい　　　　つぎ　　　　　　　よ

ロバート　……

山下先生　ロバートさん、起きてください。
やましたせんせい　　　　お

　　　　　クラスで寝てはいけませんよ。
　　　　　　　　　ね

ロバート　先生、教科書を忘れました。
　　　　　せんせい　きょうかしょ　わす

山下先生　教科書を持ってきてくださいね。毎日使いますから。
やましたせんせい　きょうかしょ　も　　　　　　　　　　　まいにちつか

ロバート　はい、すみません。

Ⅱ　수업 후

スー　　　ロバートさん、今日は大変でしたね。
　　　　　　　　　　　　きょう　たいへん

ロバート　ええ。後でスーさんのノートを借りてもいいですか。
　　　　　　　あと　　　　　　　　　　　か

スー　　　ええ、いいですよ。

ロバート　ありがとう。すぐ返します。
　　　　　　　　　　　　かえ

スー　　　ロバートさん、あしたテストがありますよ。

ロバート　　　　えっ。本当ですか。

スー　　　　　　ええ。ロバートさん、金曜日に休みましたからね。

ロバート　　　　じゃあ、今日は家に帰って、勉強します。

おばあさん　　　あの、すみません。このバスは市民病院へ行きますか。

ロバート　　　　ええ、行きますよ……。

　　　　　　　　あの、おばあさん、どうぞ座ってください。

おばあさん　　　いいえ、けっこうです。すぐ降りますから。

ロバート　　　　そうですか。じゃあ、荷物を持ちましょうか。

おばあさん　　　あ、どうもすみません。

● **명사**

おかね	お金	돈
*おばあさん		할머니
おふろ	お風呂	목욕탕
かんじ	漢字	한자
*きょうかしょ	教科書	교과서
こんしゅう	今週	이번 주
*しみんびょういん	市民病院	시민 병원
*つぎ	次	다음
テレビゲーム		비디오 게임
でんき	電気	전기
でんしゃ	電車	전차
*にもつ	荷物	짐, 화물
*ページ		페이지
まど	窓	창문
よる	夜	밤
らいしゅう	来週	다음 주
らいねん	来年	내년

● **な형용사**

| *たいへん(な) | 大変 | 큰일이다 |

● **[-u]동사**

あそぶ	遊ぶ	놀다
いそぐ	急ぐ	서두르다
おふろにはいる	お風呂に入る	목욕하다
*かえす	返す	돌려 주다[사람에 사물을]
けす	消す	끄다, 지우다[~を]
しぬ	死ぬ	죽다
*すわる	座る	앉다[의자에]
たつ	立つ	일어서다
たばこをすう	たばこを吸う	담배를 피다

つかう	使う	사용하다[〜を]
てつだう	手伝う	돕다[사람의 일을]
はいる	入る	들어가다, 들어오다[〜に]
*もつ	持つ	가지다[〜を]
*やすむ	休む	① 빠지다, 결석하다[〜を]
		② 쉬다

● [ーる]동사

あける	開ける	열다[〜を]
おしえる	教える	가르치다[사람에 사물을]
*おりる	降りる	내리다[〜を]
*かりる	借りる	빌리다[사람에 사물을]
しめる	閉める	닫다[〜を]
つける		켜다[〜を]
でんわをかける	電話をかける	전화를 걸다[사람에]
*わすれる	忘れる	잊다[〜を]

● 불규칙동사

| つれてくる | 連れてくる | 데리고 오다[〜を] |
| *もってくる | 持ってくる | 가지고 오다[〜を] |

● 부사와 그 밖의 표현

*あとで	後で	나중에
おそく	遅く	늦게
*〜から		〜때문에, 〜니까
*けっこうです	結構です	괜찮습니다, 됐습니다
*すぐ		곧, 바로
*ほんとうですか	本当ですか	정말입니까?
ゆっくり		천천히

文 法

1 **て형**

이 과에서는 새로운 동사의 활용 형태인 て형에 대해서 공부하겠습니다.

て형은 일본어 문법에서 상당히 중요한 부분입니다. 이 과에서는 다음과 같이 다양한 て형 용법에 대해서 소개하겠습니다.

- ～해 주세요. (요청할 때)
- ～해도 괜찮습니까? (허가를 구할 때)
- ～하면 안 됩니다. (금지할 때)
- 2가지 일 또는 2가지 동작을 나타내는 형태 (～고, ～)

て형의 활용 형태는 다소 복잡합니다. 앞에서 나온 [-る]동사와 [-u]동사, 그리고 불규칙동사에 따라 활용 형태가 각기 다르며, [-u]동사는 또 규칙에 따라 다시 5가지로 분류됩니다.

먼저 [-る]동사의 경우는 규칙이 아주 간단합니다. 즉 어미 る 대신 て를 붙이면 됩니다.

> **[-る]동사**
>
> 食べる → 食べて

[-u]동사는 각 동사의 사전형의 어미의 종류에 따라 몇 가지 그룹으로 나누어집니다.

> **[-u]동사의 어미가 う, つ, る인 경우**
>
> 会う → 会って
> 待つ → 待って
> とる → とって
>
> **[-u]동사의 어미가 む, ぶ, ぬ인 경우**
>
> 読む → 読んで
> 遊ぶ → 遊んで
> 死ぬ → 死んで

[-u]동사의 어미가 く인 경우

書く　→　書いて
か　　　　か

중요 예외

行く　→　行って
い　　　　い

[-u]동사의 어미가 ぐ인 경우

泳ぐ　→　泳いで
およ　　　およ

[-u]동사의 어미가 す인 경우

話す　→　話して
はな　　　はな

❗ 제3과에서 다루었듯이 동사의 어미가 る가 아닌 것은 모두 [-u]동사입니다. 그리고 동사의 어미가 る로 끝나는 것 중 어미 る 바로 앞의 모음이 a, o, u일 경우도 모두 [-u]동사입니다. 결국 문제가 되는 것은 어미가 る인 동사 중에 어미 る의 바로 앞의 모음이 i나 e일 경우입니다. 즉 이들은 [-u]동사인 경우도 있고, [-る]동사인 경우도 있죠. 이러한 경우 [-る]동사의 수가 훨씬 많은 것은 사실이나, 중요 동사 入る(들어가다), 帰る(돌아가다)와 같이 어미 る의 바로 앞의 모음이 i나 e이지만 [-u]동사인 경우가 있기 때문에 주의해야 합니다.

$$\left. \begin{array}{l} \cdots\text{aru} \\ \cdots\text{oru} \\ \cdots\text{uru} \end{array} \right\} = [\text{-u}]동사 \qquad \left. \begin{array}{l} \cdots\text{iru} \\ \cdots\text{eru} \end{array} \right\} = [\text{-る}]동사가 많지만, [\text{-u}]동사인 경우도 있음$$

て형에는, る로 끝나는 [-u]동사의 경우는 작은 っ가 붙고, る로 끝나는 [-る]동사의 경우엔 아무것도 붙지 않습니다.

불규칙동사인 する와 くる, 그리고 이들 불규칙동사와 함께 복합동사가 된 경우의 활용은 다음과 같습니다.

불규칙동사

する　→　して
くる　→　きて

[-u]동사 그룹의 경우 て형과 ます형은 완전히 달라집니다. 그런데 흔히들 [-u]동사와 [-る]동사의 활용을 혼동하는 실수를 하게 됩니다. 예를 들면 会います를 (×)会いて라고 하거나, 読みます를 (×)読みて라고 하는 실수 말입니다. 이러한 실수를 하지 않으려면 書く—書きます—書いて와 같이 중요 활용형을 같이 외우는 것이 좋습니다. 부록의 활용표를 참조하세요.

2　〜てください

「동사의 て형＋ください」의 형태로 다른 사람에게 정중한 부탁을 하는 표현입니다. 「〜해 주세요」라는 의미입니다.

教科書のテープを聞いてください。　　　교과서의 테이프를 들어 주세요.
すみません。ちょっと教えてください。　실례합니다. 좀 가르쳐 주세요.

❗ 아주 가까운 친한 친구나 가족에게는 て형만으로도 부탁의 표현을 할 수 있습니다.

窓を開けて。　　　　창문 열어줘.

3　〜てもいいです／〜てはいけません

「동사의 て형＋もいいてす」의 형태로 「〜해도 됩니다」라는 의미입니다. 이는 상대방에게 어떤 행동을 허락할 때 사용되며, 〜てもいいですか。와 같이 의문형이 되면 「〜해도 좋습니까?」라는 의미로 상대방에게 허락을 구하는 표현이 됩니다.

教科書を見てもいいですか。　　　교과서를 봐도 됩니까?
はい、見てもいいですよ。　　　　네, 봐도 됩니다.

만일 상대방에게 허락하지 않을 때, 즉 어떤 행동을 금지시킬 때는 「동사의 て형＋はいけません」이라고 합니다. 이것는 「〜해서는 안 됩니다」라는 뜻입니다.

いいえ、教科書を見てはいけません。　　아니오, 교과서를 봐서는 안 됩니다.

4　한 문장에서 2가지 동작을 나열

둘 이상의 동사를 연결해서 표현할 때도 て형을 씁니다. 즉 「〜을 하고(서) 〜을 한다」와 같이 어떤 행위나 동작의 연속 또는 나열하는 데 사용됩니다.

ノートを借りて、コピーします。　　　공책을 빌려서, 복사합니다.
今日は、六時に起きて、勉強しました。　오늘은 6시에 일어나서, 공부했습니다.
食堂に行って、昼ごはんを食べましょう。식당에 가서, 점심을 먹읍시다.

또한 동사의 て형은 다음 예문에서와 같이 다양하게 사용됩니다. 즉, 아래의 첫 번째 예문은 て형의 동사가 뒤에 오는 동사를 하기 위한 수단을 나타내고, 두 번째 예문에서는 뒤에 오는 사과의 이유를 나타내고 있습니다.

バスに乗って、会社に行きます。　버스를 타고, 회사에 갑니다.

教科書を忘れて、すみません。　교과서를 잊어버려서 죄송합니다.

결국 て형은 우리말의 「~하고, ~해서」와 비슷하다고 생각하면 이해하기 쉽습니다.

5　～から

문장 끝에 から가 오면 어떤 상황이나 제안 등의 이유를 나타내는 표현이 됩니다. 「~니까(요)」라는 의미입니다.

私は今晩勉強します。あしたテストがありますから。
저는 오늘밤(에) 공부합니다. 내일 시험이 있으니까요.

バスに乗りましょう。タクシーは高いですから。
버스를 탑시다. 택시는 비싸니까요.

❗ 이유를 설명하는 문장이 상황을 나타내는 문장 앞에 올 수도 있습니다. 즉 위의 첫 번째 예문은 다음과 같이 표현할 수 있죠.
　あしたテストがありますから、私は今晩勉強します。　내일 시험이 있으니까, 저는 오늘밤에 공부합니다.
　이것은 9과에서 더 자세히 공부하겠습니다.

6　～ましょうか

～ましょうか는 제5과에서 「~할까요?」라는 뜻이라고 공부했습니다. 그런데 이 ～ましょうか는 「제가 (~을) 해 드릴까요?」라는 의미로 쓰일 때도 있습니다. 예를 들어 어떤 사람이 포도주병의 코르크 마개를 뽑지 못해 힘들어하고 있다면 아래의 예문을 사용해 보세요.

(私が)やりましょうか。　(제가) 해 드릴까요?

또는 어떤 사람이 무거운 짐을 운반하고 있을 때 아래와 같이 이야기해 보세요.

荷物を持ちましょうか。　짐을 들어 드릴까요?

◉ 遅く／遅い

遅い(늦다)는 명사를 수식하거나 술어로서의 역할을 하는 い형용사이고, 遅く(늦게)는 동사를 수식하는 부사이다.

> A：きのう一時に寝ました。　　　　　어제 1시에 잤습니다.
>
> B：遅いですね。　　　　　　　　　　늦었네요.
>
> 週末には、十時ごろ起きて、遅い朝ごはんを食べます。
> 주말에는 10시쯤 일어나서 늦은 아침을 먹습니다.
>
> きのう、遅く寝ました。　　　　　　어제 늦게 잤습니다.

早く／早い도 마찬가지다.

◉ どうも

どうも는 どうもありがとう(대단히 감사합니다)나 どうもすみません (대단히 미안합니다/대단히 감사합니다)과 같이 사용된다. 단독으로 사용될 때에는 どうもありがとう 나 どうもすみません의 줄임이 된다. 그러므로 감사나 유감의 뜻을 나타낼 때에는 긴 문장 대신에 간단히 どうも라고만 해도 무방하다. どうも는 상황에 따라 여러 가지 기능을 가지고 있다. 어떤 사람들은 どうも를 「안녕」 또는 「잘 가」의 뜻으로 사용하기도 한다.

練 習

Ⅰ. 窓を開けてください
まど　あ

A. 다음 동사를 て형으로 바꾸세요.

> 예　おきる → おきて

1. たべる　　2. かう　　3. よむ　　4. かく
5. くる　　6. まつ　　7. あそぶ　　8. とる
9. する　　10. いそぐ　　11. いく　　12. ねる
13. しぬ　　14. はなす　　15. かえる

B. て형 노래를 읽어 보세요.

> ♩1. あう　あって　　　まつ　まって　　　とる　とって
> 　　よむ　よんで　　　あそぶ　あそんで　　　しぬ　しんで
> 　　かく　かいて　　　けす　けして　　　いそぐ　いそいで
> 　　みんな　　　[-u]동사　　て형
>
> ♩2. うつる　　って　むぶぬ　んで　く　いて　ぐ　いで
> 　　(두 번 반복)
> 　　す　して　　[-u]동사　　て형

C. 다음 일들을 누군가에게 해 달라고 부탁할 때 어떻게 말하면 좋을까요?

> 예　천천히 말하세요 → ゆっくり話してください。
> 　　　　　　　　　　　　　　　　　はな

1. 내일 전화하다　　　　　2. 편지를 쓰다
3. 창문을 열다　　　　　　4. 차를 마시다

5. 한자를 가르치다   6. 마실 것을 가져오다

7. 기다리다   8. 함께 오다

9. 병원에 가다   10. 책을 돌려 주다

11. 친구를 데려오다   12. 일어서다.

D. 다음 상황에서 여러분은 어떻게 말하면 좋을까요?

> 예　窓を開けてください。
> 　　まど　あ

E. 「일어 나세요」, 「사진을 찍어 주세요」와 같이 자신이 원하는 것을 친구에게 요청하고, 친구는 그 말에 따라 행동해 보세요.

> 예　A：コーヒーを飲んでください。　→　B는 커피를 마시는 척한다.
> 　　　　　　の

Ⅱ. テレビを見てもいいですか／テレビを見てはいけません

A. 여러분은 홈스테이 식구들과 같이 살고 있습니다. 식구들에게 다음 일을 요구하는 표현을 연습해 보세요.

> **예**　テレビを見る　→　テレビを見てもいいですか。

1. たばこを吸う
2. 電話をかける
3. 朝、お風呂に入る
4. 遅く帰る
5. 友だちを連れてくる
6. 音楽を聞く
7. 夜、出かける
8. テレビゲームをする

B. 다음의 상황에서 여러분은 어떻게 말하면 좋을까요? ～てもいいですか를 사용하여 문장을 만드세요.

1. 수업 시간에 배가 아파 빨리 화장실에 가지 않으면 안 될 때
2. 수업 시간에 몸이 안 좋아서 집에 돌아가고 싶을 때
3. 숙제를 깜빡 잊고 안 가져왔지만, 내일은 꼭 가져올 수 있다고 생각할 때
4. 선생님께 무언가 부탁하고 싶은데 일본어로 그 표현을 모를 때
5. 커피숍에서 담배를 피우고 싶은데 근처에 누군가가 앉아 있을 때
6. 친구 집에 있는데 갑자기 누군가에게 전화를 걸어야 할 때
7. 연예인을 만났는데 마침 카메라를 가지고 있을 때
8. 교실에 왔는데 교실의 공기가 탁할 때
9. 어두운 방에 있어서 불안할 때

C. 여러분은 엄격한 부모입니다. A에 있는 문제를 사용하여 예와 같이 자녀에게 해서는 안 될 일을 말해 보세요.

> **예**　テレビを見る　→　テレビを見てはいけません。

D. 학교에서 그리고 홈스테이 집에서 할 수 있는 일과 해서는 안 될 일을 이야기해 보세요.

> **예**　学校でたばこを吸ってはいけません。
> ホストファミリーのうちで朝お風呂に入ってもいいです。

Ⅲ. 朝起きて、コーヒーを飲みます

A. 다음 그림을 보고 て형을 사용하여 순서대로 연결하세요.

> 예 朝起きて、コーヒーを飲みます。

B. 다음 문장을 예와 같이 て형으로 바꾸고 나머지 문장을 만드세요.

> 예 朝起きる　→　朝起きて、新聞を読みます。

1. 友だちのうちに行く
2. うちに帰る
3. 電車を降りる
4. 友だちに会う
5. お風呂に入る
6. 大学に行く

Ⅳ. バスに乗ります。時間がありませんから。

A. 다음 문장에 이유를 붙여 말하세요.

예 バスに乗ります。 → バスに乗ります。時間がありませんから。

1. 先週は大変でした。
2. あの映画を見ません。
3. あのレストランに行きました。
4. きのうクラスを休みました。
5. (친구 이름)が大好きです。

B. 서로 왜 다음과 같이 생각하는지 물어 보세요.

예 朝ごはんを食べません。
→ A： 私は朝ごはんを食べません。
　 B： どうしてですか。
　 A： あまりお金がありませんから。Bさんは？
　 B： 私も朝ごはんを食べません。朝、忙しいですから。

1. 今週は大変です。

2. あしたはひまです。

3. 週末、(영화 제목)を見ます。

4. きのう、(식당 이름)に行きました。

5. お金がぜんぜんありません。

6. 来年は日本語を勉強しません。

7. 来週、(장소)に行きます。

8. 自転車を買います。

Ⅴ. テレビを消しましょうか

A. 다음 문장을 ~ましょうか의 형태로 바꾸세요.

テレビを消す

→ A : テレビを消しましょうか。

B : すみません。お願いします。／いいえ、けっこうです。

1. 窓を開ける
2. テレビをつける
3. 手伝う
4. 先生に聞く
5. 電話をかける
6. 荷物を持つ
7. 飲み物を持ってくる
8. 電気を消す
9. 写真を撮る
10. 窓を閉める

Ⅵ. まとめの練習

ロールプレー

A. 두 명씩 짝을 지어 A와 B로 역할을 나누어 예와 같이 묻고 대답하세요.

A

돈이 떨어져서 친구에게 돈을 빌리려고 한다.

B

내일 여행을 떠나서, 친구에게 빌려줄 돈이 없다.

A : すみませんが、お金を借りてもいいですか。

B : お金ですか。どうして。

A : あしたは友だちの誕生日ですから。

B : でも、私もお金がありません。あした、旅行に行きますから。

(1)

1-A

내일 데이트가 있어서 친구에게 자동차를 빌리려고 한다.

1-B

새 차를 샀는데, 딴 사람이 쓰는 것을 원하지 않는다.

(2)

<table>
<tr><td>

2-A

일본어 교과서를 잃어버렸다.
그러나 내일이 시험이기 때문에
공부를 해야 한다.

</td><td>

2-B

중요한 일본어 시험이 있다.
그래서 시험을 준비하기 위해
교과서가 필요하다.

</td></tr>
</table>

(3)

<table>
<tr><td>

3-A

친구가 오늘 비디오를 돌려 달라
고 했었는데, 가져오는 것을 깜빡
잊었다. 그래서 내일 돌려주고
싶다.

</td><td>

3-B

오늘 친구에게 비디오를 돌려
달라고 했다.
다른 친구와 같이 비디오를
보기로 해서 오늘 꼭 필요하다.

</td></tr>
</table>

(4)

<table>
<tr><td>

4-A

지금 친구 집에 있다. 대단히
맛있어 보이는 케이크가 있는데,
여러분은 케이크를 좋아한다.

</td><td>

4-B

어머니 생신에 쓸 케이크를
만들었다. 그런데 친구가 지금
우리집에 있다.

</td></tr>
</table>

B. 다음 질문에 대답하세요.

1. 今週の週末、何をしますか。（「～て、～。」로 대답）
2. 子供の時、よく何をしましたか。（「～て、～。」로 대답）
3. 図書館で何をしてはいけませんか。
4. 電車の中でたばこを吸ってもいいですか。
5. 大学に何を持ってきますか。
6. よく電車に乗りますか。
7. 先週、宿題を忘れましたか。
8. 子供の時、どこで遊びましたか。
9. 子供の時、よくお母さんを手伝いましたか。
10. 図書館でよく本を借りますか。
11. よく授業を休みますか。

A. 유스호스텔에서의 대화를 듣고, 다음 내용이 사실이면 T, 사실이 아니면 F 라고 표시하세요.

    1. (　　　) 아침 식사는 6시 30분에 시작한다.

    2. (　　　) 방에서 흡연은 금지되어 있다.

    3. (　　　) 여러분은 아침에 샤워를 할 수 있다.

    4. (　　　) 여기에 코인 세탁기는 없다.

B. 여러분은 룸 메이트가 일주일간 여행을 떠났습니다. 그녀는 여러분의 자동 응답기에 메시지를 남겨 놓았습니다. 그것을 듣고 여러분이 부탁받은 것에 ○표 하세요.

※れいぞうこ(냉장고)

1. (　　　) 창문을 열다.		2. (　　　) 꽃에 물을 주다.	
3. (　　　) 남은 우유를 마시다.		4. (　　　) 메리에게 책을 돌려주다.	
5. (　　　) 로버트에게 카메라를 빌리다.		6. (　　　) 파티를 위해 쇼핑을 하다.	

C. 다케시는 친구들과 소풍을 가려고 합니다. 대화를 듣고 우리말로 질문에 대답하세요.

    1. 각자 언제, 왜 시간이 맞지 않습니까?

	a. 불편한 날	b. 이유
미치코		
수		
로버트		

    2. 그들은 언제 소풍을 가기로 했습니까?   _______________________

표현

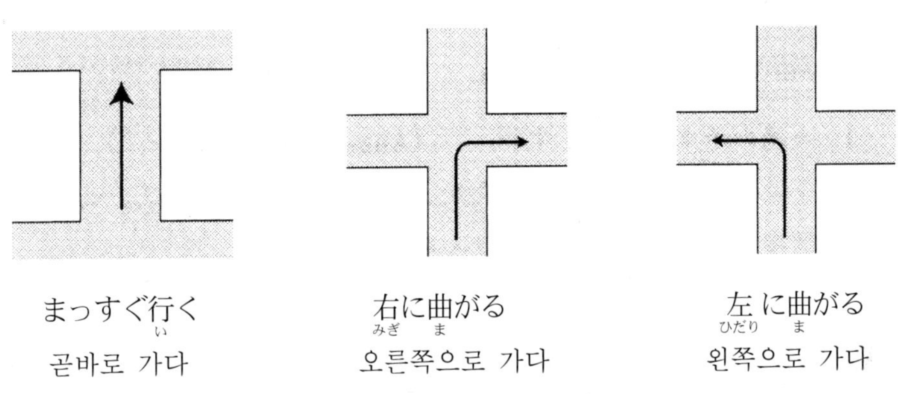

まっすぐ行く（い）
곧바로 가다

右に曲がる（みぎ ま）
오른쪽으로 가다

左 に曲がる（ひだり ま）
왼쪽으로 가다

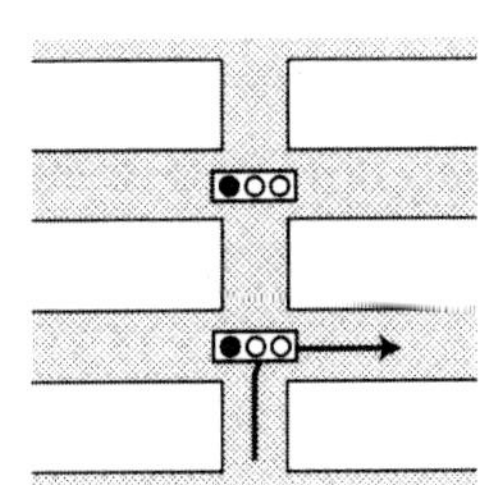

一つ目の信号を右に曲がる（ひと め しんごう みぎ ま）
첫 번째 신호등에서 우회전하다

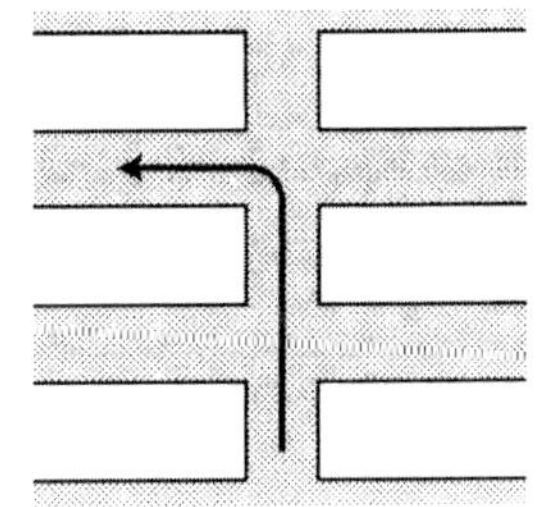

二つ目の角を 左 に曲がる（ふた め かど ひだり ま）
두 번째 코너에서 좌회전하다

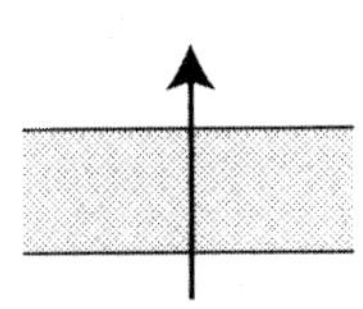

道を渡る（みち わた）
길을 건너다

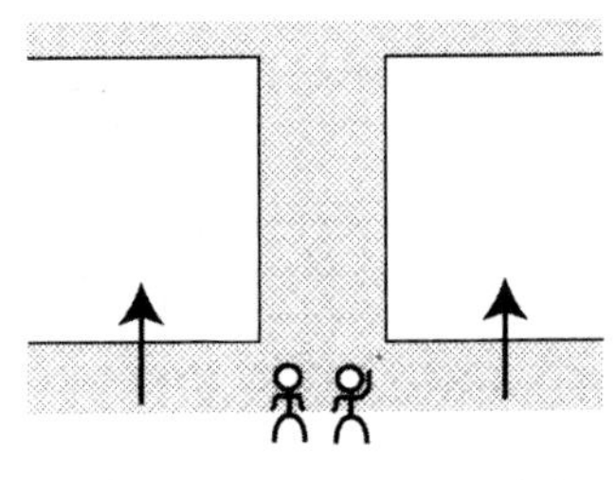

道の 左 側（みち ひだりがわ）
길 왼쪽

道の右側（みち みぎがわ）
길 오른쪽

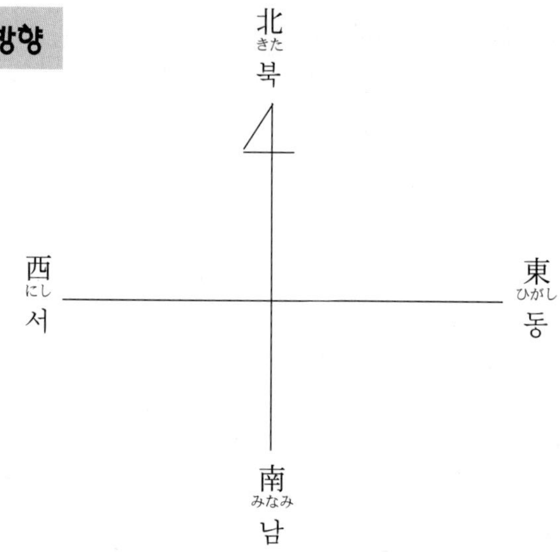

A ： すみません。郵便局はどこですか。
　　　　　　ゆうびんきょく

B ： まっすぐ行って、三つ目の角を
　　　　　　い　　　みっ　め　かど
　　右に曲がってください。
　　みぎ　ま
　　郵便局は道の右側にありますよ。
　　ゆうびんきょく　みち　みぎがわ

A ： どうもありがとうございます。

죄송합니다. 우체국이 어디입니까?

곧바로 가셔서 세 번째 골목에서

오른쪽으로 도세요.

우체국은 길 오른쪽에 있습니다.

대단히 감사합니다.

MEMO

家族の写真
か ぞ く　　しゃしん

会 話

Ⅰ　수가 룸메이트인 미치코에게 가족 사진을 보여 주고 있습니다.

みちこ　　これはスーさんの家族の写真ですか。
　　　　　　　　　　　　　　　か ぞく　　しゃしん

スー　　　ええ。

みちこ　　スーさんはどれですか。

スー　　　これです。高校の時はめがねをかけていました。
　　　　　　　　　　こうこう　とき

みちこ　　かわいいですね。

スー　　　これは父です。
　　　　　　　　　ちち

　　　　　　アメリカの会社に勤めています。
　　　　　　　　　　　かいしゃ　つと

みちこ　　背が高くて、ハンサムですね。
　　　　　　せ　たか

　　　　　　これはお姉さんですか。
　　　　　　　　　　ねえ

スー　　　ええ。姉は結婚しています。
　　　　　　　　あね　けっこん

　　　　　　今ソウルに住んでいます。
　　　　　　いま　　　　　す

　　　　　　子供が一人います。三歳です。
　　　　　　こ ども　ひとり　　　さんさい

みちこ　　そうですか。あっ、猫がいますね。
　　　　　　　　　　　　　　　ねこ

　　　　　　でも、ちょっと太っていますね。
　　　　　　　　　　　　　　ふと

スー　　　ええ、よく食べますから。
　　　　　　　　　　た

ロバート	みちこさん、今何をしていますか。
みちこ	別に何もしていません。今、スーさんの写真を見ています。
ロバート	そうですか。おもしろいビデオがありますから、 よかったら見に来ませんか。
みちこ	いいですね。スーさんも一緒に行ってもいいですか。
ロバート	もちろん。
みちこ	じゃあ、すぐ行きます。

単 語

● **명사**

*あね	姉	누나(언니)
アパート		아파트
いもうと	妹	여동생
うた	歌	노래
おとうと	弟	남동생
おとこのひと	男の人	남자
おにいさん	お兄さん	(남의) 형(오빠)
*おねえさん	お姉さん	(남의) 누나(언니)
おんなのひと	女の人	여자
*かいしゃ	会社	회사
*かぞく	家族	가족
かみ	髪	머리카락
きょうだい	兄弟	형제
くに	国	국가
くるま	車	차
コンビニ		편의점
しょくどう	食堂	식당
*ちち	父	아버지
Tシャツ		티셔츠
め	目	눈
*めがね	眼鏡	안경

● **い형용사**

あたまがいい	頭がいい	똑똑하다 (いい와 같은 활용)
かっこいい		멋있다 (いい와 같은 활용)
*かわいい		귀엽다
*せがたかい	背が高い	키가 크다
せがひくい	背が低い	키가 작다
ながい	長い	길다
はやい	速い	빠르다
みじかい	短い	짧다

● **な형용사**

しんせつ（な）	親切	친절하다
べんり（な）	便利	편리하다

● **[-u]동사**

うたう	歌う	（노래를）부르다
かぶる		（모자를）쓰다
しる	知る	알다
しっています	知っています	알고 있습니다
しりません	知りません	모릅니다
*すむ	住む	살다[～にすんでいます]
はく		（하의를）입다
*ふとる	太る	살찌다
ふとっています	太っています	살쪘습니다

● **[-る]동사**

*（めがねを）かける		（안경을）쓰다
きる	着る	（상의를）입다
*つとめる	勤める	근무하다[～につとめています]
やせる		（살이）빠지다
やせています		말랐습니다

● **불규칙동사**

*けっこんする	結婚する	결혼하다[～と]

● **부사와 다른 표현**

が		그러나
*なにも＋부정	何も	아무것도 ～ 않다
～にん	～人	～명, ～사람
*ひとり	一人	한 명
ふたり	二人	두 명
*べつに＋부정	別に	특별히 ～ 않다
*もちろん		물론
*よかったら		좋으면, 괜찮으면

文　法

1　〜ている

동사의 て형 뒤에 조동사 いる가 이어질 때(て형+いる)는 아래와 같은 뜻을 가지게 됩니다.

   (a) 진행중인 동작　　　　　　　　　　　　　　　　〜하고 있다
   (b) 과거에 일어나 현재까지 이어지고 있는 일　　　〜해(되어) 있다

❗ 제4과에서 공부한 いる와 ある에서 「동사 て형+いる」는 언급하지 않았지만, 「동사 て형+いる」는 움직이는 생물인 경우에도, 움직이지 않는 생물과 무생물의 경우에도 사용할 수 있습니다.

위의 두 의미는 각 동사의 의미상의 특징에 따라 사용됩니다. 지금까지 배운 동사는 의미상의 특징별로 크게 다음의 3 그룹으로 나뉘어집니다.

   (1) 지속되는 상태를 나타내는 동사(상태동사)
   (2) 일정 시간 안에 이루어지는 동작을 나타내는 동사(동작동사)
   (3) 순간적인 변화를 나타내는 동사(변화동사)

(1)그룹에 속하는 동사는 지금까지 소개된 것 중에는 ある와 いる가 있습니다. 하지만, 이 두 동사들의 て형은 조동사 いる가 뒤에 붙지 않으므로 여기에서는 언급하지 않겠습니다.

많은 동사들이 (2)그룹에 포함됩니다. 예를 들어 食べる, 読む, 待つ와 같은 동사들이 이에 해당되죠. 이 동사들의 て형에 조동사 いる가 붙어 진행 중인 동작을 나타냅니다.

スーさんは今勉強しています。　　　　수 씨는 지금 공부하고 있습니다.
たけしさんは英語の本を読んでいます。　다케시 씨는 영어책을 읽고 있습니다.

〜ています는 어떤 사람의 직업 또는 일 등을 나타낼 때도 사용됩니다. 그런데 다음 예문은 두 가지로 해석될 수 있는 문장들입니다. 다시 말해, 첫 번째 예문은 지금 현재 영어를 가르치고 있는 중이라는 뜻도 되고, 직업으로서 영어를 가르치고 있다(영어 선생님이다)는 뜻도 됩니다.

私は英語を教えています。　　　　　　저는 영어를 가르치고 있습니다.
メアリーさんは日本語を勉強しています。　메리 씨는 일본어를 공부하고 있습니다.

  (3)그룹은 어떤 상태에서 다른 상태로 변화하는 것을 나타냅니다. 예를 들어 結婚する(결혼하다)의 경우를 보면, 한 사람의 상태가 미혼자에서 기혼자로 바뀌는 것이죠. 다시 말해 ～ている가 (3)그룹의 동사와 함께 쓰이게 되면 과거에 변화가 일어난 것이 현재까지 계속되어 변화된 상태가 남아 있다는 뜻으로서, 변화의 결과를 나타내는 말이라고 할 수 있습니다.

山下先生は結婚しています。	야마시타 선생님은 결혼했습니다.
みちこさんは窓のそばに座っています。	미치코 씨는 창가에 앉아 있습니다.

❗ 지금까지 배운 동사 중에는 起きる, 行く, 帰る, 来る, わかる, 出かける, 乗る, 座る, 死ぬ, 消す, 忘れる, 借りる, 降りる, 持ってくる, 連れてくる, 結婚する, 太る, やせる, 着る 등이 (3)그룹에 속합니다. 그리고 대개의 (3)그룹 동사는 一時間(한 시간)과 같은 지속 시간을 넣어서 말이 되는지 안 되는지로 구별할 수 있습니다.

　　(○) 私はきのう一時間本を読みました。　　　저는 어제 한 시간 동안 책을 읽었습니다.
　　(×) 私は一時間死にました。　　　　　　　저는 한 시간 동안 죽었습니나.

위와 같은 결과로 読む는 (2)그룹에, 死ぬ는 (3)그룹에 속한다고 판단할 수 있습니다.

❗ 변화의 결과라는 뜻으로 사용되는 것은 반드시 (3)그룹에만 국한되는 것이 아닙니다. 더 자세한 사항은 제9과에서 배우겠습니다.

보통 단독보다는 ～ている 형태로 사용되는 동사의 예를 몇 가지 들어 보겠습니다.

持つ　→　持っている		スーさんはお金をたくさん持っています。
가지다　　가지고 있다		수 씨는 돈을 많이 가지고 있습니다.
知る　→　知っている		山下先生は英語を知っています。
알다　　알고 있다		야마시타 선생님은 영어를 알고 있습니다.
太る　→　太っている		トムさんはちょっと太っています。
살찌다　　살쪘다		톰 씨는 조금 살쪘습니다.
やせる　→　やせている		私の弟はとてもやせています。
마르다　　말랐다		제 남동생은 매우 말랐습니다.
着る　→　着ている		メアリーさんはＴシャツを着ています。
입다　　입고 있다		메리 씨는 티셔츠를 입고 있습니다.
起きる　→　起きている		お父さんは起きています。
일어나다　　일어나 있다		아버지는 일어나 있습니다.
住む　→　住んでいる		父と母は東京に住んでいます。
살다　　살고 있다		아버지와 어머니는 도쿄에 살고 있습니다.

勤める　→　勤めている　　私 の姉は日本の会社に勤めています。
근무하다　　　근무하고 있다　　저의 누나는 일본 회사에 근무하고 있습니다.

行く와 来る는 이 그룹에 속합니다. 그러므로 行っている와 来ている는 현재 진행되고 있는 움직임을 나타내는 것이 아니라, 앞의 움직임의 결과로써의 현재 상태를 나타내는 표현입니다. 다음 문장을 주의해서 보세요.

中国に行っています。　　　　중국에 가 있습니다.
　　　　　　　　　　　　　　(중국에 가고 있는 진행 상태를 나타내는 것이 아님)

うちに来ています。　　　　　집에 와 있습니다.
　　　　　　　　　　　　　　(집에 오고 있는 진행 상태를 나타내는 것이 아님)

마지막으로 조동사 いる의 활용법은 [-る]동사의 활용과 같습니다.

食べている		긍정형	부정형
현재		食べています 먹고 있습니다	食べていません 먹고 있지 않습니다
과거		食べていました 먹고 있었습니다	食べていませんでした 먹고 있지 않았습니다

2　髪が長いです

누군가의 머리가 길다고 할 때, 다음과 같이 표현할 수 있습니다.

トムさんの髪は長いです。　　톰 씨의 머리는 깁니다.
トムさんは髪が長いです。　　톰 씨는 머리가 깁니다.

일본어에서는 전자보다는 후자 쪽이 자연스러운 표현이라고 할 수 있죠. 다시 말해 어떤 사람의 머리에 대해서 말하는 것보다는 어떤 사람의 신체적인 특징을 말하는 게 일반적이죠.

Aさんは { 目 / 耳 / 手 / 足 / : } が { 大きい / 小さい / かわいい / : }　　A 씨는 …이 …합니다.

　그리고 다음은 신체를 나타내는 명사와 형용사가 같이 관용적으로 쓰이는 표현들입니다.
기억해 둡시다.

背が高い	키가 크다
背が低い	키가 작다
頭がいい	머리가 좋다

3 문장과 결합하는 て형

　앞 과에서 동사의 て형에 대해 공부했습니다. 이 과에서는 い형용사와 な형용사, 명사+〜
です의 て형에 대해서 공부하겠습니다.

　い형용사의 て형은 어미 い가 くて로 바뀝니다. 그리고 な형용사와 명사+です는 어간 또
는 명사에 で를 붙여 て형을 만듭니다.

い형용사	安い	→	安くて
불규칙	いい	→	よくて
な형용사	元気(な)	→	元気で
명사 + です	日本人です	→	日本人で

あの店の食べ物は**安くて**、おいしいです。	저 가게의 음식은 **싸고** 맛있습니다.
あの人はいつも**元気で**、おもしろいです。	저 사람은 **활달하고**, 재미있습니다.
山下先生は**日本人で**、四十歳ぐらいです。	야마시타 선생님은 **일본인이고**, 40세 정도입니다.

4 동사의 ます형 + に行く

　어떤 일을 하기 위해서 다른 장소로 이동을 할 때, 즉 「〜하러 갑니다」와 같은 표현은 다
음과 같습니다.

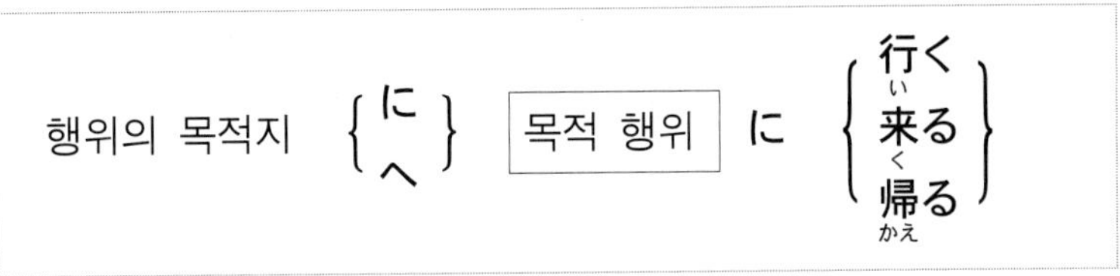

목적 행위라는 부분에는 買い物(쇼핑)와 같은 명사나 그 목적하는 행위의 동사가 들어갑니다. 이 때 동사의 형태는 제3과에서 배운 ます형으로 바뀝니다.

ます형

食べる　→　食べ(ます)

読む　→　読み(ます)

등

デパートに かばんを買い に行きました。

백화점에 가방을 사러 갔습니다.

メアリーさんは日本に 日本語を勉強し に来ました。

메리 씨는 일본에 일본어를 공부하러 왔습니다.

5 사람을 세는 방법

사람을 셀 때는 조수사 人을 사용합니다. 그런데 주의해야 할 점은, 한 명과 두 명인 경우에만 불규칙적으로 一人, 二人라고 읽습니다.

ひとり(一人)	한 명
ふたり(二人)	두 명
さんにん(三人)	세 명
よにん(四人)	네 명
ごにん(五人)	다섯 명
ろくにん(六人)	여섯 명
しちにん／ななにん(七人)	일곱 명
はちにん(八人)	여덟 명
きゅうにん(九人)	아홉 명
じゅうにん(十人)	열 명

何人いますか。몇 명 있습니까?

예를 들어 교실 등에서 사람을 셀 때는 다음과 같이 말합니다.

사람　が　(　)人　います

私のクラスに（は）スウェーデン人の学生が一人います。
저의 반에(는) 스웨덴인 학생이 한 명 있습니다.

위와 같은 종류의 문장에서는 장소를 나타내는 표현 뒤에 に 대신 には가 종종 쓰입니다.

表現ノート ⑧

❀ 遊ぶ
'놀다', '유쾌히 시간을 보내다' 혹은 '사교적인 방문을 하다'의 뜻이다.

> 子供の時、よく友だちと遊びました。
> 어린 시절에, 자주 친구들과 놀았습니다.

> 遅くまで遊んではいけません。
> 늦게까지 놀면 안 됩니다.

> 先週の週末は東京に遊びに行きました。
> 지난 주 주말에는 도쿄에 놀러 갔습니다.

> 私のうちに遊びに来てください。
> 우리집에 놀러 와 주세요.

아래의 예와 같이 '~를 하다'를 사용할 때에는 다른 단어가 필요하다.

스포츠	테니스를 한다.	テニスをする
	농구를 하다.	バスケットをする
게임	비디오 게임을 하다.	テレビゲームをする
	트럼프 놀이를 하다.	トランプをする
악기	기타를 치다.	ギターを弾く

Ⅰ. 何をしていますか
なに

A. 다음 그림을 보고 질문에 대답하세요.

예
Q： メアリーさんは何をしていますか。
　　なに
A： メアリーさんはテレビを見ています。
　　　　　　　　　　　　　　み

 B. 어제 아래의 시간에 여러분은 무엇을 하고 있었나요? 예와 같이 묻고 대답하세요.
（가능한한 구체적으로 – 어디에서, 누구랑 등）

> 예　오후 2시　→ A : 午後二時ごろ何をしていましたか。
> 　　　　　　　　 B : 友だちと部屋で勉強していました。

1. 오전 6시　　2. 오전 8시　　3. 오전 10시　　4. 오후 12시 30분

5. 오후 6시　　6. 오후 8시　　7. 오후 11시

 C. 제스처 게임을 해 보세요. 선생님은 학생들에게 문장이 적힌 카드를 나눠 줍니다. 학생 중 한 명이 문장을 보고 흉내를 내면, 나머지 학생들은 그 학생이 무엇을 흉내내고 있는지 알아 맞히는 게임입니다. 많은 점수를 얻은 학생이 승자가 됩니다.

> 예　田中さんは海で泳いでいます。

Ⅱ. お父さんはどこに住んでいますか

A. 이것은 수의 가족입니다. 다음 질문에 대답하세요.

> 예　Q : お父さんはどこに住んでいますか。
> 　　 A : お父さんはニューヨークに住んでいます。

1. お姉さんはどこに住んでいますか。　　2. 弟さんはアメリカに住んでいますか。

3. お母さんは何をしていますか。　　4. お姉さんは何をしていますか。

5. お姉さんは結婚していますか。　　6. 弟さんは結婚していますか。

7. お父さんは何歳ですか。　　8. 弟さんは何歳ですか。

9. お父さんは日本の会社に勤めていますか。

아버지	뉴욕에서 산다	미국 회사에서 일한다	48살
어머니		고등학교 선생님	45살
언니	서울에서 산다	은행에서 근무, 결혼	27살
남동생	런던에서 산다	학생, 미혼	18살

ペア B. 친구의 가족에 대해 묻고 아래의 빈칸을 완성하세요.

	何歳ですか なんさい	何をしていますか なに	どこに住んでいますか す	結婚していますか けっこん
お父さん とう				
お母さん かあ				
お兄さん にい				
お姉さん ねえ				
弟 さん おとうと				
妹 さん いもうと				

Ⅲ. 山田さんはやせています(인물 묘사)
やま だ

A. 다음 그림을 보고 질문에 대답하세요.

예 Q : 山田さんはやせていますか。
やま だ
A : はい。山田さんはやせています。
やま だ

1. 山田さんは太っていますか。
やま だ　　　　ふと

2. 山田さんはＴシャツを着ていますか。
やま だ　　　ティー　　　き

3. 吉川さんは何を着ていますか。
よしかわ　　　　なに　き

4. 山田さんはジーンズをはいていますか。
　　やま だ

5. 吉川さんはめがねをかけていますか。
　　よしかわ

6. 吉川さんはかさを持っていますか。
　　よしかわ　　　　　　も

7. 山田さんは背が高いですか。
　　やま だ　　せ　たか

8. 吉川さんは背が低いですか。
　　よしかわ　　せ　ひく

9. 山田さんは髪が長いですか。
　　やま だ　　かみ　なが

10. 吉川さんは目が小さいですか。
　　よしかわ　　め　ちい

B. 다음 그림을 보고 각 인물을 설명하세요.

예　水野さんはぼうしをかぶっています。
　　みず の

클래스　C. 한 학생이 다른 학생을 설명합니다. 나머지 학생들은 그 학생이 누구인지 알아맞혀 보
세요.

예　髪が短いです。Tシャツを着ています。ジーンズをはいていません。
　　かみ　みじか　　ティー　　き

Ⅳ. 大学は 新 しくて、きれいです
だいがく　　あたら

A. 2개의 형용사를 사용해서 문장을 만드세요.

> 예 　大学 ー 新しい／きれいな　→　大学は 新しくて、きれいです。
> だいがく　あたら　　　　　　　　　　だいがく　あたら

1. 東京　　　　 ー　大きい／にぎやかな
とうきょう　　　　　おお

2. みちこさん　ー　きれいな／やさしい

3. たけしさん　ー　背が高い／かっこいい
せ　たか

4. アパート　　ー　静かな／大きい
しず　おお

5. 新幹線(고속 전철)　ー　速い／便利な
しんかんせん　　　　　　　　はや　べん り

6. スーさん　　ー　頭 がいい／親切な
あたま　　　　しんせつ

7. 私 の国の人 ー　元気な／にぎやかな
わたし　くに　ひと　　げん き

B. 여러분의 어린 시절을 회상하면서 주어진 사항으로 문장을 만드세요.

> 예 　나의 이웃 ー 키가 크고 친절하다
> 　→ となりの人は、背が高くて、親切でした。
> 　　　ひと　　　せ　たか　　　しんせつ

1. 우리 마을　　 ー　조용하고 좋다
2. 우리 선생님 ー　키가 크고 무섭다
3. 우리집　　　 ー　낡고 깨끗하지 않다
4. 수업　　　　 ー　길고 재미없다
5. 내 친구들　 ー　친절하고 재미있다
6. 학교　　　　 ー　활기차고 재미있다
7. 숙제　　　　 ー　어렵고 힘들다
8. 나　　　　　 ー　작고 귀엽다

C. 두 개 또는 그 이상의 형용사를 사용해서 다음 물건을 설명하세요.

1. 우리 마을

2. 우리 나라

3. 일본어 수업

4. 가족 중의 한 사람

5. 일본 사람들

6. 우리 나라 사람들

Ⅴ. 映画を見に行きます
えいが　　み　　い

A. 수는 아래의 일을 하기 위하여 가고 있습니다. 예와 같이 문장을 만드세요.

1. ＬＬ
エルエル
― テープを聞く
　　　　　き

2. 図書館
としょかん
― 本を借りる
ほん　か

3. 食堂
しょくどう
― 昼ごはんを食べる
ひる　　　　た

4. 郵便局
ゆうびんきょく
― 切手を買う
きって　か

5. 公園
こうえん
― 写真を撮る
しゃしん　と

6. 友だちのうち ― 勉強する
とも　　　　　　べんきょう

7. 町
まち
― 遊ぶ
あそ

8. デパート ― くつを買う
か

9. 高校
こうこう
― 英語を教える
えいご　おし

10. 喫茶店
きっさてん
― コーヒーを飲む
の

B. 무엇을 하러 다음 장소에 가고 있습니까? 빈 칸에 알맞은 말을 넣으세요.

1. コンビニに＿＿＿＿＿＿＿＿＿に行きます。

2. 東京に＿＿＿＿＿＿＿＿＿に行きました。

3. 図書館に＿＿＿＿＿＿＿＿＿に行きます。

4. 家に＿＿＿＿＿＿＿＿＿に帰ります。

5. 大学に＿＿＿＿＿＿＿＿＿に来ました。

Ⅵ. この部屋に女の人が何人いますか

ペア 친구와 함께 다음 질문을 묻고 대답하세요.

> 예 Q：この部屋に女の人が何人いますか。
> A：二人います。

1. この部屋に男の人が何人いますか。

2. この部屋に＿＿＿＿＿＿人が何人いますか。
   （국적）

3. この部屋に髪が長い人が何人いますか。

4. この部屋に元気な人が何人いますか。

Ⅶ. まとめの練習

A. 다음 질문에 대답하세요.

1. どこに住んでいますか。

2. 結婚していますか。

3. 自転車／車を持っていますか。

4. 日本の歌を知っていますか。
   にほん　うた　し

5. 日本語の先生は今日何を着ていますか／はいていますか。
   にほんご　せんせい　きょうなに　き

6. 兄第がいますか。何人いますか。
   きょうだい　　　　　　なんにん

7. お父さん／お母さんはどこに勤めていますか。
   とう　　　かあ　　　　　　つと

8. 子供の時、自転車を持っていましたか。
   こども　とき　じてんしゃ　も

9. 高校の時、日本語を知っていましたか。
   こうこう　とき　にほんご　し

B. 여러분의 가족 사진을 친구들에게 보여 주고 가족을 설명하세요.

A. 한 학생이 기숙사에서 누군가에 의해 공격당했습니다. 경찰관은 로버트에게 그 사건이 발생했을 당시 그와 다른 학생들이 무엇을 하고 있었는지를 묻고 있습니다. 우리말로 각 학생이 무엇을 하고 있었는지를 쓰세요.

1. 로버트 ____

2. 수 ____

3. 다케시 ____

4. 켄 ____

5. 미치코 ____

6. 톰 ____

B. 유명 인사 파티에서 TV 리포터 말을 듣고, 각 유명 인사에 대한 적절한 설명을 고르세요.

1. 아놀드　스텔론　　　　　　　　　　(　　　) (　　　　)

2. 노구치　히로코　　　　　　　　　　(　　　) (　　　　)

3. 마쓰모토 세이코　　　　　　　　　　(　　　) (　　　　)

4. 마쓰모토 세이코의 새로운 남자친구　(　　　) (　　　　)

a. 청바지를 입다　b. 모자를 쓰다　c. 안경을 끼다　d. 짧은 머리
e. 긴 머리　　　f. 예쁘다　　　g. 살찌다　　　h. 키가 크다

C. 메리는 일요일에 번화가에 나온 사람들을 인터뷰하고 있습니다. 사람들은 오늘 무엇을 하고 있습니까? 알맞은 대답을 고르세요.

1. 다나카:　a. 꽃을 사다　　　　b. 카드를 사다　　　c. CD를 사다

2. 사토:　a. 게임을 하다　　　b. 노래를 부르다　　c. 스포츠를 하다

3. 스즈키:　a. 백화점에서 일하다　b. 그의 누이를 만나다

　　　　　c. 그의 동생과 이야기하고 있다.

体 の部分(신체 부분)
<ruby>体<rt>からだ</rt></ruby> の<ruby>部分<rt>ぶ ぶん</rt></ruby>

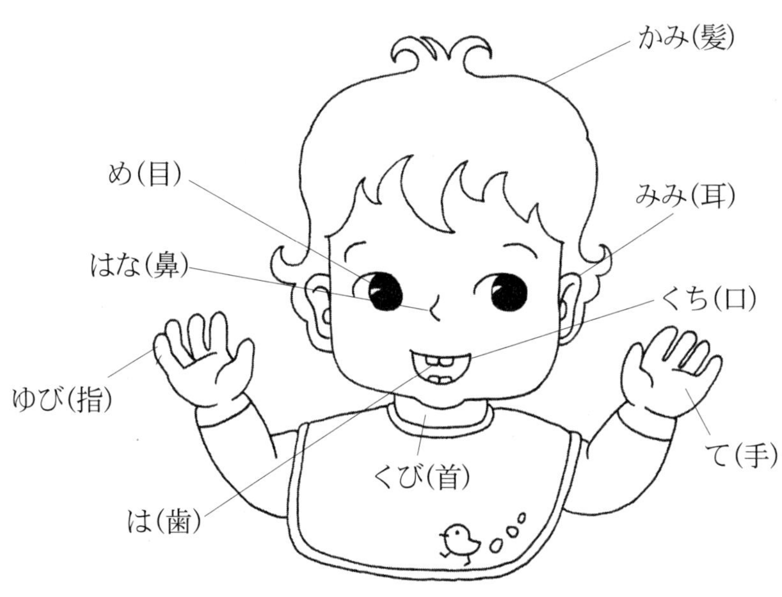

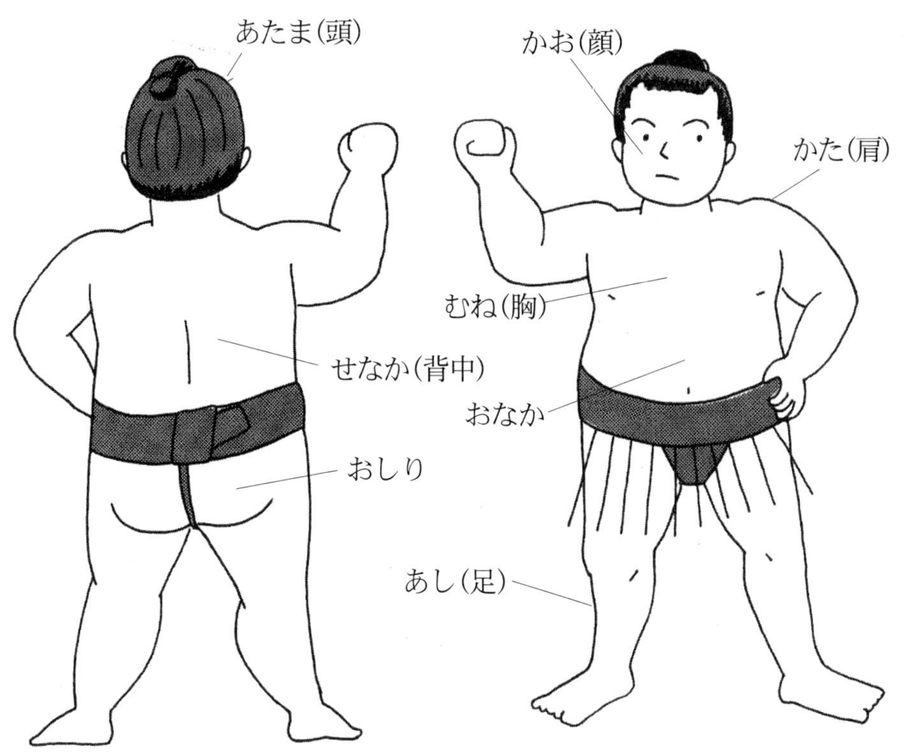

家族(가족)
かぞく

	다른 사람의 가족	내 가족	
		A : 일상어	B : 대화어
아버지	お父さん とう	父 ちち	お父さん とう
어머니	お母さん かあ	母 はは	お母さん かあ
오빠(형)	お兄さん にい	兄 あに	お兄さん にい
언니(누나)	お姉さん ねえ	姉 あね	お姉さん ねえ
남동생	弟 さん おとうと	弟 おとうと	
여동생	妹 さん いもうと	妹 いもうと	
남편	ご主人 しゅじん	主人／夫 しゅじん　おっと	(아래 참조)
아내	奥さん おく	家内／妻 か ない　つま	(아래 참조)
할아버지	おじいさん	祖父 そ ふ	おじいさん
할머니	おばあさん	祖母 そ ぼ	おばあさん
자식	お子さん こ	うちの子 こ	

* 배우자를 나타내는 표현에는 여러 가지가 있습니다. 남편은 だんな, うちの人, 부인은 女房, ワイフ, かみさん 등이 있습니다.
ひと

A：田中さんのお父さんは何歳ですか。

다나카 씨의 아버님은 몇 살이십니까?

B：(일상어) 父は五十歳です。

아버지는 50 살입니다.

(대화어) お父さんは五十歳です。

A：田中さんのお兄さんはどこに
住んでいますか。

다나카 씨의 형은 어디에 살고 있습니까?

B：(일상어) 兄は東京に住んでいます。

형은 도쿄에서 살고 있습니다.

(대화어) お兄さんは東京に住んで
います。

형이나 누나에게 말을 걸 때 お兄さん과 お姉さん을 사용할 수 있습니다. 그리고 동생들에게는 이름을 부르면 됩니다.

남동생 ：お兄さん。

형.

형 ：何？ たろう。

왜, 타로아?

バーベキュー

会 話

Ⅰ 학교에서

みちこ　　たけしさん、あしたみんなでバーベキューをしませんか。

たけし　　いいですね。だれが来ますか。

みちこ　　スーさんとロバートさんが来ます。

　　　　　メアリーさんも来ると思います。

たけし　　けんさんは?

みちこ　　けんさんはアルバイトがあると言っていました。

たけし　　残念ですね。何か持っていきましょうか。

みちこ　　何もいらないと思います。

Ⅱ

みちこ	上手ですね。ロバートさんは料理するのが好きですか。
ロバート	ええ、よく家で作ります。
みちこ	何か手伝いましょうか。
ロバート	じゃあ、トマトを切ってください。

*　　　*　　　*

ロバート	始めましょうか。
みちこ	あっ、まだ飲まないでください。
	メアリーさんも来ると言っていましたから。
メアリー	遅くなってすみません。
みんな	じゃあ、乾杯！

単　語

● **명사**

あさって		모레
あめ	雨	비
かいしゃいん	会社員	회사원
カメラ		카메라
カラオケ		노래방
くうき	空気	공기
けさ	今朝	오늘 아침
こんげつ	今月	이번 달
しごと	仕事	일
だいがくせい	大学生	대학생
ディスコ		디스코
てんきよほう	天気予報	일기 예보
ところ	所	곳, 장소
＊トマト		토마토
なつ	夏	여름
＊なにか	何か	무언가
パーティー		파티
＊バーベキュー		바베큐
はし		젓가락
ふゆ	冬	겨울
ホームステイ		홈스테이
まいしゅう	毎週	매주
らいげつ	来月	다음 달

● **な형용사**

＊じょうず(な)	上手	능숙하다[〜が]
へた(な)	下手	서투르다[〜が]
ゆうめい(な)	有名	유명하다

● **[−u]동사**

あめがふる	雨が降る	비가 내리다
あらう	洗う	씻다
＊いう	言う	말하다
＊いる		필요하다[〜が]
＊おそくなる	遅くなる	늦다[〜に]
＊おもう	思う	생각하다
＊きる	切る	자르다
＊つくる	作る	만들다
＊もっていく	持っていく	가지고 가다

● **[−る]동사**

じろじろみる	じろじろ見る	빤히(유심히) 보다[〜を]
＊はじめる	始める	시작하다

● **불규칙동사**

うんてんする	運転する	운전하다[〜を]
せんたくする	洗濯する	세탁하다
そうじする	掃除する	청소하다
＊りょうりする	料理する	요리하다

● **부사와 그 밖의 표현**

ううん		으음, 아니
うん		응
＊かんぱい	乾杯	건배
＊ざんねんですね	残念ですね	유감이군요
＊まだ ＋부정		아직 〜않다
＊みんなで		모두, 전부

文　法

1 보통체

　이 과와 다음 과에서는 「보통체」이라는 새로운 활용을 공부하겠습니다. 다음은 보통체와 정중체를 열거해 놓은 것입니다. 앞에서 정중체를 먼저 학습하였으므로 정중체를 기준으로 해서 설명하겠습니다. 두 형식을 같이 배우면 더 효율적인 학습이 될 것입니다.

현재 긍정형

	보통체	정중체
동사	読む[a]	読みます
い형용사	かわいい[a]	かわいいです
な형용사	静かだ[b]	静かです
명사 + です	学生だ[b]	学生です

현재 부정형

	보통체	정중체
동사	読まない[c]	読みません
い형용사	かわいくない[c]	かわいくありません
な형용사	静かじゃない[d]	静かじゃありません
명사 + です	学生じゃない[d]	学生じゃありません

❗ 「보통체」는 우리말의 「반말」과 비슷하다고 생각하면 이해하기 쉽습니다. 그리고 「정중체」는 「높임말」이라고 생각하면 됩니다.

다음은 보통체를 만드는 방법을 요약한 것입니다.

동사와 **い**형용사의 긍정형(위의 a에 속하는 것)

→ 사전형과 같다.

な형용사와 명사 + **です**의 긍정형(위의 b에 속하는 것)

→ **です** 대신에 **だ**를 붙인다.

い형용사와 **な**형용사 그리고 명사 + **です**의 부정형(위의 d에 속하는 것)

→ **ありません** 대신에 **ない**를 붙인다.

제5과에서 공부했습니다만, 형용사 いい는 불규칙 활용입니다. いい의 보통체의 부정형은 よくない가 되는 것에 주의하세요.

여기서 동사의 부정형은 좀더 주의해서 학습해야 합니다. 왜냐하면 [-る]동사, [-u]동사, 그리고 불규칙동사에 따라 활용이 다르기 때문입니다.

동사의 보통체의 부정(위의 c 에 속하는 것)

[-る]동사	어미의 **る**를 탈락시키고 **ない**를 붙인다.

食べる　→　食べない

[-u]동사	어미의 u 를 탈락시키고 anai 를 붙인다.

書く　→　書かない(kaku → kak(u 탈락) → kak + ない)

作る　→　作らない(tsukuru → tsukur(u 탈락) → tsukur + ない)

話す　→　話さない　　　　泳ぐ　→　泳がない

待つ　→　待たない　　　　呼ぶ　→　呼ばない

死ぬ　→　死なない　　　　買う　→　買わない[1]

読む　→　読まない

불규칙동사

する　→　しない　　　　　くる　→　こない[2]

예외

ある　→　ない[3]

동사의 부정을 나타낼 때에는 다음의 3가지 사항에 유의하세요.

(1) う로 끝나는 동사의 보통체의 부정은 ～あない가 아니라, ～わない입니다.
　　(예 買う → 買わない, 会う → 会わない)
(2) 불규칙동사 くる의 부정형은 어간의 모음이 변해 こない가 됩니다.
(3) 동사 ある의 부정형은 ない입니다.

2 보통체의 사용

여기서는 보통체를 어떻게 사용하는지를 공부하겠습니다. 이 과에서는 다음과 같은 4가지 상황에서 사용되는 문형을 소개하겠습니다.

- 인용을 나타낼 때
- 친한 사이란 것을 나타낼 때
- 상대방에게 어떤 행위를 삼가 주기를 부탁할 때(③을 참조)
- 「～을 하는 것을 좋아한다 / ～을 하는 것을 잘한다」 라는 표현을 할 때(④ 참조)

[인용문]

～と言っていました(～라고 했습니다) 또는 ～と思います(～라고 생각합니다)의 형태로 어떤 사람이 말한 것이나 말하는 사람의 생각을 나타내는 표현입니다.

スーさんは、あした試験があると言っていました。
수 씨는 내일 시험이 있다고 했습니다.

(私 は)たけしさんはメアリーさんが好きだと思います。
(저는) 다케시 씨는 메리를 좋아한다고 생각합니다.

[친숙한 사이에서의 대화]

가까운 친구나 가족들 사이에서 사용되는 보통체의 말투는 우리말의 반말과 비슷합니다. 그리고 다음과 같은 점에 유의해야 합니다.

- 친숙한 사이에서 사용되는 의문형에서는 문말에 종조사 か를 사용하지 않고 그냥 보통체로 끝내고 억양만 올려줍니다.
- な형용사나 명사+です의 보통체는 어미가 だ이지만, 친숙한 대화에서는 이 だ가 일반적으로 생략됩니다.

또한 친숙한 대화에서는 はい(예)나 いいえ(아니오)라는 대답을 쓰지 않고, うん(응)이나 ううん(아니)을 씁니다.

3 ～ないでください

상대방에게 어떤 행위를 삼가 줄 것을 요구할 때, 즉 「～하지 마세요」라는 표현을 할 때는 동사의 보통체의 부정형에 でください를 붙여서 사용합니다.

ここで写真を撮らないでください。　　여기서 사진을 찍지 마세요.

보통체의 부정형 ＋でください　　～하지 마세요

4 동사의が好きです

私は～が好きです／きらいです(저는 ～을 좋아합니다/싫어합니다)의 표현에서 「～」부분에는 주로 명사(예를 들어 猫) 또는 용언의 명사화(예를 들어 山登り) 등이 들어갑니다. 여기서는 「～」부분에 들어가는 표현을 공부하겠습니다. 참고로 동사의 보통체에 の가 붙으면 「～을 하는 것」이라는 뜻이 됩니다.

(私は)日本語を勉強するのが好きです。　(저는) 일본어를 공부하는 것을 좋아합니다.

(私は)部屋を掃除するのがきらいです。　(저는) 방을 청소하는 것을 싫어합니다.

또한, ～が上手です(～을 잘 합니다)와 ～が下手です(～을 잘 못합니다)라는 표현도 같은 형태로 사용할 수 있습니다.

□バートさんは料理を作るのが上手です。

로버트 씨는 요리를 만드는 것을 잘 합니다. (로버트 씨는 요리를 잘 합니다)

たけしさんは英語を**話す**のが下手です。
えいご　はな　　へた

다케시 씨는 영어를 말하는 것을 잘 못합니다. (다케시 씨는 영어를 잘 못합니다)

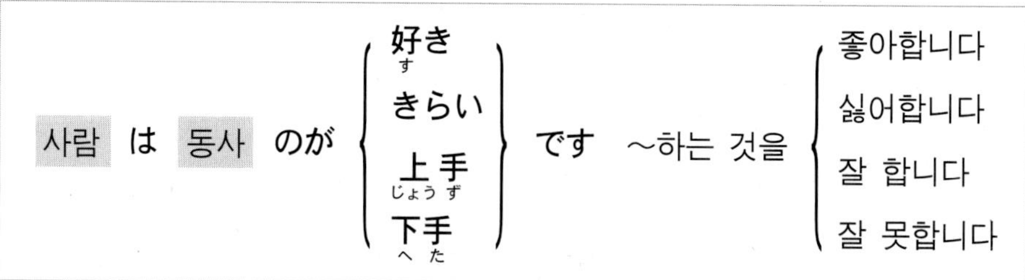

❗ 비슷한 의미로 「～がとくいです(～이 능숙합니다)／～がにがてです(능숙하지 못합니다)」라는 표현도 자주 쓰입니다.

私は日本語を話すのがとくいです。　　　　　저는 일본어를 말하는 것이 능숙합니다.
わたし　にほんご　はな

5 が

ロバートさんは沖縄に行きました(로버트 씨는 오키나와에 갔습니다)와 ロバートさんが沖縄に行きました(로버트 씨가 오키나와에 갔습니다)에서 조사 は와 が의 차이가 확실하게 나타납니다. 이는 우리말 해석을 읽어 봐도 금방 알 수 있을 것입니다.

다시 말해서, 조사 は가 쓰인 문장은 단순히 로버트라는 사람이 오키나와에 갔다는 말이고, 조사 が가 쓰인 문장은 누군가가 오키나와에 갔다는 것을 모두 알고는 있지만, 그 누군가가 로버트 씨라는 것은 말하는 사람만이 알고 있다는 뜻입니다. 즉 조사 が를 쓰면 어떤 의문을 가지고 있는 정보에 대한 답을 해주는 역할을 합니다.

그러므로, 의문사를 주어로 쓸 경우에는 조사 が가 사용되어야 합니다. 즉 は는 사용할 수 없는 거죠.

だれ**が**沖縄に行きましたか。　　　　누가 오키나와에 갔습니까?
おきなわ　い

（×）だれは沖縄に行きましたか。
おきなわ　い

여기서 제2과에서 배운 의문사를 주어로 하는 의문문을 만들어 보면, 역시 조사 は는 사용할 수 없고, 주어로 사용된 의문사에는 조사 が가 붙어야 합니다. 또한, 이러한 의문문에 대한 대답에도 역시 주어가 되는 명사 뒤에 が가 옵니다.

どのクラスがおもしろいですか。

어느 수업이 재미있습니까?

日本語のクラスがおもしろいです。
일본어 수업이 재미있습니다.

(このクラスで)だれがめがねをかけていますか。
(이 반에서) 누가 안경을 쓰고 있습니까?

山下先生がめがねをかけています。
야마시타 선생님이 안경을 쓰고 있습니다.

　조사 が와 は에 대해 여러 가지 복잡하게 설명을 했습니다만, 대부분의 경우는 우리말의 「이/가」와 「은/는」과의 관계와 비슷하므로 큰 어려움은 없으리라 생각됩니다.

6 何か와 何も

何か는 「뭔가, 무엇인가」라는 뜻이고, 何も는 「아무것도」라는 뜻입니다.

긍정 또는 의문 표현에서	何か	뭔가, 무엇인가
부정 표현	何も + 부정	아무것도 ~ (부정)

　이 두 단어는 조사 は, が, を를 붙여 사용할 수 있지만, 다음 예문에서는 조사의 도움 없이 단독으로 사용되고 있습니다. 제10과에서는 조사가 붙어 사용되는 경우를 공부하겠습니다.

猫が**何か**持ってきました。　　고양이가 뭔가 가지고 왔습니다.
猫は**何か**食べましたか。　　고양이는 뭔가 먹었습니까?
いいえ、猫は**何も**食べませんでした。　　아니요, 고양이는 아무것도 먹지 않았습니다.

❋ 〜する

대부분의 불규칙동사는 명사와 동사 する의 결합어이다. 만약 여러분이 하나의 불규칙동사를 배웠다면 하나의 명사도 배운 셈이다.

동사	명사	
勉強する べんきょう 공부하다	勉強 べんきょう 공부	日本語の勉強は楽しいです。 にほんご　べんきょう　たの 일본어 공부는 재미있습니다.
料理する りょうり 요리하다	料理 りょうり 요리	ロバートさんの料理はおいしいです。 りょうり 로버트 씨의 요리는 맛있습니다.

이러한 명사의 일부는 동사 する의 목적어로도 사용될 수 있다.

私は日本語の勉強をしました。　　나는 일본어 공부를 했습니다.
わたし　にほんご　べんきょう

* 私は日本語を勉強しました。
　わたし　にほんご　べんきょう

たけしさんは部屋の掃除をしました。　다케시 씨는 방 청소를 했습니다.
　　　　　へや　そうじ

* たけしさんは部屋を掃除しました。
　　　　　　へや　そうじ

練 習

Ⅰ. 보통체

A. 다음 동사의 긍정형을 부정형으로 바꾸세요.

> **예** かく → かかない

1. みる	2. あける	3. すむ	4. かける
5. はく	6. はじめる	7. つくる	8. せんたくする
9. あらう	10. くる	11. わすれる	12. ある
13. おもう	14. もっていく	15. はいる	16. かえる
17. あめがふる			

B. 다음 형용사의 긍정형을 부정형으로 고치세요.

> **예** たかい   → たかくない
> げんきだ   → げんきじゃない
> がくせいだ → がくせいじゃない

1. ゆうめいだ	2. あめだ	3. いそがしい	4. かわいい
5. みじかい	6. しんせつだ	7. やすい	8. きれいだ
9. たいへんだ	10. いい	11. かっこいい	12. すきだ
13. きらいだ			

A. 격식을 차리지 않은 대화체로 다음 질문에 긍정과 부정으로 대답하세요.

예　Q : よく魚を食べる？
　　　　　　さかな　た
　　　A : うん、食べる。／ううん、食べない。
　　　　　　　　た　　　　　　　　　　た

1. 今日、勉強する？
　　きょう　べんきょう

2. 今日、友だちに会う？
　　きょう　とも　　あ

3. よくお茶を飲む？
　　　　ちゃ　の

4. よく電車に乗る？
　　　　でんしゃ　の

5. 毎日、日本語を話す？
　　まいにち　にほんご　はな

6. 毎日、テレビを見る？
　　まいにち　　　　　み

7. あした、大学に来る？
　　　　　だいがく　く

8. 今日、宿題がある？
　　きょう　しゅくだい

9. 自転車を持っている？
　　じてんしゃ　も

10. 来週、ディスコに行く？
　　らいしゅう　　　　い

12. 毎週、部屋を掃除する？
　　まいしゅう　へや　そうじ

11. 毎日、洗濯する？
　　まいにち　せんたく

B. 격식을 차리지 않은 대화체로 다음 질문에 긍정과 부정으로 대답하세요.

예　Q : 元気？
　　　　　　げんき
　　　A : うん、元気。／ううん、元気じゃない。
　　　　　　　　げんき　　　　　　　　げんき

1. ひま？

2. 忙しい？
　　いそが

3. 日本語のクラスはおもしろい？
　　にほんご

4. 日本語のクラスは難しい？
　　にほんご　　　　　むずか

5. この教科書はいい？
　　　きょうかしょ

6. 先生はこわい？
　　せんせい

7. 料理は上手？
　　りょうり　じょうず

8. お風呂が好き？
　　　ふろ　す

9. スポーツがきらい？

10. 今日は月曜日？
　　きょう　げつようび

Ⅲ. 日本人だと思います

A. 메리에 관하여 ~と思います를 사용하여 말해 보세요.

> 예　일본어를 잘 한다
>
> → メアリーさんは日本語が 上手だと思います。
> 　　　　　　　　　に ほん ご　　じょう ず　　　おも

1. 종종 요리하다
2. 자동차를 운전하다
3. 담배를 피지 않다
4. 매일 일본어 테이프를 듣다
5. 저녁 늦게 귀가하지 않다
6. 술을 많이 마시지 않다
7. 종종 영화 보러 가다
8. 결혼하지 않다
9. 다케시를 좋아하다
10. 바쁘다
11. 좋은 학생이다
12. 키가 크지 않다
13. 무서워하지 않다
14. 조용하지 않다
15. 1학년이 아니다

B. 다음 사람이나 장소에 관해 상상하면서 질문에 대답하세요.

> 예　Q : この人は日本人ですか。
> 　　　　　　　に ほんじん
> 　　A : ええ、日本人だと思います。
> 　　　　　　　　に ほんじん　　おも
> 　　　　いいえ、日本人じゃないと思います。
> 　　　　　　　　　に ほんじん　　　　　　おも

그림 A

1. この人は会社員ですか。
　　ひと　　かいしゃいん

2. 有名ですか。
　ゆうめい

3. ひまですか。

4. 頭 がいいですか。
　あたま

5. 背が高いですか。
　せ　たか

6. 忙 しいですか。
　いそが

A

7. 結婚していますか。
けっこん

8. お金をたくさん持っていますか。
かね　　　　　　　　も

9. よく食べますか。
た

10. よくスポーツをしますか。

11. フランス語を話しますか。
ご　　はな

그림 B

1. ここは日本ですか。
にほん

2. 有名な所ですか。
ゆうめい　ところ

3. 空気はきれいですか。
くうき

4. 暑いですか。
あつ

5. 冬は寒いですか。
ふゆ　さむ

6. 人がたくさん住んでいますか。
ひと　　　　　　す

7. ここの人はよく泳ぎますか。
ひと　　　　およ

8. よく仕事をしますか。
しごと

9. 夏によく雨が降りますか。
なつ　　　あめ　ふ

B

C. ～と思いますを 사용하여 다음 일들에 관해 상상해 보세요.
おも

1. 내일의 날씨

2. 다음 시험

3. 여러분의 친구들이 내일 무엇을 할 것인지

Ⅳ. メアリーさんは忙（いそが）しいと言（い）っていました

A. ～と言（い）っていましたを 사용하여 아래의 사람들이 뭐라고 하였는지 말해 보세요.

メアリー

ロバート

天気予報（てんきよほう）

 B. 친구에게 다음 질문을 한 후, 그 대답을 ～っていました를 사용하여 말하세요.

1. 週末は何をしますか。
   しゅうまつ　なに

2. 日本はどうですか。
   に ほん

3. 日本の友だち／日本の家族はどんな人ですか。
   に ほん　とも　　　に ほん　か ぞく　　　　ひと

4. どんな人が好きですか。
   ひと　す

Ⅴ. 食べないでください
   た

누군가에게 무엇을 하라고 할 때 여러분은 어떻게 말하겠습니까?

예 사진을 보지 마세요 → 写真を見ないでください。
                          しゃしん　み

1. 영어로 이야기하지 마세요　　　　　2. 전화하지 마세요

3. 집에 돌아가지 마세요　　　　　　　4. 가지 마세요

5. 담배를 피우지 마세요　　　　　　　6. 수업 중에 자지 마세요

7. 잊지 마세요　　　　　　　　　　　8. 쳐다보지 마세요

9. 아직 수업을 시작하지 마세요　　　10. 수업에 늦지 마세요

11. 아직 칠판(こくばん)을 지우지 마세요

Ⅵ. 勉 強 するのが好きですか

A. 上手です 또는 下手です를 사용하여 메리가 무엇을 잘 하고 무엇을 못하는지 말해 보
세요.

> 예 테니스(잘 하는)
>
> → メアリーさんはテニスが上手です。
>
> 수영(못하는)
>
> → メアリーさんは泳ぐのが下手です。

1. 불어(잘 하는)	2. 비디오 게임(못하는)
3. 요리(잘 하는)	4. 초밥을 만드는 것(못하는)
5. 일본어 회화(잘 하는)	6. 사진을 찍는 것(잘 하는)
7. 자동차 운전(잘 하는)	8. 젓가락으로(はしで) 먹는 것(잘 하는)

9. 연애 편지(ラブレター) 쓰는 것(잘 하는)

ペア B. 친구에게 다음 행동을 하는 것을 좋아하는지 물어 보세요.

> 예 공부하는 것
>
> → A：勉 強 するのが好きですか。
>   B：はい、好きです。／大好きです。
>   いいえ、きらいです。／大きらいです。

1. 먹는 것	2. 자는 것	3. 노래하는 것	4. 쇼핑하는 것
5. 운동하는 것	6. 일본어 공부	7. 청소하는 것	8. 세탁하는 것
9. 요리하는 것	10. 목욕하는 것	11. 자동차 운전	12. 세차하는 것

* 만약 좋아하지도 싫어하지도 않는다면 好きでもきらいでもありません이라는
  표현을 쓸 수 있습니다.

Ⅶ. だれがイギリス人ですか

A. 아래의 도표를 보고 질문에 답하세요.

예
> Q : だれがイギリス人ですか。
> A : ロバートさんがイギリス人です。

1. だれが韓国人ですか。

2. だれが料理をするのが上手ですか。

3. だれがいつも食堂で食べますか。

4. だれがデートをしましたか。

5. だれが犬が好きですか。

로버트	영국인	요리를 잘 한다	자주 요리한다	지난 주말에 오키나와에 갔다	고양이를 싫어한다
메리	미국인	스키를 잘 탄다	요리를 못한다	지난 주말에 데이트했다	개를 좋아한다
수	한국인	노래를 잘 한다	가끔 요리한다	지난 주말에 도쿄에 갔다	고양이를 좋아한다
다케시	일본인	수영을 잘 한다	항상 외식한다	지난 주말에 데이트했다	고양이를 싫어한다

ペア B. 위의 표를 보고 친구와 だれが를 사용하여 질문하고 대답하세요.

Ⅷ. 週末、何もしませんでした
しゅうまつ　なに

A. 여러분은 파티에 갔지만, 아무것도 하지 않았습니다. 예와 같이 주어진 단어를 사용하여 문장을 만드세요.

> 예　パーティーに行きましたが、(먹다)
> 　　い
> 　→　パーティーに行きましたが、何も食べませんでした。
> 　　　　　　い　　　　　　　　なに　た

1. パーティーに行きましたが、(마시다)
　　　　　い

2. カラオケがありましたが、(노래하다)

3. テレビがありましたが、(보다)

4. カメラを持っていましたが、(찍다)
　　　　　も

5. ゆみさんに会いましたが、(이야기하다)
　　　　　　あ

6. パーティーに行きましたが、(하다)
　　　　　い

B. 다음 질문에 대답하세요.

> 예　Q：きのうの晩ごはんは何か作りましたか。
> 　　　　　　　ばん　　　なに　つく
> 　　A：はい、スパゲッティを作りました。
> 　　　　　　　　　　　　　つく
> 　　　いいえ、何も作りませんでした。
> 　　　　　　なに　つく

1. けさ、何か食べましたか。
　　　なに　た

2. きのう、何か買いましたか。
　　　　　なに　か

3. きのう、テレビで何か見ましたか。
　　　　　　　　なに　み

4. 今、何かいりますか。
　いま　なに

5. 週末、何かしますか。
　しゅうまつ　なに

6. 週末、何か勉強しますか。
　しゅうまつ　なに　べんきょう

A. 친구에게 장래의 계획에 관해 물어 보고 그 내용을 예와 같이 말해 보세요.

> 예　スーさんは来年ソウルへ行くと言っていました。
> 　　　　　らいねん　　　　　　　い　　　い

B. 여러분은 파티를 계획하고 있습니다. 아래의 사항에 관해 결정하고 빈 칸을 완성하세요. （グループ）

いつですか	
どこでしますか	
どんなパーティーですか	
何を持っていきますか なに　も	
だれが来ますか き	

C. 이런 사람을 찾아 보세요. （クラス）

1. 일본어 공부를 좋아하다　　　________________
2. 청소를 싫어하다　　　________________
3. 노래 부르기를 좋아하다　　　________________
4. 운전이 서툴다　　　________________
5. 어머니가 요리를 잘 하신다　　　________________

D. A와 B는 친구인 C, D와 같이 1일 여행을 계획하고 있습니다. A는 C의 스케줄을 알고 B는 D의 스케줄을 알고 있습니다. A와 B의 역할을 하면서, ~と言っていまし
た를 사용하여 여러분 자신, 그리고 친구의 스케줄에 대해 이야기해 보세요. 그리고 언
제 4명 모두 같이 갈 수 있는지를 알아보세요. （ペア）

> 예　A：十六日はひまですか。
> 　　　じゅうろくにち
> 　　B：いいえ、買い物に行きます。十八日は、どうですか。
> 　　　　　か　もの　い　　　　じゅうはちにち
> 　　A：私は、何もしません。でも、Cさんが映画を見に行くと
> 　　　わたし　なに　　　　　　　　　　えいが　み　い
> 　　　言っていました。
> 　　　い
> 　　B：そうですか。じゃあ……

학생 A

16	17	18	19	20	21	22
				공부	퀴즈	파티
23	24	25	26	27	28	29
						아르바이트

C는 A에게 「그는 ~을 할 것이다」 라고 말했습니다.
18일 : 영화 보러 가다
24일 : 친구를 만나다
26일 : 오사카 관광

학생 B

16	17	18	19	20	21	22
쇼핑	일					테니스
23	24	25	26	27	28	29
						일

D는 B에게 「그는 ~을 할 것이다」 라고 말했습니다.
19일 : 아르바이트를 하다
27일 : 일본 요리를 먹으러 가다
28일 : 사찰을 보러 교토에 가다

A. 테이프를 듣고 내용과 맞는 그림을 고르세요.

1. (　　) 2. (　　) 3. (　　) 4. (　　) 5. (　　) 6. (　　) 7. (　　)

B. 로버트와 켄이 이야기하고 있습니다. 대화를 듣고 질문에 대답하세요.

1. 언제 그들은 야구를 하려고 합니까?　________________________

2. 다케시는 야구하러 옵니까? 왜 오거나 안 오나요?　________________

3. 톰도 역시 옵니까? 왜 오거나 안 오나요?　____________________

C. 메리는 혼다 교수와의 인터뷰를 학급에 보고하고 있습니다. 메리의 인터뷰 내용과 맞는 것에 ○표 하세요.

1. 혼다 교수는 ＿＿ 한 여성을 좋아한다.

　　[a. 예쁜　　b. 키가 큰　　c. 키가 작은　　d. 유순한　　e. 똑똑한　　f. 마른]

2. 그는 주말에 ＿＿＿＿＿＿

　　[a. 야구를 한다　　b. 테니스를 한다　　c. 스포츠를 관람한다　　d. 데이트를 한다]

3. 그의 일본어 학급의 학생들은 ＿＿＿＿＿＿

　　[a. 떠들석하다　　b. 조용하다　　c. 성실하다　　d. 친절하다]

かぶき

会 話

Ⅰ 메리와 다케시가 이야기하고 있습니다.

たけし　　　メアリーさんはかぶきが好きですか。

メアリー　　かぶきですか。あまり知りません。

　　　　　　でも、ロバートさんはおもしろかったと言っていました。

たけし　　　かぶきの切符を二枚もらったから、見に行きませんか。

メアリー　　ええ、ぜひ。いつですか。

たけし　　　木曜日です。十二時から四時までです。

Ⅱ 가부키 극장에서의 휴식 시간

メアリー　　きれいでしたね。

たけし　　　出ている人はみんな男の人ですよ。

メアリー　　本当ですか。

たけし　　　ええ。ところで、もう昼ごはんを食べましたか。

メアリー　　いいえ、まだ食べていません。

たけし　　　　じゃあ、買いに行きましょう。
　　　　　　　　　　　か　　い

たけし　　　　すみません。お弁当を二つください。
　　　　　　　　　　　　　べんとう　　ふた
店の人　　　　はい。
みせ　ひと
たけし　　　　それから、お茶を一つとコーヒーを一つ。
　　　　　　　　　　　ちゃ　ひと　　　　　　　　　　ひと
店の人　　　　二千八百円です。どうもありがとうございました。
みせ　ひと　　　に せんはっぴゃくえん

単　語

● 명사

いいこ	いい子	착한 아이, 좋은 아이
いろ	色	색
*おべんとう	お弁当	도시락
おんせん	温泉	온천
*かぶき		가부키
ギター		기타
くすり	薬	약
くすりをのむ	薬を飲む	약을 먹다
コンサート		콘서트
こんど	今度	이번
さくぶん	作文	작문
しけん	試験	시험
しんかんせん	新幹線	신칸센
スキー		스키
せんげつ	先月	지난 달
たんご	単語	단어
ピアノ		피아노
びょうき	病気	병

● い형용사

あおい	青い	파랗다
あかい	赤い	빨갛다
くろい	黒い	검다
さびしい	寂しい	쓸쓸하다
しろい	白い	희다
わかい	若い	젊다

● な형용사

いじわる(な)	意地悪	심술궂다, 장난꾸러기이다

● **[−u]동사**

おどる	踊る	춤추다
おわる	終わる	끝나다[〜が]
にんきがある	人気がある	인기가 있다
はじまる	始まる	시작하다[〜が]
ひく	弾く	(피아노 등을) 치다
＊もらう		받다[사람에 사물을]

● **[−る]동사**

おぼえる	覚える	기억하다
＊でる	出る	① 나타나다[〜に]
		② 나가다[〜を)

● **불규칙동사**

うんどうする	運動する	운동하다
さんぽする	散歩する	산보하다

● **부사와 그 밖의 표현**

＊〜から		〜부터
＊ぜひ	是非	꼭
＊ところで		그런데
＊みんな		모두
＊もう		이미

● **숫자**

ひとつ	一つ	하나
ふたつ	二つ	둘
みっつ	三つ	셋
よっつ	四つ	넷
いつつ	五つ	다섯
むっつ	六つ	여섯
ななつ	七つ	일곱
やっつ	八つ	여덟
ここのつ	九つ	아홉
とお	十	열

文　法

1 보통체의 과거형

　앞 과에 이어 보통체에 대해서 좀더 살펴보겠습니다. 여기서는 보통체의 과거형을 공부하도록 하겠습니다.

과거 긍정형		비교해 보세요
동사	読んだ[a]	読んで
い형용사	かわいかった[b]	かわいい
な형용사	静かだった[c]	静かだ
명사 + です	学生だった[c]	学生だ

과거 부정형		비교해 보세요
동사	読まなかった[b]	読まない
い형용사	かわいくなかった[b]	かわいくない
な형용사	静かじゃなかった[b]	静かじゃない
명사 + です	学生じゃなかった[b]	学生じゃない

　다음은 보통체의 과거형을 만드는 법을 요약한 것입니다.

> 동사의 긍정형(위의 a에 속하는 것)
> 　　　→ て형을 만드는 방법과 같은데, て／で 대신에 だ를 붙인다.
> い형용사의 긍정형과 모든 보통체의 부정형(위의 b에 속하는 것)
> 　　　→ 어미 い 대신에 かった를 붙인다.
> な형용사와 명사 + です의 부정형(위의 c에 속하는 것)
> 　　　→ 보통체의 현재형 だ 대신에 だった를 붙인다.

앞에서 공부했던 불규칙 활용은 여기에서도 마찬가지로 적용됩니다.

行く　→　行った　　　　　　　いい　→　よかった, よくなかった

❗ 行っては 제6과를, 그리고 よかったです, よくありません, よくありませんでしたは 제5과를 보세요.

● 추측 또는 인용을 할 때

スーさんは、高校の時めがねをかけていたと言っていました。

수 씨는 고등학교 때 안경을 썼었다고 말했습니다.

(私 は)トムさんがやったと思います。

(저는) 톰 씨가 했다고 생각합니다.

● 친숙한 대화

晩ごはん、食べた？　ー　うん、食べた。
저녁, 먹었어?　　　　　　　　　응, 먹었어.

우리말과 마찬가지로 일본어의 인용문도 시제는 인용이 되어지는 문, 즉 원문의 시제를 유지해야 합니다. 예를 들어 今、日本語を勉強しています(지금 일본어를 공부하고 있습니다)라고 수 씨가 말한 것을 인용할 때 원문이 현재형인 점을 유지해서 다음과 같이 표현합니다.

スーさんは日本語を勉強していると言っていました。

수 씨는 일본어를 공부하고 있다고 말했습니다.

2 동사와 형용사의 명사 수식

동사의 보통체는 형용사처럼 명사를 수식할 수 있습니다. 예를 들면 아래의 예문처럼 あそこで本を読んでいる(저기서 책을 읽고 있다)라는 구가 명사 学生를 수식하고 있습니다.

あそこで本を読んでいる 学生はみちこさんです。

저기서 책을 읽고 있는 　학생은 미치코 씨입니다.

아래의 표에서는 명사 수식의 다양한 형태를 보여 줍니다. 테두리가 쳐져 있는 구가 오른쪽의 명사 人(사람)를 수식합니다. 1번은 단순히 い형용사가 수식하는 예입니다. 2번은 어떤 사람의 특성을 나타내는 い형용사를 포함한 구가 명사를 수식하고 있습니다(제7과 참조). 3번은 동사의 보통체(제8과 참조)가 명사를 수식하는 예입니다. 그리고 4번은 な형용사가 명사를 수식하는 예입니다(제5과 참조).

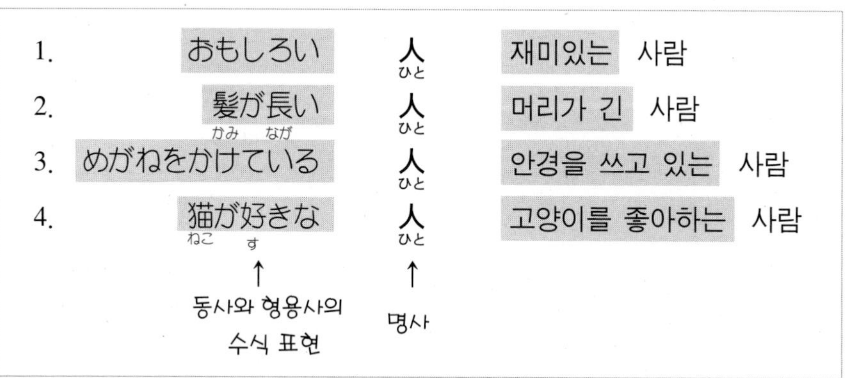

여기서 동사가 사람을 수식하는 예를 좀더 소개하겠습니다. 동사의 경우는 앞에서 소개한 것과 같이 동사의 보통체가 사용되는데 여기에는 동사의 보통체의 부정, 보통체의 과거 등도 포함되어 있습니다.

あそこで写真を撮っている　人（はだれですか。）
しゃしん　と　ひと
저기서 사진을 찍고 있는 사람(은 누구입니까?)

毎日運動をする　人（は元気です。）
まいにちうんどう　ひと　げんき
매일 운동을 하는 사람(은 건강합니다.)

たばこを吸わない　人（が好きです。）
す　ひと　す
담배를 피우지 않는 사람(을 좋아합니다.)

去年結婚した　友だち（から手紙が来ました。）
きょねんけっこん　とも　てがみ　き
작년에 결혼한 친구(로부터 편지가 왔습니다.)

3 まだ～ていません

우리말에서는 아래 예문의 해석을 보아도 알 수 있듯이 과거에 행한 것이나 현재 완료나 둘 다 과거 표현인 「～ㅆ습니다」를 사용하고 있습니다. 게다가 그 표현이 긍정형이든 부정형이든 관계없이 현재보다 앞서 이루어진 것은 과거 표현을 사용합니다. 하지만, 일본어에서는 긍정일 경우에는 우리말과 마찬가지로 과거로 나타내지만, 부정일 경우엔 과거와 현재 완료를 구별해서 표현합니다.

[과거]

私 はきのう宿 題をしました。
わたし　　　　　しゅくだい

저는 어제 숙제를 했습니다.

[현재 완료]

私 はもう宿 題をしました。
わたし　　　しゅくだい

저는 이미 숙제를 했습니다.

[과거의 부정]

私 はきのう宿 題をしませんでした。
わたし　　　　　しゅくだい

저는 어제 숙제를 하지 않았습니다.

[현재 완료의 부정]

私 はまだ宿 題をしていません。
わたし　　　しゅくだい

저는 아직 숙제를 하지 않았습니다.

위의 예문에서는 특히 현재 완료의 부정을 주의해서 봐야 합니다. 일본어에서는 현재 완료의 부정, 다시 말해서 현재 시섬까지 완료되지 않았다는 것을 표현할 때는 ている의 부정형을 사용합니다. 그러므로 아래와 같은 문형을 외워두면 편리합니다.

> **まだ〜ていません**　　　아직 〜하지 않았습니다(안 했습니다)

ている는 변화 동사와 동작 동사 둘 다에 쓰입니다(제7과 참조).

スーさんはまだ起きていません。　　　　　（변화 동사）
　　　　　　　　　お

수 씨는 아직 일어나지 않았습니다.

私 はまだ昼ごはんを食べていません。　　　（동작 동사）
わたし　　　ひる　　　　た

서는 아직 짐심(밥)을 먹지 않았습니다.

4 ～から

이유나 설명을 나타내는 から에 대해서는 제6과에서 공부했습니다.

私 は朝ごはんを食べませんでした。忙 しかったですから。
わたし　あさ　　　た　　　　　　　いそが

저는 아침(밥)을 먹지 않았습니다. 바빴으니까요.

이 과에서는 이유를 설명하는 절(～から)을 다른 문장으로 덧붙이는 것이 아니라 한 문장으로 합치는 것을 공부하겠습니다. 다시 말해서 「이유+から」가 문장의 앞부분에 오도록 나타낼 수 있는 것이지요.

> （이유）**から** （상황）。
>
> 　　= （이유） 때문에 / 니까 （상황）.

あした試験があるから、 私は今晩勉強します。
내일 시험이 있기 때문에, 저는 오늘 밤 공부합니다.

寒かったから、出かけませんでした。
추웠기 때문에, 나가지 않았습니다.

　から의 앞에는 정중체나 보통체 모두 올 수 있습니다. 다시 말해 위의 예문에서 から의 앞 부분을 정중체로 바꾸어 あした試験がありますから, 寒かったですから로 쓸 수도 있습니다. 이렇게 から 앞에 정중체를 쓰면 문장 전체가 공손한 표현이 되므로 아래와 같은 권유문에서 자주 쓰입니다.

かぶきの切符がありますから、一緒に見に行きましょう。
가부키 표가 있으니까, 같이 보러 갑시다.

❗ 여기서 주의할 점은 から 앞의 이유·설명 부분이 보통체일 때는, 뒤에 오는 절이 정중체나 보통체나 모두 가능하지만, 이유·설명 부분이 정중체일 때는 뒤에 오는 절이 반드시 정중체여야 한다는 사실입니다. 따라서 아래의 예문은 잘못된 문장입니다.

（×）寒かったですから、出かけなかった。

練　習

I. 보통체의 과거형

A. 동사

(a) 다음의 동사를 과거 긍정형으로 바꾸세요.

예　かく　→　かいた

1. はなす　　2. しぬ　　3. すむ　　4. かける
5. いく　　6. あそぶ　　7. つくる　　8. せんたくする
9. あらう　　10. くる　　11. ひく　　12. まつ
13. いそぐ　　14. もらう　　15. おどる　　16. でる

(b) 다음 동사를 과거 부정형으로 바꾸세요.

예　かく　→　かかなかった

1. みる　　2. すてる　　3. すむ　　4. かける
5. はく　　6. はじまる　　7. つくる　　8. せんたくする
9. あらう　　10. くる　　11. いう　　12. うんどうする
13. おぼえる　　14. うたう　　15. かえる　　16. やすむ

(a) 다음 단어를 과거 긍정형으로 바꾸세요.

예	たかい	→	たかかった
	げんきな	→	げんきだった
	がくせい	→	がくせいだった

1. ゆうめいな　　2. あめ　　　　3. あかい　　　4. かわいい
5. みじかい　　　6. しんせつな　7. やすい　　　8. きれいな
9. いいてんき　10. かっこいい　11. さびしい　12. ねむい

(b) 다음의 단어를 과거 부정형으로 바꾸세요.

예	たかい	→	たかくなかった
	げんきな	→	げんきじゃなかった
	がくせい	→	がくせいじゃなかった

1. いじわるな　　2. びょうき　　3. わかい　　　4. かわいい
5. ながい　　　　6. べんりな　　7. あおい　　　8. しずかな
9. いいてんき　10. かっこいい　11. おもしろい　12. さびしい

A. 다음 문장을 사용하여 어제 일어났던 일들에 관해 격식을 차리지 않은 대화체로 질문을 만드세요. 또한 각자 질문에 대한 대답을 생각해 보세요.

> **예**　テレビを見る
> → Q：きのうテレビを見た？
> 　　A：うん、見た。／ううん、見なかった。

1. ピザを食べる

2. 散歩する

3. 図書館で本を借りる

4. うちを掃除する

5. うちで料理する

6. 友だちに会う

7. 単語を覚える

8. 学校に来る

9. 家族に電話をかける

10. コンピューターを使う

11. 手紙をもらう

12. 遊びに行く

13. 運動する

14. ディスコで踊る

B. 다음 문장을 사용하여 격식을 차리지 않은 대화체로 어린 시절에 대한 질문을 만드세요. 또한 각자 질문에 대한 대답을 생각해 보세요.

예　元気（げんき）
　　→　Q：子供（こども）の時（とき）、元気（げんき）だった？
　　　　A：うん、元気（げんき）だった。／ううん、元気（げんき）じゃなかった。

1. かわいい

2. 髪（かみ）が長（なが）い

3. 背（せ）が高（たか）い

4. 勉強（べんきょう）が好（す）き

5. スキーが上手（じょうず）

6. さびしい

7. 楽（たの）しい

8. スポーツが好（す）き

9. 宿題（しゅくだい）がきらい

10. 頭（あたま）がいい

11. 先生（せんせい）は親切（しんせつ）

12. いじわる

Ⅲ. 元気（げんき）だったと思（おも）います

A. 다음 사람들의 어린 시절에 관해 상상해 보세요.

예　元気（げんき）でしたか。
　　→　Q：この人（ひと）は子供（こども）の時（とき）、元気（げんき）でしたか。
　　　　A：はい、元気（げんき）だったと思（おも）います。
　　　　　　いいえ、元気（げんき）じゃなかったと思（おも）います。

(a) 마돈나에 대해

1. きれいでしたか。

2. いじわるでしたか。

3. 歌（うた）が上手（じょうず）でしたか。

4. 頭がよかったですか。
   あたま

5. 背が高かったですか。
   せ　たか

6. 髪が黒かったですか。
   かみ　くろ

7. やせていましたか。

8. ピアノを弾きましたか。
   ひ

9. よく勉強しましたか。
   べんきょう

10. よくお母さんを手伝いましたか。
    かあ　　　　　てつだ

(b) 일본어 선생님에 대해

1. かわいかったですか。

2. 学校が好きでしたか。
   がっこう　す

3. 太っていましたか。
   ふと

4. いじわるでしたか。

5. よく遊びましたか。
   あそ

6. 人気がありましたか。
   にんき

B. 학급에서 한 학생을 골라 어린 시절이 어떠했는지 다음 문장을 사용하여 말해 보세요.

예 頭がいい　→　ロバートさんは子供の時、頭がよかったと思います。
  あたま　　　　　　　　　　こども　とき　あたま　　　　　　おも

1. いい子
   こ

2. 元気
   げんき

3. 背が高い／低い
   せ　たか　　ひく

4. 髪が長い／短い
   かみ　なが　　みじか

5. 忙しい
   いそが

6. ひま

7. 静か
   しず

8. いじわる

9. 学校が好き
   がっこう　す

10. かわいい

Ⅳ. 子供の時遊んだと言っていました

ペア A. 친구의 어린 시절에 관해 물어 본 후, ～と言っていました를 사용하여 수업 시간에
발표해 보세요.

예
> いじわるでしたか。
> → A : 子供の時、いじわるでしたか。
> B : はい、いじわるでした。
> A : Bさんは、子供の時いじわるだったと言っていました。

1. 学校が好きでしたか。　　　2. 頭がよかったですか。

3. 背が高かったですか。　　　4. かわいかったですか。

5. めがねをかけていましたか。　　6. よく何をしましたか。

B. 이 사람들은 뭐라고 말하고 있습니까? 아래의 사람들을 위하여 여러분 자신이 인용할
문장을 만드세요.

예　シュワルツェネッガーは、きのうたくさん運動したと言っていました。

예 シュワルツェネッガー　　(1) マイケル・ジャクソン　　(2) エルビス・プレスリー

(3) 友だち　　　　　(4) 母　　　　　(5) 日本語の先生

Ⅴ. めがねをかけている人です

A. 다음의 그림을 보고 질문에 대답하세요.

예
田中さん
→ Q：田中さんはどの人ですか。
A： めがねをかけている人です。白いトレーナーを着ている人です。

1. 中村さん　2. 山口さん　3. 野村さん　4. 森さん　5. 大川さん　6. 鈴木さん

ペア
B. 한 명은 그림 A(p.228)를 보고 다른 한 명은 그림 B(p.233)를 봅니다. 서로 질문을 해서 그림에 있는 모든 사람들을 찾으세요.

예
よしこ　→　A： よしこさんはどの人ですか。
B： テレビを見ている人です。

C. 여러분의 친구를 설명하세요.

학생들을 A와 B 두 개의 그룹으로 나눕니다. 그룹 A는 각자 어떤 행동을 합니다. 그룹 B는 그 모습을 보고 ～ている人です를 사용하여 선생님의 질문에 대답합니다. 끝나면 역할을 바꿔서 해 보세요.

> 예
> 선생님 ： マイクさんはどの人ですか。
> 학생　 ： 車を運転している人です。

VI. まだ食べていません

A. まだ～ていません을 사용하여 다음 질문에 대답하세요.

> 예
> Q：もう昼ごはんを食べましたか。
> A：いいえ、まだ食べていません。

1. もう切符を買いましたか。

2. もう宿題をしましたか。

3. もう作文を書きましたか。

4. もう薬を飲みましたか。

5. もう晩ごはんを食べましたか。

6. もう新しい単語を覚えましたか。

 B. 다음 문장에 대한 행동을 이미 했는지 어떤지 예와 같이 묻고 대답하세요.

예 天ぷらを食べる
→ A：もう天ぷらを食べましたか。
　　 B：ええ、もう食べました。／いいえ、まだ食べていません。

1. 新幹線に乗る

2. 温泉に入る

3. 十課を読む

4. かぶきを見に行く

5. ＿＿＿＿＿＿＿＿＿＿＿＿＿＿＿＿＿＿＿を見る
　　　(새로 개봉한 영화의 제목)

6. ＿＿＿＿＿＿＿＿＿＿＿＿＿＿＿＿＿＿＿を聞く
　　　(새로 발매된 CD의 이름)

7. ＿＿＿＿＿＿＿＿＿＿＿＿＿＿＿＿＿＿＿を読む
　　　(최근 베스트셀러의 제목)

Ⅶ. 天気がいいから、遊びに行きます
てんき　　　　　　　　　あそ　　い

A. 알맞은 것끼리 연결하여 문장을 만드세요.

1. 魚 がきらいだから　　　　　　　・　　　・今はひまです。
   さかな　　　　　　　　　　　　　　　　　　　　いま

2. 試験が終わったから　　　　　　・　　　・行きませんか。
   しけん　お　　　　　　　　　　　　　　　　　　い

3. 旅行に行ったから　　　　　　　・　　　・すしを食べません。
   りょこう　い　　　　　　　　　　　　　　　　　た

4. コンサートの切符を二枚もらったから ・　・急ぎましょう。
   きっぷ　にまい　　　　　　　　　　　　　　　いそ

5. 天気がよくなかったから　　　　・　　　・遊びに行きませんでした。
   てんき　　　　　　　　　　　　　　　　　　あそ　　い

6. クラスが始まるから　　　　　　・　　　・学校を休みました。
   はじ　　　　　　　　　　　　　　　　　　　がっこう　やす

B. 이유를 넣어서 다음 문장을 완성하세요.

1. _____________________________ から、お金がぜんぜんありません。
   かね

2. _____________________________ から、日本語を勉強しています。
   にほんご　べんきょう

3. _____________________________ から、先週の週末は忙しかったです。
   せんしゅう　しゅうまつ　いそが

4. _____________________________ から、きのう学校を休みました。
   がっこう　やす

Ⅷ. まとめの練習
_{れんしゅう}

A. 두 명씩 짝을 지어 한 명은 패스트 푸드점의 직원이 되고 다른 한 명은 고객이 됩니다.
회화 2를 참고로' 하여 아래 메뉴에서 음식과 음료수를 주문하세요. 또 얼마나 사는지
수량도 정확히 말하세요.

1. ピアノを弾きますか。
   　　　　ひ

2. ギターを弾くのが上手ですか。
   　　　　　ひ　　　　じょうず

3. 踊るのが好きですか。
   　おど　　す

4. 病気の時、よく薬を飲みますか。
   びょうき　とき　　　くすり　の

5. よく散歩しますか。
   　　　さんぽ

6. 去年の誕生日(생일)に何かもらいましたか。
   きょねん　たんじょうび　　　なに
   だれに何をもらいましたか。
   　　　なに

7. 今日、クラスは何時に始まりましたか。何時に終わりますか。
   きょう　　　　　なんじ　はじ　　　　　なんじ　お

8. 犬が好きですか。
   いぬ　す

9. 子供の時、よく友だちと遊びましたか。
   こども　とき　　　とも　　あそ

10. どんな色のトレーナーを持っていますか。
    　　いろ　　　　　　　も

11. 今度の試験は難しいと思いますか。
    こんど　しけん　むずか　　おも

12. あなたの国では、どんなスポーツが人気がありますか。
    　　　くに　　　　　　　　　　にんき

13. どんな色が好きですか。
    　　いろ　す

ペア

V－B.

> **예** よしこ
> → A：よしこさんはどの人(ひと)ですか。
> B：テレビを見(み)ている人(ひと)です。

그림 B

아래에 있는 사람들을 물어 보세요.

1. ゆたか
2. じゅん
3. ちかこ
4. えり

聴　取

A. 켄과 미치코의 대화를 듣고 질문에 대답하세요.

1. 누가 누구를 기다렸습니까?　________________________

2. 얼마나 오래 기다렸습니까?　________________________

3. 그들은 무엇을 하려고 했습니까?　________________________

4. 레스토랑이 어디에 있습니까?　________________________

B. 준이 자기의 생일파티에서 찍은 사진을 보여 주고 있습니다. 아래의 그림에 있는 사람들은 어디에 있습니까?

1. (　　) 준
2. (　　) 준의 여자 친구
3. (　　) 준의 여동생
4. (　　) 준의 누나
5. (　　) 준의 남동생
6. (　　) 준의 아버지
7. (　　) 포키

C. 가게에서의 대화를 들어 보세요. 점원은 각 물건을 얼마나 팔았습니까?

	개수	총 금액
1. 커피		¥
2. 오렌지		¥
3. 주먹밥		¥
4. 차		¥
5. 도시락		¥

色（색）
いろ

색을 나타내는 단어에는 두 종류가 있다.

1. い형용사

黒い くろ	검다	白い しろ	희다
赤い あか	빨갛다	青い あお	파랗다
黄色い き いろ	노랗다	茶色い ちゃいろ	갈색이다

い 없이 명사가 되는 단어도 있습니다.

赤いかばん　　　　　　　　빨간 가방
あか

赤が一番好きです。　　　　빨강을 제일 좋아합니다.
あか　　いちばん す

2. 명사

緑／グリーン みどり	녹색	紫 むらさき	보라색
灰色／グレー はいいろ	회색	水色 みずいろ	옥색
ピンク	핑크	金色／ゴールド きんいろ	금색
銀色／シルバー ぎんいろ	은색		

명사구를 만들기 위해 の가 필요한 단어도 있습니다.

緑／グリーンのセーター　　　녹색 스웨터
みどり

다음은 색과 관련 있는 단어들입니다.

顔が青いですね。　　　　　　얼굴이 창백하군요.
かお あお

白黒の写真　　　　　　　　　흑백 사진
しろくろ しゃしん

メアリーさんは金髪です。　　메리 씨는 금발입니다.
きんぱつ

冬休みの予定
ふゆやす　　　よ　てい

会　話

Ⓘ　겨울 방학이 다가왔습니다.

メアリー	寒くなりましたね。 さむ
たけし	ええ。メアリーさん、冬休みはどうしますか。 ふゆやす
メアリー	韓国か台湾に行くつもりですが、まだ決めていません。 かんこく　たいわん　い　　　　　　　　　　　　　　　き
たけし	いいですね。
メアリー	韓国と台湾とどっちのほうがいいと思いますか。 かんこく　たいわん　　　　　　　　　　　おも
たけし	うーん、台湾のほうが暖かいと思います。でも、 たいわん　　　　あたた　　おも スーさんは韓国の食べ物はおいしいと言っていましたよ。 かんこく　た　もの　　　　　　　い
メアリー	そうですか。ところで、たけしさんはどこかに行きますか。 い
たけし	どこにも行きません。お金がないから、ここにいます。 い　　　　かね
メアリー	そうですか。 じゃあ、たけしさんにおみやげを買ってきますよ。 か
たけし	わあ、ありがとう。

メアリー　　　　大阪からソウルまで飛行機の予約をお願いします。
　　　　　　　　おおさか　　　　　　　　ひこうき　　よやく　　ねが

旅行会社の人　　はい、いつですか。
りょこうがいしゃ　ひと

メアリー　　　　十二月十九日です。
　　　　　　　　じゅうに がつじゅうく にち

旅行会社の人　　午前と午後の便がありますが……。
りょこうがいしゃ　ひと　ごぜん　ごご　びん

メアリー　　　　午前のをお願いします。
　　　　　　　　ごぜん　　　　ねが

　　　　　　　　クレジットカードで払ってもいいですか。
　　　　　　　　　　　　　　　はら

旅行会社の人　　はい。
りょこうがいしゃ　ひと

メアリー　　　　ソウルまでどのぐらいかかりますか。

旅行会社の人　　一時間ぐらいです。
りょこうがいしゃ　ひと　いち じ かん

単　語

● 명사

あき	秋	가을
いしゃ	医者	의사
えき	駅	역
おかねもち	お金持ち	부자
かお	顔	얼굴
きせつ	季節	계절
*クレジットカード		신용 카드
ことし	今年	올해
サッカー		축구
シャツ		셔츠
せいかつ	生活	생활
せかい	世界	세계
ちかてつ	地下鉄	지하철
てぶくろ	手袋	장갑
とこや	床屋	이발소
はる	春	봄
パンツ		바지
びよういん	美容院	미용실
*びん	便	~ 편, ~행
ふね	船	배
やきゅう	野球	야구
ゆうめいじん	有名人	유명인
*よやく	予約	예약
らいがっき	来学期	다음 학기
りんご		사과

● い형용사

*あたたかい	暖かい	따뜻하다
おそい	遅い	늦다
すずしい	涼しい	시원하다
つめたい	冷たい	차갑다
ねむい	眠い	졸리다

● **な형용사**

かんたん（な）	簡単	간단하다

● **[-u]동사**

* かかる		（시간이）걸리다
とまる	泊まる	머무르다[〜に]
* なる		〜이/가 되다
* はらう	払う	지불하다

● **[-る]동사**

* きめる	決める	결정하다

● **불규칙동사**

れんしゅうする	練習する	연습하다

● **부사와 그 밖의 표현**

あるいて	歩いて	걸어서
いちばん	一番	제일
* 〜か〜		〜 혹은 〜
〜かげつ	〜か月	〜개월
〜ご	〜後	〜후
このごろ		요즘
〜しゅうかん	〜週間	〜주간
〜で		〜에서
どうやって		어떻게
どちら		어느 쪽
* どっち		어느 쪽
* どのぐらい		어느 정도
はやく	早く	빨리

文　法

일본어의 비교 표현을 몇 가지 소개하도록 하겠습니다.

> Aのほうが　Bより　〜。　　　A 쪽이　B 보다　〜다

エルビス・プレスリーのほうがフランク・シナトラよりかっこいいです。

엘비스 프레슬리 쪽이 프랑크 시나트라보다 멋집니다.

バーブラ・ストライザンドのほうがマドンナより歌が上手です。

바바라 스트라젠드 쪽이 마돈나보다 노래를 잘 합니다.

❗ Aのほう와 Bより는 서로의 순서가 뒤바뀌는 일이 있습니다. 즉, BよりAのほうが와 같이 되는거죠. 하지만, 순서가 바뀌어도 のほうが(쪽이)가 붙은 쪽이 그 비교에서 위라는 것을 나타내고자 한다는 것은 변하지 않습니다.

그리고, 다른 사람에게 어떤 두 가지를 비교해서 대답을 기대하는 문형은 다음과 같습니다.

> AとBと　どっちのほうが　〜。　　A와 B 중에(서)　어느 쪽이　〜까?

バスと電車とどっちのほうが安いですか。

버스와 전차 중에 어느 쪽이 쌉니까?

❗ どちらのほう는 「어느 쪽」이란 뜻으로 どちらのほう, どっち, どちら로 바뀔 수 있습니다. どっち와 どっちのほうが가 どちら와 どちらのほうが보다 좀더 구어적인 표현입니다.

세 가지 이상의 것을 비교할 때에는 いちばん(제일)이라는 정도를 나타내는 말을 씁니다.

> [(비교하고자 하는 대상)の中で]　Aがいちばん　〜。
> [(비교하고자 하는 대상) 중에서] A가 제일 〜다.

パバロッティとカレーラスとドミンゴの中で、だれが<u>いちばん</u>歌が上手だと思いますか。

파바로티와 카레라스와 도밍고 중에서, 누가 제일 노래를 잘 한다고 생각합니까?

もちろん、パバロッティがいちばん歌が上手です。

물론, 파바로티가 제일 노래를 잘 합니다.

셋 이상의 비교에서는 のほう(~의 쪽)라든가 どっち(어느 쪽)와 같은 말은 사용할 수 없고, だれ(누구), どれ(어느 것), 何(무엇)와 같은 일반적인 의문사가 사용되는 것에 유의하세요.

❗ どれ(어느 것)는 앞에서 제시된 것 중에서 선택을 하고, 何(무엇)는 어떤 주어진 그룹의 구성원 중에서 선택을 하는 데 사용합니다.

りんごとみかんとさくらんぼの中で、どれがいちばん好きですか。

사과와 밀감과 버찌 중에서, 어느 것을 가장 좋아합니까?

くだものの中で、何がいちばん好きですか。

과일 중에서 무엇을 제일 좋아합니까?

2 형용사/명사 + の

형용사가 수식한 명사가 뒷문장에서 다시 나와 확실하게 무엇을 가리키는지 알 수 있을 때에는 같은 명사의 중복을 피하기 위해 대명사 の가 그 명사를 대신합니다. 일본어의 대명사 の는「것」이라는 뜻으로, 쓰임이 우리말과 비슷합니다.

私は黒いセーターを持っています。赤いのも持っています。（の＝セーター）

저는 검은 스웨터를 가지고 있습니다. 빨간 것도 가지고 있습니다. (것 = 스웨터)

安い辞書を買いに行きました。でもいいのがありませんでした。（の＝辞書）

싼 사전을 사러 갔습니다. 하지만 좋은 것이 없었습니다. (것 = 사전)

い형용사 な형용사 } + 명사 → い형용사 な형용사 } + の

그리고, 명사 뒤에 다시 나오는 명사는 생략할 수 있습니다. 즉「명사1의명사2」는 뒤의 명사가 생략되어「명사1의」와 같이 표현되기도 합니다. 명사2가 아예 생략되는 것에 주의하세요.

これはスーさんの**かばん**ですか。　　いいえ、それはメアリーさんの＿です。

이것은 수 씨의 **가방**입니까?　　아니오, 그것은 메리 씨의 것＿입니다.

アメリカの**アイスクリーム**のほうが日本の__よりおいしいです。
미국의 <u>아이스크림</u>(쪽)이 일본 것__보다 맛있어요.

명사1 の 명사2　→　명사1 の ___

3　〜つもりだ

　つもりは 동사의 보통체 현재형 뒤에 붙어 미래의 계획, 작정 등을 나타냅니다. 또한 동사의 보통체 현재형의 부정 뒤에 오면 하지 않기로 한 계획을 나타냅니다.

동사(보통체 현재형) + **つもりだ** 〜할 생각(작정)이다

（私は）週末にたけしさんとテニスを**する**つもりです。
（저는） 주말에 다케시 씨와 테니스를 할 생각입니다.

山下先生はあした大学に**来ない**つもりです。
야마시타 선생님은 내일 대학에 안 올 생각입니다.

お寺を見に行く**つもり**でしたけど、天気がよくなかったから、行きませんでした。
절을 보러 갈 생각이었습니다만, 날씨가 좋지 않아서 가지 않았습니다.

4　형용사 + なる

　なるは「〜이 되다/〜해지다」라는 뜻으로 변화를 나타냅니다. 명사, い형용사, な형용사의 뒤에 올 수 있습니다.

い형용사	暖かい	→	暖かくなる	따뜻해지다
な형용사	静か(な)	→	静かになる	조용해지다
명사	会社員	→	会社員になる	회사원이 되다

日本語の勉強がたのしくなりました。　일본어 공부가 즐거워졌습니다.
日本語の勉強が好きになりました。　　일본어 공부가 좋아졌습니다.

い형용사의 경우는 부정형의 활용과 같이 어미 い가 탈락하고 く가 붙습니다. い형용사를 な형용사나 명사가 なる와 연결되는 형태인 (×)暖かいになる로 쓰는 실수가 많으므로 주의해야 합니다.

또한 なる는 아래와 같이 비교 표현과 함께 사용하면 상대적인 변화를 표현하게 됩니다.

メアリーさんは**前より**日本語が**上手**になりました。
메리 씨는 전보다 일본어를 잘 하게 되었습니다.

5　どこかに／どこにも

제8과에서 何か(뭔가)와 何も(아무것도)에 대해서 공부했는데, 이는 何에 각각 조사 か와 も가 붙은 것이라는 것을 알 수 있습니다. 그러면 여기서는 다른 의문사에 조사 か와 も가 붙은 경우에 대해서 알아보도록 하겠습니다.

뭔가	何か＿	누군가	だれか＿	어딘가	どこか＿
아무것도	何＿も	누구도	だれ＿も	어디도	どこ＿も

제8과에서는 위와 같은 단어가 조사 は, が, を 따위를 붙이지 않고 단독으로 사용되는 경우를 소개했습니다. 그런데 여기서는 위에서 소개한 단어에 に, へ, で와 같은 조사가 붙을 때 이들이 어떻게 서로 영향을 수고받으며 쓰이는지에 대해서 알아보도록 하겠습니다. 이 조사들은 위에서 밑줄 그은 부분에 들어가게 됩니다.

どこか**へ行き**ましたか。
어딘가에 갔습니까?

いいえ、どこ**へも行き**ませんでした。
아니오, 아무 데도 가지 않았습니다.

だれか**に会い**ましたか。
누군가를 만났습니까?

いいえ、だれ**にも会い**ませんでした。
아니오, 누구도 만나지 않았습니다.

何かしましたか。
なに
뭔가 했습니까?

いいえ、何もしませんでした。
なに
아니오, 아무것도 하지 않았습니다.

6 で

で는 앞의 명사를 수단이나 도구로 나타내는 조사로도 사용되며, 이 때는 「～(으)로」라고 해석합니다.

はしでごはんを食べます。
た
젓가락으로 밥을 먹습니다.

日本語で話しましょう。
にほんご　はな
일본어로 얘기합시다.

バスで駅まで行きました。
えき　い
버스로 역까지 갔습니다.

テレビで映画を見ました。
えいが　み
텔레비전으로 영화를 봤습니다.

表現ノート ⑩

❀ **午前と午後の便がありますが……**
ごぜん　ごご　びん

일본어의 문장 끝에 자주 쓰이는 が와 けど는 상대방과 함께 방금 한 말을 가지고 공통된 화제를 만들어 나가기를 원할 때에 쓰인다. 이러한 말들은 종종 말하는 사람의 의도를 상대방에게 인식시켜 그것에 대한 반응과 이야기하는 기회를 주기 위한 것으로 정중한 느낌을 준다.

회화에서 여행사는 여행 정보, 즉 2개의 항공편 중 하나는 아침에 떠나고 다른 한 편은 오후에 떠난다는 것을 가르쳐 준다. 여행사 직원의 말에 붙은 が는 말하는 사람이 이러한 정보를 가지고 말을 전개해 나가도록 하기 위한 것이다. どちらがいいですか라는 분명한 질문을 하지 않는 대신 문장의 끝을 맺지 않으면서 고객으로 하여금 즉시 대답을 하도록 유도하고 있는 것이다.

練 習

Ⅰ. 電車のほうがバスより速いです

でんしゃ　　　　　　　　　　　はや

> 예　Q：電車とバスとどちらのほうが速いですか。
> 　　　　でんしゃ　　　　　　　　　　　　はや
> 　　A：電車のほうがバスより速いです。
> 　　　　でんしゃ　　　　　　　　はや

그림 (a)

1. 新幹線とバスとどちらのほうが速いですか。
　　しんかんせん　　　　　　　　　　　はや
2. 新幹線と電車とどちらのほうが遅いですか。
　　しんかんせん　でんしゃ　　　　　　　　おそ
3. 新幹線とバスとどちらのほうが安いですか。
　　しんかんせん　　　　　　　　　　　やす
4. 電車とバスとどちらのほうが高いですか。
　　でんしゃ　　　　　　　　　　　たか

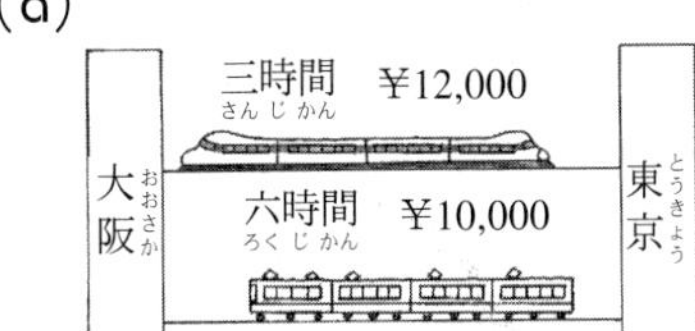

그림 (b)

5. 東京と大阪とどっちのほうが大きいですか。
　　とうきょう　おおさか　　　　　　　　おお
6. 京都と大阪とどっちのほうが小さいですか。
　　きょうと　おおさか　　　　　　　　　ちい

그림 (c)

7. 田中さんと山田さんとどっちのほうが
　　たなか　　　やまだ
　　背が高いですか。
　　せ　たか
8. 山田さんと鈴木さんとどっちのほうが
　　やまだ　　　すずき
　　背が低いですか。
　　せ　ひく
9. 田中さんと鈴木さんとどっちのほうが
　　たなか　　　すずき
　　若いですか。
　　わか
10. 山田さんと鈴木さんとどっちのほうが
　　やまだ　　　すずき
　　髪が短いですか。
　　かみ　みじか

B. 다음 단어를 사용하여 친구에게 물어 보세요. 질문에 대답할 때는 가능하면 이유도 함께 말하세요.

> 예 夏／冬（好き）
> （なつ ふゆ す）
> → A : 夏と冬とどちら（のほう）が好きですか。
> （なつ ふゆ す）
> B : 夏のほうが（冬より）好きです。
> （なつ ふゆ す）
> （또는 夏も冬も好きです。／夏も冬もきらいです。）
> （なつ ふゆ す なつ ふゆ）
> A : どうしてですか。
> B : 泳ぐのが好きですから。
> （およ す）

1. すし／天ぷら（おいしい）
   （てん）

2. 頭がいい人／かっこいい人（好き）
   （あたま ひと ひと す）

3. 野球／サッカー（人気がある）
   （やきゅう にんき）

4. 中国料理／日本料理（好き）
   （ちゅうごくりょうり にほんりょうり す）

5. 船／飛行機（好き）
   （ふね ひこうき す）

6. 日本の車／ドイツ（독일）の車（いい）
   （にほん くるま くるま）

7. 漢字／カタカナ（かんたん）
   （かんじ）

8. シュワルツェネッガー／スタローン（頭がいい）
   （あたま）

9. マイケル・ジャクソン／マドンナ（お金持ち）
   （かね も）

10. 春／秋（好き）
    （はる あき す）

11. 日本の冬／あなたの国の冬（暖かい）
    （にほん ふゆ くに ふゆ あたた）

12. 日本の生活／あなたの国の生活（大変 또는 楽しい）
    （にほん せいかつ くに せいかつ たいへん たの）

Ⅱ. 新幹線がいちばん速いです
しんかんせん　　　　　　　　　　　　　はや

A. 앞의 그림을 보고 다음 질문에 대답하세요.

그림 (a)

1. この中で、どれがいちばん遅いですか。
　　　なか　　　　　　　　　　　　おそ

2. この中で、どれがいちばん安いですか。
　　　なか　　　　　　　　　　　　やす

그림 (b)

3. この中で、どこがいちばん大きいですか。
　　　なか　　　　　　　　　　　　おお

4. この中で、どこがいちばん小さいですか。
　　　なか　　　　　　　　　　　　ちい

그림 (c)

5. この中で、だれがいちばん背が高いですか。
　　　なか　　　　　　　　　　せ　たか

6. この中で、だれがいちばん若いですか。
　　　なか　　　　　　　　　　わか

7. この中で、だれがいちばん髪が長いですか。
　　　なか　　　　　　　　　　かみ　なが

B. 다음 질문에 대답하세요.

1. 飲み物／好き
　　の　もの　す

2. 世界の町／好き
　　せかい　まち　す

3. 有名人／好き
　　ゆうめいじん　す

4. 日本料理／きらい
　　に ほんりょうり

5. 音楽／好き
　　おんがく　す

6. 季節／好き
　　きせつ　す

7. クラス／いい学生
　　　　　　がくせい

8. クラス／背が高い
　　　　　せ　たか

9. クラス／たくさん食べる
　　　　　　　　　　た

C. 3~4 명씩 그룹을 만드세요. 그리고 서로 질문을 해서 자기 그룹에 관해 가능한 한 많은 최상급의 문장을 만드세요.

> 예　この中で、Aさんがいちばん若いです。
> 　　Bさんがいちばん背が高いです。
> 　　Cさんがいちばんよく遅くクラスに来ます。

D. 우선 짝을 지어 파트너와 같이 비교급과 최상급의 질문을 만드세요.(여러분은 답을 알고 있어야 합니다.) 그리고 나서 반 친구들에게 질문을 하세요. 나머지 학생들은 질문에 대답하세요.

> 예　富士山とエベレストとどちらのほうが高いですか。
> 　　田中さんと山田さんとどちらのほうが若いですか。
> 　　クラスの中で今日だれがいちばんお金を持っていますか。
> 　　世界の国の中でどこがいちばん小さいですか。

Ⅲ. これは私のです

A. 이것은 기숙사에 있는 냉장고입니다. の를 사용해서 각 물건이 누구의 것인지 말해 보세요.

> 예　このりんごはリーさんのです。

B. 여러분은 손님입니다. 그림을 보고 어떤 것을 원하는지 말해 보세요.

> 예　점원 : どちらのコーヒーがいいですか。
>
> 　　손님 : 熱いのをください。
> 　　　　　あつ

(1) どちらの辞書がいいですか。
　　　　　じしょ

　大きい　　　　　小さい
　おお　　　　　　ちい

(2) どちらのかばんがいいですか。

　高い　　　　　　安い
　たか　　　　　　やす

(3) どちらの手袋がいいですか。
　　　　　てぶくろ

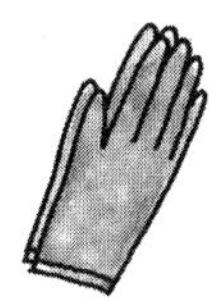

　赤い　　　　　　青い
　あか　　　　　　あお

(4) どちらのパンツがいいですか。

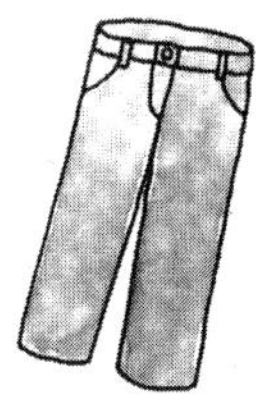

　長い　　　　　　短い
　なが　　　　　　みじか

(5) どちらのシャツがいいですか。

　白い　　　　　　黒い
　しろ　　　　　　くろ

Ⅳ. 見に行くつもりです
みいい

A. 여러분은 다음 주에 아래의 일들을 하려고 계획하고 있거나 하지 않으려고 하고 있습니다. ~つもりです를 사용해서 「~ 할 참이다 / 하지 않을 참이다」를 말해 보세요.

> **예** 月曜日に本を読むつもりです。
> げつようび ほん よ

月曜日 げつようび	**예** 책을 읽다	(1) 피아노 연습을 하다
火曜日 かようび	(2) 운동하다	
水曜日 すいようび	(3) 세탁하다	
木曜日 もくようび	(4) 친구에게 편지를 쓰다	(5) 외출하지 않다
金曜日 きんようび	(6) 친구와 함께 식사하다	(7) 일본어 공부를 하지 않다
土曜日 どようび	(8) 친구 집에서 자다	(9) 귀가하지 않다
日曜日 にちようび	(10) 방을 청소하다	(11) 일찍 일어나지 않다

B. 다음 질문에 대답하세요.

> **예** Q : 週末、映画を見に行きますか。
> しゅうまつ えいが み い
> A : ええ、見に行くつもりです。
> み い
> いいえ、見に行かないつもりです。
> み い

1. 今日の午後、勉強しますか。
きょう ごご べんきょう

2. 今晩、テレビを見ますか。
こんばん み

3. あさって、買い物をしますか。
か もの

4. 冬休みに旅行しますか。
ふゆやす りょこう

5. 週末、料理を作りますか。
しゅうまつ りょうり つく

6. 三年後、日本にいますか。
さんねんご にほん

7. 来学期も日本語を勉強しますか。
らいがっき にほんご べんきょう

Ⅴ. きれいになりました

A. 다음 그림을 설명하세요.

예 きれい → きれいになりました。

예 きれい

(1) 眠い
ねむ

(2) 元気
げん き

(3) 大きい
おお

(4) 髪が 短い
かみ みじか

(5) ひま

(6) 暑い
あつ

(7) 涼しい
すず

(8) 医者
い しゃ

(9) 春
はる

(10) 円が 安い
えん やす

110 ¥

150

$1 = ¥110 → $1 = ¥150

B. 다음 문장을 완성하세요.

1. 掃除をしたから、部屋が______________なりました。
そうじ　　　　　　　　　　　　　　へ　や

2. 美容院／床屋に行ったから、髪が______________なりました。
びょういん　とこや　い　　　　　　　　かみ

3. 円が______________なりました。
えん

4. 毎日ピアノを練習しているから、______________なりました。
まいにち　　　　　れんしゅう

5. お酒をたくさん飲んで、顔が______________なりました。
さけ　　　　　　　の　　　　かお

6. 十一月は暖かかったですが、このごろ______________なりました。
じゅういちがつ　あたた

7. 教えるのが好きだから、______________なるつもりです。
おし　　　　す

Ⅵ. 自転車で行きます
じ てんしゃ　い

A. 그림을 보고 그 곳에 가는 방법과 한 장소에서 다른 장소로 가는 방법을 설명하세요.

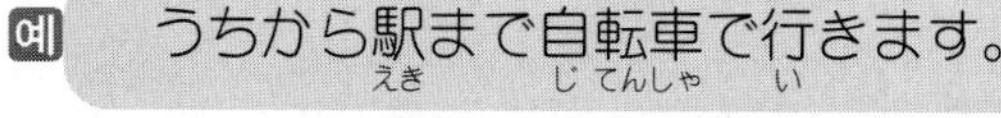

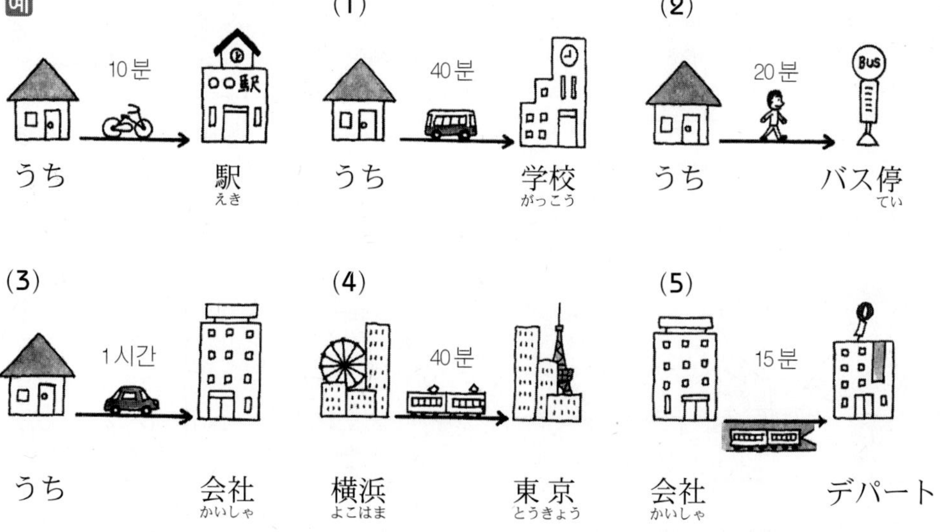

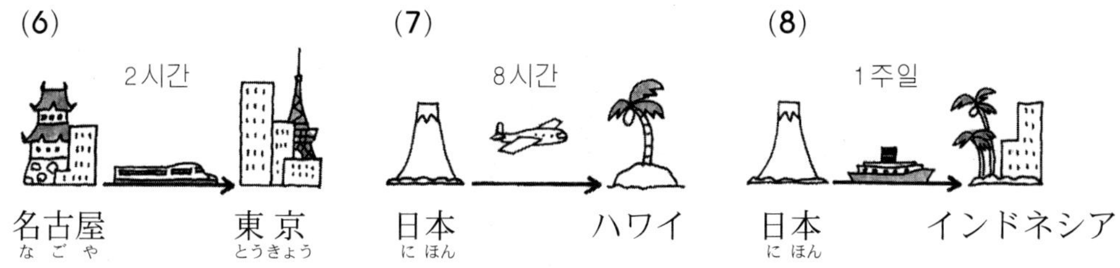

B. 위의 그림을 보고 거기까지 가는 데 얼마나 걸리는지 설명하세요.

예 うちから駅まで十分かかります。
えき　　　じゅっぷん

C. 여러분은 집에서 학교까지 어떻게 가는지를 설명해 보세요.

예 うちから南駅まで自転車で行きます。五分かかります。
みなみえき　　じてんしゃ　い　　　ごふん
南駅から西駅まで電車に乗ります。二十分かかります。
みなみえき　にしえき　でんしゃ　の　　　にじゅっぷん
西駅から学校まで歩いて行きます。十分ぐらいかかります。
にしえき　がっこう　ある　い　　じゅっぷん

Ⅶ. まとめの練習
れんしゅう

A. 아래의 표는 메리와 친구들의 겨울 휴가 계획입니다. 메리의 계획에 관해 다음 질문에 대답하세요.

메리	수와 함께 한국에 간다	비행기	3주	수의 집에 머문다	쇼핑하고, 한국 음식을 먹는다
로버트	런던에 돌아간다	비행기	2주		친구를 만난다
켄	친구와 함께 도쿄에 간다	고속 전철	3일	호텔에 머문다	도쿄 디즈니랜드에 간다
톰	남극에 간다	배	2달	아직 정하지 않았다	펭귄과 사진을 찍는다
다케시	아무 데도 안 간다				

1. メアリーさんは今年の冬休みにどこかに行くつもりですか。

2. どうやって韓国へ行きますか。だれと行きますか。

3. どのぐらい行きますか。

4. どこに泊まりますか。

5. 韓国で何をするつもりですか。

다른 사람의 여행 계획은 어떻습니까? 짝을 지어 질문을 해 보세요.

B. 앞으로 다가올 휴가를 위한 여러분의 계획에 관해 이야기해 보세요.

C. 한 명은 여행사 직원이 되고 다른 한 명은 손님이 됩니다. 회화 2를 참고로 하여
아래의 티켓에 대한 예약을 해 보세요.

(1) 나고야에서 로스앤젤레스까지	1월 1일	1명	흡연석
(2) 도쿄에서 파리까지	2월 14일	1명	창측 좌석
(3) 오사카에서 로마까지	4월 18일	2명	통로측 좌석
(4) 도쿄에서 방콕까지	8월 20일	4명	금연석

※ 흡연석 = 喫煙席   통로측 좌석 = 通路側の席
　 창문측 좌석 = 窓側の席   금연석 = 禁煙席

A. 메리와 친구들이 앞으로 다가올 겨울 휴가에 관해 이야기하고 있습니다. 대화를 듣고 아래의 표를 우리말로 완성하세요.

	1. 어디서	2. 무엇을	3. 얼마 동안
메리			
로버트			
다케시			
수			

B. 일본어 학교 학생인 나오미는 일본에 있는 대학에 진학하려고 합니다. 그녀는 하나오카, 도자이, 쓰시마 학교 중 하나를 택하려고 합니다. 나오미와 그녀의 일본어 선생님의 대화를 듣고 다음 질문에 대답하세요.

※ 学費(학비)
　　がくひ

1. 어느 대학이 가장 큽니까?

2. 쓰시마 대학의 1년간 학비는 얼마입니까?

3. 여기서부터 도자이 대학은 얼마나 멉니까? 거기에 어떻게 갑니까?

4. 어느 대학이 가장 훌륭한 일본어 학급을 가지고 있습니까? 그 이유는?

冬休みに友だちと東京へ行った。12月11日にバスで行った。
東京で買い物をした。それから、東京ディズニーランドに
行った。12月15日に帰った。とても楽しかった。

1.

2.

3.

4.

5.

駅で(역에서)
えき

기차

普通 ふ つう	———	보통
急 行 きゅうこう	———	급행
特 急 とっきゅう	———	특급

행선지

| ～行き
い | ——— | ～행 |
| ～方面
ほうめん | ——— | ～방면 |

좌석과 티켓

乗 車 券 じょうしゃけん	———	승차권
回数券 かいすうけん	———	회수권
定期券 てい き けん	———	정기권
整理券 せい り けん	———	정리권
学割 がくわり	———	학생 할인

指定席 し ていせき	———	지정석
自由席 じ ゆうせき	———	자유석
禁煙車 きんえんしゃ	———	금연차
往復 おうふく	———	왕복
片道 かたみち	———	편도

역

～番線 ばんせん	———	～호선
切符売り場 きっ ぷ う ば	———	표 판매소
改札 かいさつ	———	개찰
ホーム	———	플랫폼
売店 ばいてん	———	매점

出口 で ぐち	———	출구
入り口 い ぐち	———	입구
階段 かいだん	———	계단
いちばん前 まえ	———	제일 앞
いちばん後ろ うし	———	제일 뒤

乗り換え ————— 환승
（の　か）

次は〜 ————— 다음은 〜
（つぎ）

先発 ————— 선발
（せんぱつ）

次発 ————— 다음 출발
（じ はつ）

終電 ————— 막차
（しゅうでん）

まもなく発車します。————————— 잠시 후 출발합니다.
（はっしゃ）

電車が参ります。 ————————— 열차가 들어옵니다.
（でんしゃ　まい）

次は〜に止まります。————————— 다음은 〜역에 정차합니다.
（つぎ　　と）

ドアが閉まります。ご注意ください。—— 문이 닫힙니다. 주의하십시오.
（し　　　　　ちゅう い）

この電車は秋葉原に止まりますか。——— 이 열차는 아키하바라에 정차합니까?
（でんしゃ　あきはばら　と）

終電は何時ですか。————————— 막차는 몇 시입니까?
（しゅうでん　なんじ）

東京までの指定席を一枚お願いします。— 도쿄까지 지정석 1장 부탁합니다.
（とうきょう　　　してい せき　いちまい　ねが）

学割が使えますか。————————— 학생 할인을 받을 수 있습니까?
（がくわり　つか）

A : 鎌倉行きの電車はどれですか。　　가마쿠라행 전철은 어느 것입니까?
（かまくら い　　　　でんしゃ）

B : 二番線です。　　　　　　　　　2호선입니다.
（に ばんせん）

休みのあと
やす

会　話

Ⅰ

みちこ	メアリーさん、久しぶりですね。休みはどうでしたか。
メアリー	すごく楽しかったです。 韓国で買い物をしたり、韓国料理を食べたりしました。
みちこ	いいですね。私も旅行したいです。
メアリー	みちこさんの休みは楽しかったですか。
みちこ	まあまあでした。一日だけドライブに行きましたが、 毎日アルバイトをしていました。

Ⅱ

メアリー	みちこさん、友だちを紹介します。こちらはジョンさん です。ジョンさんは先月、日本に来ました。
ジョン	初めまして。
みちこ	初めまして、どうぞよろしく。

みちこ	ジョンさん、出身はどこですか。
ジョン	オーストラリアのケアンズです。
みちこ	そうですか。
ジョン	みちこさんはケアンズに行ったことがありますか。
みちこ	いいえ、ありません。
ジョン	山や海があって、きれいな所ですよ。
	グレートバリアリーフで有名です。
	みちこさんはどこの出身ですか。
みちこ	長野です。今度遊びに来てください。
	食べ物もおいしいですよ。
ジョン	ぜひ、行きたいです。

単　語

● **명사**

*オーストラリア		오스트레일리아, 호주
おかし	お菓子	과자
おしょうがつ	お正月	설날
おとこのこ	男の子	남자 아이
おもちゃ		장난감
おんなのこ	女の子	여자 아이
がいこく	外国	외국
かしゅ	歌手	가수
キャンプ		캠프
*こちら		이쪽
こんがっき	今学期	이번 학기
しゃちょう	社長	사장
じゅぎょう	授業	수업
しょうらい	将来	장래
*ドライブ		드라이브
ビール		맥주
びじゅつかん	美術館	미술관
ホストファミリー		홈스테이 가정
みずうみ	湖	호수
*やま	山	산
ゆめ	夢	꿈
ルームメート		룸메이트

● **[-u]동사**

うそをつく		거짓말을 하다
おなかがすく		배가 고프다
かう	飼う	(동물을) 기르다
サボる		게으름피우다
とる	取る	가지다
ならう	習う	배우다
のぼる	登る	(~에) 오르다[장소에]
はたらく	働く	일하다

● [－る]동사

つかれる　　　　　　疲れる　　　　　　피곤하다
やめる　　　　　　　　　　　　　　그만두다

● 불규칙동사

けんかする　　　　　　　　　　　　싸우다
＊ しょうかいする　　　紹介する　　　　소개하다[사람에 사람을]
ダイエットする　　　　　　　　　다이어트하다
ちこくする　　　　　　遅刻する　　　　지각하다
りゅうがくする　　　　留学する　　　　유학하다[장소에]

● 부사와 그 밖의 표현

あと　　　　　　　　　後　　　　　　～후에 [사건의]
＊ しゅっしん　　　　　出身　　　　　～출신 [장소의]
＊ すごく　　　　　　　　　　　　　매우
そして　　　　　　　　　　　　　그리고
＊ ～だけ　　　　　　　　　　　　～뿐
～てん　　　　　　　　～点　　　　　～점
＊ ひさしぶり　　　　　久しぶり　　　오랜만에
＊ まあまあ　　　　　　　　　　　그저 그런, 그럭저럭
もっと　　　　　　　　　　　　　더욱더

文 法

1 ～たい

「동사의 ます형＋たいです」는 「～하고 싶다」라는 뜻입니다.

今度の 週末は、映画を見たいです。 또는 映画が見たいです。
이번 주말은 영화를 보고 싶습니다.　　　　　　영화가 보고 싶습니다.

いつか 中国に行きたいです。
언젠가 중국에 가고 싶습니다.

동사의 **ます형 + たいです**　　　～을 하고 싶습니다

예문과 같이 동사 뒤에 たい가 붙으면, 원래 조사 を가 쓰이는 동사는 を나 が가 사용되고, を 이외의 조사가 쓰이는 동사는 원래 쓰이던 조사 그대로 사용하게 됩니다.

동사와 たい가 결합하면 い형용사 활용을 합니다.

あの人にはもう会いたくありません。
저 사람은 더 이상 만나고 싶지 않습니다.

セーターが買いたかったから、デパートに行きました。
스웨터를 사고 싶어서, 백화점에 갔습니다.

그리고, 현재완료로 「～을 하려고 생각하고 있습니다」라는 표현을 하려면 たいです 대신에 たいと思っています를 사용합니다.

たいです는 보통 다른 사람(3인칭)의 희망 표현은 하지 않습니다. 하지만, 인용이나 관찰 또는 생각을 전달하는 경우에는 다른 사람의 희망에 대해서도 나타낼 수 있습니다. 누군가가 무엇을 하고 싶다는 내용을 인용해서 전달할 때 と言っていました(라고 말했습니다)라는 표현을 쓸 수 있습니다.

メアリーさんはトイレに行きたいと言っていました。
메리 씨는 화장실에 가고 싶다고 했습니다.

　그리고 상대방을 관찰한 결과 그 사람이 무엇인가를 원한다는 것을 표현하고자 한다면 조동사 たがっている(~하고 싶어 한다)를 사용해야 합니다. 이 표현은 たい의 경우와 달리 조사 を가 그대로 사용됩니다.

メアリーさんはコーヒーを飲みたがっています。
메리 씨는 커피를 마시고 싶어합니다.

　たがっている는 たがる(~싶어하다)의 활용형으로 제14과에서 좀더 여러 가지 용법을 공부하겠습니다.

<table>
<tr><td>~ 하고 싶다</td><td>~ 하고 싶어 한다(3인칭)</td></tr>
<tr><td>· 동사 ます형 + たいです
· たい는 い형용사처럼 활용
· 조사는 が 또는 を를 사용</td><td>· 동사 ます형 + たがっています
· たがる는 [-u]동사처럼 활용
· を만 사용</td></tr>
</table>

2　~たり~たりする

앞에서 이미 て형으로 두 문장을 합치는 것에 대해서 공부했습니다.

大阪で買い物をして、韓国料理を食べます。
오사카에서 쇼핑을 하고, 한국 요리를 먹습니다.

　그런데, 위의 문장에서는 오사카에서는 문장에서 제시한 두 가지 행동만을 하겠다고 말하는 것이 됩니다. 여기에 ~たり~たりする(~하기도 하고 ~하기도 한다)를 사용하면 문장에서 제시하는 행동은 하나의 예이고, 제시하지 않은 다른 행동을 할 가능성도 있다는 것을 나타내는 표현이 됩니다.

大阪で買い物をしたり、韓国料理を食べたりします。
오사카에서 쇼핑을 하기도 하고, 한국 요리를 먹기도 합니다.

<table>
<tr><td>(행동 A)たり (행동 B)たりする　　A하기도 하고 B하기도 한다</td></tr>
</table>

たりは 동사 보통체의 과거형 た에 り를 붙인 형태라고 할 수 있습니다.(그러므로, する에서 した(する의 보통체의 과거형) + り로, 食べる에서 食べた + り로 활용되는 것이죠.) 또한 문말의 する의 시제에 따라 그 문장의 시제가 결정됩니다. 그러므로 ～たり～たりする를 과거형으로 만들 수도 있고, 문장 속의 구가 될 수도 있습니다.

週末は、勉強したり、友だちと話したりしました。
주말에는, 공부하기도 하고, 친구와 이야기하기도 했습니다.

踊ったり、音楽を聞いたりするのが好きです。
춤추거나, 음악을 듣거나 하는 것을 좋아합니다.

3 ～ことがある

「동사 보통체의 과거 + ことがある」(～한 적(일)이 있다)는 과거에 일어난 일 또는 과거에 경험한 일을 표현합니다.

ヨーロッパに行ったことがありますか。 —　　　はい、行ったことがあります。
유럽에 간 적이 있습니까?　　　　　　　　네, 간 적이 있습니다.

たけしさんは授業を休んだことがありません。
다케시 씨는 수업을 빠진 적이 없습니다.

동사(보통체 과거형) + **ことがある**　　　～한 적(일)이 있다

4 명사A や 명사B

やは「～(이)랑」이라는 뜻으로, と와 같이 2개의 명사를 이어주는 역할을 합니다. 그런데 やは と와는 달리 말하고자 하는 명사들 중의 대표적인 것을 예로 제시하는 것으로, 그 이외의 명사도 포함하고 있음을 나타냅니다.

A や B　　　A랑 B(예를 들자면 A와 B)

京都や奈良に行きました。　　　　　　　교토랑 나라에 갔습니다.
(예를 들면 교토와 나라에 갔다는 말로 그 외의 장소에도 갔을 가능성이 있음)

◉ 부정문에서의 は

여러분은 종종 が나 を가 쓰일 자리에 조사 は가 쓰이는 것을 볼 수 있을 것이다.
다음 대화에서 대답 문장을 잘 살펴보자.

Q：山下先生はテレビを見ますか。　　야마시타 선생님은 텔레비전을 봅니까?
A：いいえ、テレビは見ません。　　아니요, 텔레비전을 보지 않습니다.

Q：コーヒーが飲みたいですか。　　커피를 마시고 싶습니까?
A：いいえ、コーヒーは飲みたくありません。아니요, 커피는 마시고 싶지 않습니다.

が나 を는 각각 위의 예문에 사용해도 문법적으로는 틀리지 않다. 그러나 대부분
의 일본인들은 위와 같이 は를 사용하는 문장을 더 자연스러운 표현으로 간주한다.
일본어의 부정문은 적어도 は 어구 하나를 포함하는 경향이 있다. 만약 위의 예문
에 私は를 넣는다면 굳이 は가 필요하지 않기 때문에 テレビ나 コーヒー 뒤에
는 를 쓰지 않아도 된다. は는 또한 조사 で나 に 뒤에 오기도 한다.

英語では話したくありません。　　영어로는 말하고 싶지 않습니다.
広島には行ったことがありません。　히로시마에는 가 본 적이 없습니다.

◉ だけ

だけ는 그 정도의 수나 수량까지를 포함하여 말할 때 쓰인다.

私はその人に一回だけあったことがあります。
나는 그 사람을 한 번밖에 만난 적이 있습니다.

一つだけ質問があります。　질문이 꼭 하나 있습니다.
三十分だけ寝ました。　30분만 잤습니다.

だけ는 제시된 수나 수량만큼 만으로도 충분하다는 것을 말하지만 그 수나 수량
이상의 것도 암시할 수 있다. 제14과에서 배울 しか는 「~뿐」이란 뜻인데 충분한
수나 수량을 가지고 있지 않음을 뜻한다.

◉ に

조사 に는 여러분이 어떤 일을 한 경우에 「~으로」라는 의미로 사용된다.

晩ごはんにサラダを食べました。　저녁으로 샐러드를 먹었습니다.
おみやげに絵葉書を買いました。　선물로 그림 엽서를 샀습니다.

❀ ドライブ

ドライブは 여러분이 차를 몰고 어디론가 놀러갈 때에 쓴다. 「드라이브 가다」라고 표현할 때에 ドライブに行くや ドライブする라고 한다.

> 湖 までドライブに行きました／ドライブしました。
> みずうみ
> 호수까지 드라이브 갔습니다 / 드라이브 했습니다.

> 단순히 차를 운전하는 것은 運転する라고 한다.
> うんてん

> 日本で 車 を運転したことがありますか。
> にほん　くるま　うんてん
> 일본에서 자동차를 운전한 적이 있습니까?

❀ 夢
　ゆめ

우리 나라 말과 같이 夢는 두 가지 뜻을 가지고 있다. 하나는 잠자는 동안에 꾸는 꿈을 말하고, 다른 하나는 바라는 일이 실현되었으면 하는 꿈을 말한다. 잠자는 동안에 꾸는 꿈에는 동사 見る를 쓰며, 장래 희망에 대한 꿈에는 동사 持っている나 ある를 쓴다
　　　　　　　　　　　　　　　　　　　　　　　　　　　　　　　も

> ゆうべこわい夢を見ました。　　　어젯밤에 무서운 꿈을 꾸었습니다.
> 　　　　　ゆめ　み
> 夢をもっています／夢があります。　꿈을 가지고 있습니다 / 꿈이 있습니다.
> ゆめ　　　　　　　ゆめ
> あなたの 将来の夢は何ですか。　　당신의 장래의 꿈은 무엇입니까?
> 　　　しょうらい　ゆめ

❀ には

조사 は는 물체나 물건이 있는 곳을 설명하는 문장에서 조사 に 뒤에 온다.

> 東京 には大きいデパートがたくさんあります。
> とうきょう　　　おお
> 도쿄에는 큰 백화점이 많이 있습니다.

> 私 の大学にはいい日本語の先生がいます。
> わたし　だいがく　　　にほんご　せんせい
> 우리 대학교에는 좋은 일본어 선생님이 있습니다.

위의 예문은 조사 は 없이 사용할 수 있다. 그러나 は의 유무에 따라 의미상의 차이가 있다. は가 있으면 장소에 관한 문장으로, 이에 대한 대답은 분명하게 물었건 암시적으로 물었건 간에 「도쿄는 어때」라는 질문에 대답하듯이 하여야 한다. は가 없는 문장은 「어디서 좋은 일본어 선생님을 찾았니」라는 질문에 대답하듯이 하여야 한다.

제8과에 있는 が와 は의 차이를 설명한 문법노트를 참고하기 바란다. 조사 に는 단순한 に만 쓰일 때와 には로 쓰일 때 의미상의 차이가 있다.(제7과의 사람을 세는 방법에 관한 문법노트를 참고하기 바란다.)

練　習

Ⅰ. ハンバーガーが食べたいです

A. ～たい를 사용하여 문장을 만드세요.

> 예
> ハンバーガーを食べる
> （はい）　→　ハンバーガーが食べたいです。
> （いいえ）→　ハンバーガーは食べたくありません。

1. 湖に行く（はい）
   みずうみ　い

2. 日本語のテープを聞く（はい）
   にほんご　　　　　き

3. 旅行をする（はい）
   りょこう

4. ゆっくり休む（いいえ）
   やす

5. 会社の社長になる（いいえ）
   かいしゃ　しゃちょう

6. 日本で働く（はい）
   にほん　はたら

7. 車を買う（はい）
   くるま　か

8. 日本に住む（いいえ）
   にほん　す

9. 留学する（はい）
   りゅうがく

10. 山に登る（いいえ）
    やま　のぼ

B. 예와 같이 상대방이 무엇을 하고 싶어하는지 물어 보세요. ［ペア］

> 예
> A：ハンバーガーが食べたいですか。
> B：はい、食べたいです。おなかがすいていますから。
> 　　いいえ、食べたくありません。さっき食べましたから。

C. ～たい의 과거형을 사용하여 문장을 만드세요.

> 예
> おもちゃの電車で遊ぶ
> （はい） → 子供の時、おもちゃの電車で遊びたかったです。
> （いいえ）→ 子供の時、おもちゃの電車で遊びたくありませんでした。

1. テレビを見る （はい）

2. 飛行機に乗る （はい）

3. お風呂に入る （いいえ）

4. 犬を飼う （はい）

5. 学校をやめる （いいえ）

6. 魚を食べる （いいえ）

7. 男の子／女の子と話す （いいえ）

8. ピアノを習う （いいえ）

9. 車を運転する （はい）

10. 有名になる （はい）

11. ミッキー・マウスに会う （はい）

D. 상대방에게 어린 시절 무엇을 하고 지냈는지 물어 보세요.

E. 예와 같이 상대방에게 묻고 대답하세요.

> 예
> A : けんさんは何が食べたいですか。
> B : ピザが食べたいです。
> → A : けんさんはピザが食べたいと言っていました。
> 　　　けんさんはピザを食べたがっています。

1. 昼ごはんに何が食べたいですか。

2. 何がいちばん買いたいですか。

3. どこにいちばん行きたいですか。

4. だれにいちばん会いたいですか。

5. 何が習いたいですか。

6. 今週 の 週末、何がしたいですか。
   こんしゅう　しゅうまつ　なに

7. 何がしたくありませんか。
   なに

8. 子供の時、何になりたかったですか。
   こども　とき　なに

9. 将来、何になりたいですか。
   しょうらい　なに

10. 今学期の後、何がしたいですか。
    こんがっき　あと　なに

보충 단어(職 業)			
		しょくぎょう	
さっか(作家)	작가	ジャーナリスト	저널리스트
けいさつかん(警察官)	경찰관	しゅふ(主婦)	주부
はいゆう(俳優)	배우	じょゆう(女優)	여배우
かんごふ(看護婦)	간호사	しょうぼうし(消防士)	소방관
べんごし(弁護士)	변호사		
やきゅうせんしゅ(野球選手)	야구 선수		
だいとうりょう(大統領)	대통령		

F. 다음 문장을 완성하세요.

1. 今日はいい天気だから、＿＿＿＿＿＿＿＿＿＿たいです。
   きょう　　てんき

2. あしたは休みだから、＿＿＿＿＿＿＿＿＿＿たいです。
   やす

3. 疲れたから、＿＿＿＿＿＿＿＿＿＿たくありません。
   つか

4. 田中さんはいじわるだから、一緒に＿＿＿＿＿＿＿＿＿＿たくありません。
   たなか　　　　　　　　　　　　いっしょ

5. 高校の時、もっと＿＿＿＿＿＿＿＿＿＿たかったです。
   こうこう　とき

Ⅱ. 掃除したり、洗濯したりします
そう じ せんたく

A. ～たり～たりする를 사용하여 사람들이 주말에 무엇을 했는지 말해 보세요.

> ジョン : 교토에서 사찰을 봤다, 미술관에 갔다 등
> → ジョンさんはお寺を見たり、美術館に行ったりしました。
> 　　　　　　　　てら　み　　　　　び じゅつかん　　い

1. たけし : 캠핑을 갔다, 드라이브를 했다 등

2. きょうこ : 사탕을 만들었다, 집에서 책을 읽었다 등

3. スー : 오사카에 소풍을 갔다, 외식을 했다 등

4. けん : 방 청소를 했다, 세탁을 했다 등

5. ロバート : 친구를 만났다, 비디오를 봤다 등

6. 山下先生 : 온천에 갔다, 쉬었다 등
　　やましたせんせい

B. 다음 그림을 보고 ～たり～たりする를 사용하여 문장을 만드세요.

C. 예와 같이 묻고 ～たり～たりする를 사용해서 대답하세요.

> A : 日本で何をしたいですか。
> 　　にほん　なに
> B : 日本のお菓子を食べたり、富士山に登ったりしたいです。
> 　　にほん　　かし　た　　　　ふじさん　のぼ

1. 週末よく何をしますか。
　しゅうまつ　　なに

2. デートの時、何をしますか。
　　　　とき　なに

3. あなたの国ではお正月に何をしますか。
　　　　　くに　　　しょうがつ　なに

4. 子供の時、よく何をしましたか。
   こども　とき　　　　なに

5. 日本で何をしますか／しましたか。
   にほん　なに

6. 冬休み／夏休みに何をしましたか。
   ふゆやす　　なつやす　　なに

7. クラスで何をしてはいけませんか。
   　　　　　なに

8. 今度の週末、何をするつもりですか。
   こんど　しゅうまつ　なに

9. 何をするのが好きですか／きらいですか。
   なに　　　　　　す

Ⅲ. 有名人に会ったことがありますか
   ゆうめいじん　あ

A. 존이 아래와 같은 일을 했는지 안 했는지 ～ことがある를 사용하여 문장을 만드세요.

> 예
> ○ 튀김을 먹다　→　天ぷらを食べたことがあります。
> 　　　　　　　　　　てん　　た
> × 도쿄에 가다　→　東京に行ったことがありません。
> 　　　　　　　　　　とうきょう　い

1. ○ 초밥을 먹다　　　　　　2. ○ 프랑스어를 공부하다
3. ○ 식당에서 일하다　　　　4. × 히로시마에 가다
5. × 연애 편지를 쓰다　　　　6. ○ 수업 중에 잠을 자다
7. ○ 후지산에 오르다　　　　8. × 일본에서 차로 드라이브하다
9. × 일본 영화를 보다

페어 B. ～ことがある를 사용하여 친구에게 물어 보세요.

> 예
> 日本のお酒を飲む
> にほん　さけ　の
> → A：日本のお酒を飲んだことがありますか。
> 　　　　にほん　さけ　の
> 　　B：はい、あります。
> 　　A：どうでしたか。
> 　　B：おいしかったです。

1. ダイエットをする

2. テストで０点を取る
　　　　　れいてん　　と

3. 英語を教える
　えいご　おし

4. 有名人に会う
　ゆうめいじん　あ

5. カラオケに行く
　　　　　　い

6. ふぐ(복어)を食べる
　　　　　　　た

7. 中国語を勉強する
　ちゅうごくご　べんきょう

8. 新幹線に乗る
　しんかんせん　の

9. うそをつく

10. 日本料理を作る
　　に ほんりょうり　　つく

11. 遅刻する
　ちこく

12. 授業をサボる
　じゅぎょう

13. 友だち／ルームメート／ホストファミリーとけんかする
　とも

14. 留学する
　りゅうがく

Ⅳ. すしや天ぷらをよく食べます
　　　　　てん　　　　た

 A. 예와 같이 서로 묻고 ～や～를 사용하여 대답하세요.

> 예　A：どんな日本料理をよく食べますか。
> 　　　　　に ほんりょうり　　　　た
> 　　B：すしや天ぷらをよく食べます。
> 　　　　　　　てん　　　　た

1. どんなスポーツをよく見ますか。
　　　　　　　　　　み

2. どんな音楽が好きですか。
　　　おんがく　す

3. どんな料理をよく作りますか。
　　　りょうり　　つく

4. あなたの大学の食堂には、どんな食べ物がありますか。
　　　だいがく　しょくどう　　　　た　もの

5. あなたの大学には、どこの国の人がいますか。
　　　だいがく　　　　　くに　ひと

6. 外国に行ったことがありますか。どこですか。
　がいこく　い

7. 今、どんな授業を取っていますか。
　いま　　　じゅぎょう　と

8. 俳優(배우)の中で、だれが好きですか。
　はいゆう　　　なか　　　　　す

9. 歌手の中で、だれが好きですか。
　かしゅ　なか　　　　　す

Ⅴ. まとめの練習
れんしゅう

A. 자신의 어린 시절과 앞으로의 미래에 대해 이야기해 보세요.

1. あなたの夢は何ですか。
ゆめ　なん

예　私は将来、お金持ちになりたいです。
わたし　しょうらい　かねも
そして、いろいろな国に行きたいです。
くに　い

2. 子供の時の夢は何でしたか。
こども　とき　ゆめ　なん

예　子供の時、歌手になりたかったです。
こども　とき　かしゅ

B. 누가 다음과 같은 일을 했는지 찾아 보세요.

1. 축하한 적이 있다.
2. 젓가락을 사용한 적이 없다.
3. 앞으로 일본에서 살길 원한다.
4. 어렸을 때 스타(スター)가 되고 싶었다.
5. 내일 수업을 땡땡이치고 싶다.
6. 오늘은 나가고 싶지 않다.

C. 각자 자신이 살던 곳의 사진을 가지고 와서 그 곳을 설명해 보세요.

예　私はニューヨークの出身です。ニューヨークはとても
わたし　しゅっしん
大きくてにぎやかです。きれいな公園や有名な美術館やたく
おお　こうえん　ゆうめい　びじゅつかん
さんの劇場があります。よくミュージカルを見たり、公園で
げきじょう　み　こうえん
散歩したりしました。夏休みに帰って、友だちに会いたいです。
さんぽ　なつやす　かえ　とも　あ

聴　取

A. 아키라, 요시코, 켄이 휴가에 관해 이야기하고 있습니다. 그들은 무엇을 했습니까?
또, 다음 휴가를 위해 무엇을 계획하고 있습니까? 보기에서 답을 고르세요.

> **a.** 스키　　　**b.** 캠핑　　**c.** 운전　　**d.** 텔레비전 시청　　**e.** 쇼핑
>
> **f.** 친구 만나기　　**g.** 해수욕장 거닐기　　**h.** 아르바이트 하기
>
> **i.** 등산　　　**j.** 거품 목욕하기

	1. 지난 휴가	**2.** 다음 휴가
あきら ……	(　) (　) (　)	(　)
よしこ ……	(　) (　) (　)	(　)
けん　……	(　)	(　) (　)

B. 다음 3개의 짧은 대화를 듣고 우리말로 질문에 대답하세요.

1. (방과 후)

그들은　　[**a.** 피자　**b.** 스시　**c.** 스파게티]을(를) 먹으려고 한다.

2. (데이트)

그들은　　[**a.** 고질라　**b.** 슈퍼맨　**c.** 마이 페어 레이디　**d.** 미정]을(를) 보려고 한다.

3. (뉴욕에서)

오늘과 내일의 계획은 무엇입니까?

오늘　　[**a.** 쇼핑　**b.** 박물관　**c.** 영화　**d.** 뮤지컬]

내일　　[**a.** 쇼핑　**b.** 박물관　**c.** 영화　**d.** 뮤지컬]

C. 다음 대화를 듣고 각 사람이 무엇을 원했으며, 지금은 무엇이 되고 싶어하는지 우리말로 쓰세요.

	1. 어렸을 때	2. 지금
메리		
톰		
선생님		

日本語のクラスで(일본어 수업애서)
にほんご

표현

どちらでもいいです。 ―― 어느 쪽도 괜찮습니다.

同じです。 ―――――― 같습니다.
おな

だいたい同じです。 ―― 대개 같습니다.
　　　　おな

ちょっと違います。 ―― 약간 틀립니다.
　　　ちが

使えません。 ―――― 사용할 수 없습니다.
つか

間違っています。 ―― 틀립니다.
まちが

手をあげてください。―― 손을 들어 주세요.
て

読んできてください。 ―――――― 읽고 오세요.
よ

宿題を出してください。 ――――― 숙제를 내 주세요.
しゅくだい　だ

教科書を閉じてください。 ―――― 교과서를 덮어 주세요.
きょうかしょ　と

となりの人に聞いてください。 ―― 옆 사람에게 물어 보세요.
　　　ひと　き

やめてください。 ――――――――― 그만 하세요.

今日はこれで終わります。 ―――――― 오늘은 여기서 마칩니다.
きょう　　　　　お

단어

宿題 ――――― 숙제　　　　　くだけた言い方 ――― 허물없는 말투
しゅくだい　　　　　　　　　　　　　い　かた

しめきり ――― 마감　　　　　かたい言い方 ――― 딱딱한 말투
　　　　　　　　　　　　　　　　　い　かた

練習 ―――― 연습　　　　　ていねいな言い方 ――― 정중한 말투
れんしゅう　　　　　　　　　　　　　　い　かた

意味 ―――― 의미　　　　　方言 ―――――― 방언(사투리)
いみ　　　　　　　　　　　　　ほうげん

発音 ―――― 발음　　　　　標準語 ――――― 표준어
はつおん　　　　　　　　　　ひょうじゅんご

文法 ―――― 문법　　　　　たとえば ――――― 예를 들면
ぶんぽう

質問 ――――― 질문　　　　　ほかに ――――― 그 밖에
しつもん

答 ―――――― 답　　　　　　～番 ――――――― ～번
こたえ　　　　　　　　　　　　　ばん

例 ―――――― 예　　　　　　～ページ ――――― ～쪽
れい

かっこ ――――― ( )　　　　　～行目 ――――― ～째줄
　　　　　　　　　　　　　　　　ぎょうめ

まる ――――― 〇　　　　　　二人ずつ ――――― 두 명씩
　　　　　　　　　　　　　　　ふたり

ばつ ――――― ✕

病気
びょうき

会　話

Ⅰ　학교에서 미치코와 메리가 이야기하고 있습니다.

みちこ　　　メアリーさん、元気がありませんね。

メアリー　　うーん。ちょっとおなかが痛いんです。

みちこ　　　どうしたんですか。

メアリー　　きのう友だちと晩ごはんを食べに行ったんです。
　　　　　　たぶん食べすぎたんだと思います。

みちこ　　　大丈夫ですか。

メアリー　　ええ。心配しないでください。……ああ、痛い。

みちこ　　　病院に行ったほうがいいですよ。

メアリー	先生、のどが痛いんです。
	きのうはおなかが痛かったんです。
医　者	ああ、そうですか。熱もありますね。かぜですね。
メアリー	あの、もうすぐテニスの試合があるので、
	練習しなくちゃいけないんですが……。
医　者	二三日、運動しないほうがいいでしょう。
メアリー	わかりました。
医　者	今日は薬を飲んで、早く寝てください。
メアリー	はい、ありがとうございました。
医　者	お大事に。

● 명사

あし	足	발
いみ	意味	의미
* おなか		배
* かぜ	風邪	감기
かのじょ	彼女	그녀
かれ	彼	그
きおん	気温	기온
くもり	曇り	구름
* しあい	試合	시합
ジュース		주스
せいじ	政治	정치
せいせき	成績	성적
せき		기침
* のど		목
は	歯	이
はな	花	꽃
はれ	晴れ	맑음
ふく	服	옷
ふつかよい	二目酔い	숙취
プレゼント		선물
ホームシック		향수병
もの	物	사물
ゆき	雪	눈
ようじ	用事	볼일

● い형용사

あまい	甘い	달다
* いたい	痛い	아프다
おおい	多い	많다
せまい	狭い	좁다
つごうがわるい	都合が悪い	형편이 나쁘다

| | わるい | 悪い | 나쁘다 |

● な형용사

すてき(な)	素敵	멋있다

● [−u]동사

かぜをひく	風邪をひく	감기에 걸리다
きょうみがある	興味がある	흥미가 있다[화제에]
なくす		잃다, 여의다
*ねつがある	熱がある	열이 있다
のどがかわく	のどが渇く	목이 마르다

● [−る]동사

せきがでる	せきが出る	기침이 나오다
わかれる	別れる	헤어지다[사람과]

● 불규칙동사

きんちょうする	緊張する	긴장하다
*しんぱいする	心配する	걱정하다

● 부사와 그 밖의 표현

いつも		언제나
*おだいじに	お大事に	몸조리 잘 하세요
*げんきがない	元気がない	안 좋아 보이다
*たぶん	多分	대개, 아마
できるだけ		가능한 한
*～でしょう		아마 ～겠지요
～ど	～度	～도
*にさんにち	二三目	2, 3일
*～ので		～ 때문에
はじめて	初めて	처음으로
*もうすぐ		이제 곧

1 ～んです

　일본어에는 크게 2가지의 표현 방법이 있습니다. 첫째는 우리가 지금까지 공부해 온 것으로 단순히 관찰한 사실을 제시하는 표현 방법이고, 둘째는 이 과에서 새로 공부하게 될 설명하는 표현 방법입니다. 우리말로는 「～(해)서요」라는 표현에 가깝다고 할 수 있습니다.

　「제시」는 사실을 단순히 서술하는 방법입니다. 예를 들어 버스가 늦어 약속 시간에 늦었을 때, 이미 배운 표현으로 バスが来ませんでした라고 표현할 수 있지만, 이러한 표현에는 버스가 오지 않은 것을 단순히 제시만 할 뿐, 상대방에 대해 미안해 한다거나 하는 것은 표현되지 않습니다. 왜냐하면 전혀 설명이 없기 때문이지요. 여기서 늦게 된 이유는 버스가 제시간에 오지 않았기 때문이라고 말하려 한다면 다음과 같이 「설명」하는 표현을 사용해야 합니다.

バスが来なかった**ん**です。	버스가 오지 않아서요.

　이러한 설명은 2가지 요소를 가지고 있습니다. 첫째는 문장에서 명확히 서술되는 것(버스가 오지 않았다는 것)이고, 둘째는 암시되거나 설명되는 것(약속 시간에 늦은 것)입니다. 이러한 표현의 문말에 오는 んです는 문장에서 말하고자 하는 것과 그것이 설명하고자 하는 것을 서로 연결해 주는 역할을 합니다.

　그럼 아래의 예문들을 비교해 봅시다.

あしたテストがあります。	내일 시험이 있습니다. (단순한 보고)
あしたテストがある**ん**です。	내일 시험이 있어서요. (그래서 오늘 저녁에는 못 나갑니다.)
トイレに行きたいです。	화장실에 가고 싶습니다. (자신이 원하는 것을 진술)
トイレに行きたい**ん**です。	화장실에 가고 싶어서요. (그러니 어디에 있는지 가르쳐 주세요.)

　んです는 술어의 보통체 뒤에 붙습니다. 이 때 술어는 긍정형이나 부정형, 현재형이나 과거형 모두 쓸 수 있습니다. 그러나 んです 자체가 부정형이나 과거형으로 변화되는 일은 없

습니다. 다만, 문어체에서는 일반적으로 んです 대신에 のです가 사용됩니다.

成績がよくない**ん**です。 （「왜 표정이 그렇게 어둡니?」에 대한 대답으로）
せいせき
(사실은) 성적이 좋지 않아서요.

試験が終わった**ん**です。 （웃고 있는 이유를 설명할 때）
しけん　お
시험이 끝나서요. (그래서 웃고 있어요.)

❗ 친숙한 사이에서는 んです 대신에 んだ가 사용됩니다. 또한 친숙한 사이에서의 의문문은 んですか 대신에 の가 사용됩니다. 이것은 2권 제15과에서 공부하겠습니다.

명사 또는 な형용사는 んです와의 사이에 な가 붙어 **な**んです라고 씁니다.

	제시 표현	설명 표현
현재형	静かです しず	静か**な**んです しず
과거형	学生です がくせい	学生**な**んです がくせい

또한, んです를 의문문에서 쓰면 말을 건네는 사람에게 설명 또는 해명을 듣고자 하는 표현이 됩니다. 이들은 보통 의문사인 どうして(어째서)와 どうした(어떻게 되었어)와 더불어 사용됩니다.

A : どうして彼と別れた**ん**ですか。　　　왜 그와 헤어졌나요?
　　　かれ　わか
B : 彼、ぜんぜんお風呂に入らない**ん**です。　그는, 전혀 목욕을 하지 않아서요.
　　かれ　　　　　ふ ろ　はい

A : どうした**ん**ですか。　　　어떻게 된 일이에요?
B : 猫が死ん**だん**です。　　　고양이가 죽어서요.
　　ねこ　し

마지막으로 んです는 앞에서 언급된 것에 대한 부연 설명으로도 사용됩니다.

A : とてもいい教科書ですね。　　　아주 좋은 교과서네요.
　　　　　　きょう か しょ
B : ええ、私の大学の先生が書いた**ん**です。
　　　わたし　だいがく　せんせい　か
네, (제가 알고 있는 바로는) 우리 대학교 선생님이 썼습니다.

2 ～すぎる

～すぎる는 「너무 ～하다」라는 의미으로 동사와 형용사에 붙어서 사용됩니다.
먼저 동사의 경우는 동사의 ます형에 붙으며, 활용은 [- る]동사와 같습니다.

食べ**すぎて**はいけません。	너무 (많이) 먹으면 안 됩니다.
早く起き**すぎました**。	너무 일찍 일어났습니다.

그리고, い형용사와 な형용사의 경우는 어간에 붙게 됩니다. 즉, 각각의 어미 い와 な를 탈락시키고 すぎる를 붙이는 거죠.

[高い] この本は高**すぎます**。	이 책은 너무 비쌉니다.
[親切な] あの人は親切**すぎます**。	저 사람은 너무 친절합니다.

3 ～ほうがいいです

「～하는 편이 좋습니다」라는 의미로 주로 상대방에게 조언을 해 줄 때 사용됩니다. 이 표현은 꽤 강한 조언으로서 이에 따르지 않으면 곤란하거나 문제가 생긴다고 해석될 정도로 반드시 따르는 것이 좋을 것이라는 의미입니다.

이 표현은 시제에 있어 조금 특이하므로 주의할 필요가 있습니다. 즉, ほうがいいです의 앞에는 긍정형도 부정형도 올 수 있는데, 긍정형이 올 경우에는 일반적으로 동사 보통체의 과거형이 오는 데 비해, 부정형이 올 경우에는 동사 보통체의 현재형이 오게 됩니다.

もっと野菜を食べ<u>た</u>ほうがいいですよ。	좀더 야채를 먹는 편이 좋습니다.
授業を休ま<u>ない</u>ほうがいいですよ。	수업을 쉬지 않는 편이 좋습니다.

4 ～ので

ので(～때문에)도 이유를 나타내는 것으로, 앞에서 배운 から와 비슷한 뜻을 가지고 있습니다. 다만, から보다는 ので가 더 형식을 갖춘 표현이 됩니다.

（이유）**ので**（상황）。	（이유）때문에 （상황）。

いつも日本語で話す**ので**、日本語が上手になりました。
언제나 일본어로 말하기 때문에, 일본어를 잘 하게 되었습니다.

宿題がたくさんあった**ので**、きのうの夜、寝ませんでした。
숙제가 많이 있었기 때문에, 어젯밤에 자지 않았습니다.

のでは 앞에서 배운 んです와 마찬가지로, 명사나 な형용사가 앞에 오면 중간에 な가 붙게 됩니다. 즉 명사나 な형용사와 붙을 때는 なので의 형태가 됩니다.

その人はいじわる**な**ので、きらいです。　그 사람은 심술궂기 때문에 싫습니다.
今日は日曜日なので、銀行は休みです。　오늘은 일요일이기 때문에 은행은 쉽니다.

5　〜なくちゃいけません

なくちゃいけません은「〜하지 않으면 안 됩니다(해야 합니다)」라는 뜻으로 사용됩니다.

週末テストがあるから、たくさん勉強し**なくちゃいけません**。
다음 주에 시험이 있기 때문에, 공부를 많이 하지 않으면 안 됩니다.

❗ 문어체나 형식을 갖춘 어투로는 なくちゃいけません보다는 なくてはいけません이 일반적으로 사용됩니다.

なくちゃいけません은 なくちゃ(하지 않으면)에 いけません(안 됩니다)이 붙어 「하지 않으면 안 됩니다」라는 이중 부정이 되므로, 「해야 합니다」라고 해석하는 것이 자연스럽습니다. 또한 동사와 접속할 때는 동사 보통체의 부정, 즉 ない를 붙이는 것과 같은 형태가 됩니다.

동사	보통체의 부정형	「〜 해야 합니다」형
食べる	食べない	食べなくちゃいけません
言う	言わない	言わなくちゃいけません
する	しない	しなくちゃいけません
くる	こない	こなくちゃいけません

いけません은 문법적으로 동사 정중체의 부정 현재 시제입니다. 그러므로 なくちゃいけません이 과거 시제가 되면 なくちゃいけませんでした(하지 않으면 안 되었습니다)로 되고, 친숙한 사이에서 쓰는 표현은 んです의 앞에 오는 형태인 なくちゃいけない(하지 않으면 안 돼)가 됩니다.

けさは、六時に起き**なくちゃいけませんでした**。(정중체의 과거형)

오늘 아침에는 여섯 시에 일어나지 않으면 안 되었습니다(일어나야 했습니다).

毎日、練習し**なくちゃいけないんです**。(보통체의 현재형)

(사실) 매일 연습하지 않으면 안 돼요.

6 ～でしょう

문말 표현인 でしょう(~일 겁니다)는 생각이나 추측을 나타내는 표현입니다. 그리고 동사와 い형용사의 보통체에 붙는데, 긍정형이나 부정형 모두 사용할 수 있습니다.

[동사]
あしたは雨が**降るでしょう**。　　　　　　　　내일은 비가 올 겁니다.

降らないでしょう。　　　내일은 비가 오지 않을 겁니다.

[い형용사]
北海道は**寒いでしょう**。　　　　　　　　홋카이도는 추울 겁니다.

寒くないでしょう。　　　　　홋카이도는 춥지 않을 겁니다.

❗ でしょう 앞에는 과거형도 물론 올 수 있지만, 이 과에서는 현재형만을 다루도록 하겠습니다.

또한 でしょう 앞에는 な형용사와 명사도 올 수 있는데, 이 때는 な형용사의 어간과 명사가 오게 됩니다. 즉 (×)~<u>な</u>でしょう, (×)~<u>の</u>でしょう, (×)~<u>だ</u>でしょう처럼 쓰이지 않는 점을 유의하세요.

[**な**형용사]
山下先生は魚が**好きでしょう**。　　　　야마시타 선생님은 생선을 좋아할 겁니다.

好きじゃないでしょう。　　　야마시타 선생님은 생선을 좋아하지 않을 겁니다.

[명사]
あの人は**オーストラリア人でしょう**。　　　저 사람은 호주인일 겁니다.

オーストラリア人じゃないでしょう。　저 사람은 호주인이 아닐 겁니다.

でしょうは 의문형인 でしょうか(~일까요?)로 상대방의 의견이나 생각을 요구하는 질문으로 사용할 수 있습니다.

日本語と韓国語と、どっちのほうが難しいでしょうか。
일본어와 한국어는 어느 쪽이 어려울까요?

그리고 でしょう의 보통체는 だろう(~일 거다)입니다. 이는 신중하게 서술이나 분석을 표현하는 어구에서 사용됩니다.

たけしさんは興味があるだろうと思います。
다케시 씨는 흥미가 있을 거라고 생각합니다.

친숙한 사이에서 でしょう(의문문과 같은 억양으로, 대부분 でしょ와 같이 짧게 발음됩니다)는 자기 자신이 알고 있는 것을 상대방에게 확인시키는 뜻으로 사용됩니다. 우리말로는 「~(이)지?」라고 해석합니다.

ジョン、中国語がわかるでしょ？ これ、読んで。
존, 중국어 알지? 이거, 읽어 줘.

練 習

Ⅰ. どうしたんですか

A. ～んです를 사용하여 상황을 설명하세요.

예
頭が痛いです。
→ Q：どうしたんですか。
　 A：頭が痛いんです。

(1) 彼から電話が
　　ありました。

(2) プレゼントを
　　もらいました。

(3) あしたは休みです。

(4) きのうは
　　誕生日でした。

(5) テストが難しく
　　ありませんでした。

(6) のどが痛いです。

(7) かぜをひきました。　　(8) 切符をなくしました。　　(9) あしたはテストがあります。

(10) せきが出ます。　　(11) 彼女と別れました。

B. ～んですを 사용하여 상황에 맞게 대답하세요.

예

우리 아버지의 것　→　父のなんです。
ちち

(1)　　　　　　　　　　(2)　　　　　　　　　　(3)

(4) (5)

싸다　　　　　　　　　　　친절하다

ペア C. 친구가 여러분이 가지고 있는 물건에 관해 좋게 이야기했습니다. ～んです를 사용하여
대답하세요.

> 예
> B : すてきな時計ですね。
> A : 友だちにもらったんです。

ペア D. 이유를 묻고 대화를 완성하세요.

> 예　지난 주에 도쿄에 갔었다.
>
> → A : 先週東京に行きました。
> 　　B : どうして東京に行ったんですか。
> 　　A : 母がアメリカから来たんです。

1. 대단히 피곤하다.

2. 돈이 없다.

3. 오늘은 사정이 좋지 않다.　(都合が悪い)

4. 남자 친구 / 여자 친구와 결혼하기를 원한다.

5. 공부하러 일본에 갈 것이다.

6. 그는 중국어를 잘 한다.　(中国語が上手です)

7. 영화를 보고 싶지 않다.

Ⅱ. 食べすぎました
_た

A. ～すぎる를 사용하여 아래의 그림들을 설명하세요. 동사 + すぎる를 (1)~(4)까지
　　사용하고, 형용사 + すぎる를 (5)~(10)까지 사용하세요.

B. 아래의 행동들을 너무 많이 했을 때의 결과를 생각하여 예와 같이 문장을 만드세요.

1. 飲む
2. 勉強する
3. コンピューターを使う
4. 本を読む
5. テニスをする
6. 甘い物を食べる
7. 歌を歌う
8. 緊張する

Ⅲ. 薬を飲んだほうがいいです

A. 아래 제시된 문장을 사용하여 두통이 있는 친구에게 충고해 주세요. 긍정문을 쓸 것인지 부정문을 쓸 것인지를 결정하세요.

1. 早く寝る
2. 遊びに行く
3. 病院に行く
4. 仕事を休む
5. うちに帰る
6. 運動する

ペア B. 아래의 상황에 있는 친구에게 ~ほうがいい를 사용하여 충고해 주세요.

1. ホームシックだ
2. やせたい
3. 友だちとけんかした
4. お金がない
5. 成績が悪い
6. 二日酔いだ
7. 歯が痛い
8. 教科書をなくした
9. いつも授業に遅刻する

 C. 여러분은 건강 카운셀러입니다. 몸이 좋지 않은 어떤 사람이 여러분의 사무실에 왔습니다. 아래의 질문을 해서 차트를 완성하고, ～ほうがいい를 사용하여 충고해 주세요.

a. よく運動しますか。	はい	いいえ
b. よく甘い物を食べますか。	はい	いいえ
c. よく野菜を食べますか。	はい	いいえ
d. 朝ごはんを食べますか。	はい	いいえ
e. よくお酒を飲みますか。	はい	いいえ
f. たばこを吸いますか。	はい	いいえ
g. 何時間ぐらい寝ますか。	＿＿＿＿＿＿時間	
h. どんな料理をよく食べますか。	＿＿＿＿＿＿	
i. よく歩きますか。	はい	いいえ

Ⅳ. いい天気なので、散歩します

A. ～ので를 사용해서 두 문장을 연결하세요.

> 예　いい天気です／散歩します
> → いい天気なので、散歩します。

1. 安いです／買います

2. あの映画はおもしろくありません／見たくありません

3. 今週は忙しかったです／疲れています

4. 病気でした／授業を休みました

5. 彼女はいつも親切です／人気があります

6. 政治に興味がありません／新聞を読みません

7. あしたテストがあります／勉強します

8. のどがかわきました／ジュースが飲みたいです

9. 歩きすぎました／足が痛いです

B. 아래 제시된 것을 이유로 사용하여 문장을 만드세요.

1. お金がありません

2. おなかがすいています

3. ホームシックです

4. 用事があります

5. 単語の意味がわかりません

6. 疲れました

C. 다음 문장을 완성하세요.

1. ＿＿＿＿＿＿＿＿＿＿＿＿＿＿＿＿＿ので、中国に行きたいです。

2. ＿＿＿＿＿＿＿＿＿＿＿＿＿＿＿＿＿ので、人気があります。

3. ＿＿＿＿＿＿＿＿＿＿＿＿＿＿＿＿＿ので、かぜをひきました。

4. ＿＿＿＿＿＿＿＿＿＿＿＿＿＿＿＿＿ので、別れました。

5. ＿＿＿＿＿＿＿＿＿＿＿＿＿＿＿＿＿ので、日本に住みたくありません。

6. ＿＿＿＿＿＿＿＿＿＿＿＿＿＿＿＿＿ので、遅刻しました。

7. ＿＿＿＿＿＿＿＿＿＿＿＿＿＿＿＿＿ので、緊張しています。

Ⅴ. 七時に起きなくちゃいけません

A. 톰의 스케줄을 보고 예와 같이 문장을 만드세요.

7:00 (오전)	例 起きる
8:00	(1) うちを出る
9:00	(2) 授業に出る
1:00 (오후)	(3) 山下先生に会う
2:00	(4) 英語を教える
3:00	(5) ＬＬに行って、テープを聞く
5:00	(6) うちに帰る
6:00	(7) ホストファミリーと晩ごはんを食べる
8:00	(8) 宿題をする
9:00	(9) お風呂に入る
10:00	(10) 薬を飲む
11:00	(11) うちに電話をかける

B. 아래의 일을 같이 하자고 친구에게 물어 보세요. 친구는 ～なくちゃいけない를 사용하여 제안을 거절하고 그 이유를 설명하세요.

例 テニスをする

→ A: あしたの朝、一緒にテニスをしませんか。
B: ちょっと都合が悪いんです。あしたは授業に
出なくちゃいけないんです。

1. 숙제를 하다　　2. 점심을 먹다　　3. 커피를 마시다

4. 도서관에서 공부하다　　5. 가라오케에 가다

C. 다음 질문에 대답하세요.

1. 日本語の授業で何をしなくちゃいけませんか。

2. 日本で外国人は何をしなくちゃいけませんか。

3. かっこよくなりたいんです。何をしなくちゃいけませんか。
_{なに}

4. 友だちが遊びに来ます。何をしなくちゃいけませんか。
_{とも} _{あそ} _き _{なに}

5. あしたは初めてのデートです。何をしなくちゃいけませんか。
_{はじ} _{なに}

6. 子供の時、何をしなくちゃいけませんでしたか。
_{こども} _{とき} _{なに}

VI. あしたは晴れでしょう

ペア A. 다음은 내일의 일기 예보입니다. 일기 예보자가 되어 각 도시의 일기를 말해 보세요.

> **예** 도쿄 / 눈이 옴
>
> → 東京はあした雪でしょう。
> _{とうきょう} _{ゆき}
>
> 도쿄의 기온 / 약 2도
>
> → 東京の気温は、二度ぐらいでしょう。
> _{とうきょう} _{きおん} _{にど}

도시	날씨		온도
도쿄	**예** 눈		**예** 약 2℃
시드니	(1) 맑음	(2) 더움	(3) 약 30℃
홍콩	(4) 비	(5) 시원함	(6) 약 18℃
로마	(7) 구름	(8) 따뜻함	(9) 약 20℃

ペア B. 한 명이 일기 예보자가 되어 자신이 좋아하는 도시에 대한 일기를 예보하세요. 다른 한 명은 빈칸에 그 내용을 적습니다. 서로 역할을 바꿔 해 보세요.

도시	날씨	온도

A. 대화 l을 참고로 하여 아래의 상황을 직접 연출해 보세요.

　　　— 친구가 슬퍼 보입니다.

　　　— 친구가 행복해 보입니다.

ペア B. A와 B가 같이 언제 테니스를 할 수 있는지를 결정하고 있습니다. 각각 A와 B를 맡아 각자의 스케줄을 검토하고, 두 사람 다 괜찮은 날을 정하세요. (p.301에 있는 B의 스케줄을 참조)

예
A : 来週の月曜日に一緒にテニスをしませんか。
　　らいしゅう　げつようび　　いっしょ
B : 来週の月曜日はちょっと都合が悪いんです。
　　らいしゅう　げつようび　　　　　つごう　わる
　　英語を教えなくちゃいけないんです。日曜日はどうですか。
　　えいご　おし　　　　　　　　　　　　　　　　にちようび

A의 스케줄

일요일	쇼핑하다
월요일	
화요일	책을 읽다
수요일	
목요일	
금요일	친구를 만나다
토요일	

C. 여러분은 병원에 갔습니다.
대화 II를 참고로 하여 의사와 환자의 역할을 해 보세요.

의사 — 아래에 있는 처방전에 기입하고, 환자에게 충고해 주세요.
환자 — 증상을 말하고, 의사의 질문에 대답하세요.

성별　　□ 남자　　　□ 여자

연령

증세　　□ 목이 아픔
　　　　□ 두통
　　　　□ 복통
　　　　□ 기타 통증
　　　　□ 기침
　　　　□ 열
　　　　□ 알레르기
　　　　□ 기타

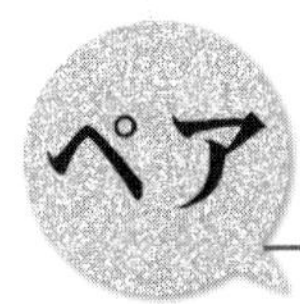

VII－B.

例
A：来週の月曜日に一緒にテニスをしませんか。

B：来週の月曜日はちょっと都合が悪いんです。
英語を教えなくちゃいけないんです。日曜日はどうですか。

B의 스케줄

일요일	
월요일	영어를 가르치다
화요일	
수요일	방 청소를 하다, 세탁을 하다 등
목요일	
금요일	
토요일	노래 연습을 하다

A. 건강 상담소에서의 대화를 듣고, 각 환자가 가진 증세에 ○표를 하고 의사의 처방을 우리말로 쓰세요.

환자	a. 목 아픔	b. 두통	c. 복통	d. 기침	e. 열	f. 의사의 처방
1						
2						
3						

B. 사무실에서 회사 동료끼리 이야기하고 있습니다. 대화를 듣고 다음 질문에 우리말로 대답하세요.

1. 그들은 오늘 저녁에 외출하려고 합니까? 그 이유는?

2. 여자는 남자에게 어떻게 행동해야 한다고 제의합니까?

C. 내일의 일기 예보를 듣고 우리말로 아래 표를 완성하세요

	날씨	온도
1. 도쿄		℃
2. 모스크바		℃
3. 방콕		℃
4. 캔버라		℃

健康と 病 気(건강과 병)
けんこう　　びょうき

환자	： すみません、初めてなんですが。	실례합니다. 처음입니다만.
접수원	： はい、保険 証 を見せてください。	네, 보험증을 보여 주세요.
	この紙に名前と 住 所を書いてください。	이 종이에 이름과 주소를 써 주세요.

＊　　　　＊　　　　＊

환자	： これは何の 薬 ですか。	이것은 무슨 약입니까?
접수원	： 痛み止めです。 食 後に飲んでください。	진통제입니다. 식후에 먹어 주세요.
환자	： わかりました。	알겠습니다.
접수원	： お大事に。	몸조리 잘 하세요.

병(病 気)과 상처(けが)에 관한 표현

下痢です。	설사를 합니다.
便秘です。	변비입니다.
生理です。	생리입니다.
花粉 症 です。	꽃가루 알레르기입니다.
(〜に)アレルギーがあります。	(〜에) 알레르기가 있습니다.
虫歯があります。	충치가 있습니다.
くしゃみが出ます。	재채기가 나옵니다.
鼻水が出ます。	콧물이 나옵니다.
背中がかゆいです。	등이 가렵습니다.
発疹があります。	발진이 있습니다.
めまいがします。	현기증이 납니다.
吐きました。	토했습니다.

気分が悪いです。 ——————— 기분이 나쁩니다(메슥거립니다).
やけどをしました。 ——————— 화상을 입었습니다.
足の骨を折りました。 ——————— 다리가 부러졌습니다.
けがをしました。 ——————— 상처를 입었습니다.

▶ 医者

内科 ——————— 내과

皮膚科 ——————— 피부과

外科 ——————— 외과

産婦人科 ——————— 산부인과

整形外科 ——————— 정형외과

眼科 ——————— 안과

歯科 ——————— 치과

耳鼻科 ——————— 이비인후과

▶ その他

抗生物質 ——————— 항생 물질

レントゲン ——————— 엑스레이

手術 ——————— 수술

注射 ——————— 주사

体温計 ——————— 체온계

부록

색인

あ

あいだ　間	사이 L4
あう　会う	만나다 L4
あおい　青い	파랗다 L9, L9(S)
あかい　赤い	빨갛다 L9, L9(S)
あき　秋	가을 L10
あける　開ける	열리다 L6
あさ　朝	아침 L3
あさごはん　朝御飯	아침밥 L3
あさって	모레 L4(S), L8
あし　足	발 L7(S), L12
アジアけんきゅう　アジア研究	아시아 연구 L1
あした	내일 L3, L4(S)
あそこ	저기 L2
あそぶ　遊ぶ	놀다 L6
あたたかい　暖かい	따뜻하다 L10
あたま　頭	머리 L7(S)
あたまがいい　頭がいい	머리가 좋다 L7
あたらしい　新しい	새롭다 L5
あつい　暑い	덥다 L5
あつい　熱い	뜨겁다 L5
(〜の) あと　後	〜 후 L11
あとで　後で	나중에 L6
あなた	당신 L4
あに　兄	형(오빠) L7(S)
あね　姉	누나(언니) L7, L(S)
あの	음… L1
あの	저… L2
アパート	아파트 L7

あまい　甘い	달다 L12
あまり＋부정	그다지 〜 않다 L3
あめ　雨	비 L8
あめがふる　雨が降る	비가 내리다 L8
アメリカ	미국 L1, L2
あらう　洗う	씻다 L8
ありがとう	고마워 G
ありがとうございます	고맙습니다 G
ある	있다 L4
あるいて　歩いて	걸어서 L10
アルバイト	아르바이트 L4
あれ	저것 L2

い

いい	좋다 L3
いいえ	아니오 G
いいこ　いい子	좋은 아이 L9
いう　言う	말하다 L8
いえ　家	집 L3
〜いき　〜行き	〜행 L10(S)
イギリス	영국 L1, L2
いく　行く	가다 L3
いくら	얼마 L2
いしゃ　医者	의사 L1, L10
いじわる(な)　意地悪	심술궂다 L9
いす	의자 L2(S)
いそがしい　忙しい	바쁘다 L5
いそぐ　急ぐ	서두르다 L6
いたい　痛い	아프다 L12

いただきます		잘 먹겠습니다 G
いちがつ	一月	1월 L4(S)
いちじ	一時	1시 L1, L1(S)
いちじかん	一時間	1시간 L4
いちねんせい	一年生	1학년 L1
いちばん	一番	제일 L10
いちばんうしろ	一番後ろ	제일 뒤 L10(S)
いちばんまえ	一番前	제일 앞 L10(S)
いつ		언제 L3
いつか	五日	5일 L4(S)
いっさい	一歳	1살 L1(S)
いっしょに	一緒に	함께 L5
いつつ	五つ	다섯 개 L9
いってきます		다녀오겠습니다 G
いってらっしゃい		다녀오세요 G
いっぷん	一分	1분 L1(S)
いつも		언제나 L12
いぬ	犬	개 L4
いま	今	지금 L1
いみ	意味	의미 L11(S), L12
いもうと(さん)	妹(さん)	여동생 L1, L7, L7(S)
いらっしゃいませ		어서 오세요 L2
いりぐち	入り口	출입구 L10(S)
いる		있다 L4
いる		필요하다 L8
いろ	色	색 L9

<h2 style="text-align:center">う</h2>

ううん		아니 L8
うえ	上	뒤 L4
うしろ	後ろ	뒤 L4
うそをつく		거짓말하다 L11
うた	歌	노래 L7

うたう	歌う	노래부르다 L7
うち		집 L3
うちのこ	うちの子	우리 아이 L7(S)
うちのひと	うちの人	남편 L7(S)
うみ	海	바다 L5
うん		응 L8
うんてんする	運転する	운전하다 L8
うんどうする	運動する	운동하다 L9

<h2 style="text-align:center">え</h2>

エアログラム		항공 우편 L5(S)
えいが	映画	영화 L3
えいご	英語	영어 L1
ええ		네 L1
えき	駅	역 L10
LL(エルエル)		어학 실습실 L3
～えん	～円	～ 엔 L2
えんぴつ	鉛筆	연필 L2, L2(S)

<h2 style="text-align:center">お</h2>

おいしい		맛있다 L2
おうふく	往復	왕복 L10(S)
おおい	多い	많다 L12
おおきい	大きい	크다 L5
オーストラリア		호주 L1, L11
おかあさん	お母さん	어머니 L1, L2, L7(S)
おかえりなさい		다녀오셨어요 G
おかし	お菓子	과자 L11
おかね	お金	돈 L6
おかねもち	お金持ち	부자 L10

おきる　起きる	일어나다　L3
おくさん　奥さん	부인　L7(S)
おこさん　お子さん	(남의) 아이　L7(S)
おさけ　お酒	술　L3
おじいさん	할아버지　L7(S)
おしえる　教える	가르치다　L6
おしょうがつ　お正月	설날　L11
おしり	엉덩이　L7(S)
おそい　遅い	늦다　L10
おそく　遅く	늦게　L6
おそくなる　遅くなる	늦어지다　L8
おだいじに　お大事に	몸조리 잘 하세요　L12
おちゃ　お茶	차　L3
おっと　夫	남편　L7(S)
おてあらい　お手洗い	화장실　L2
おてら　お寺	절　L4
おとうさん	아버지
お父さん	L1, L2, L7(S)
おとうと(さん)	남동생
弟(さん)	L1, L7, L7(S)
おとこのこ　男の子	남자 아이　L11
おとこのひと　男の人	남자　L7
おとといい	그저께　L4(S)
おととし	재작년　L4(S)
おどる　踊る	춤추다　L9
おなか	배　L7(S), L12
おなかがすく	배가 고프다　L11
おにいさん　お兄さん	(남의) 형(오빠)
	L1, L7, L7(S)
おねえさん　お姉さん	(남의) 누나(언니)
	L1, L7, L7(S)
おねがいします	부탁합니다　L2
おばあさん	할머니　L6, L7(S)
おはよう	안녕(아침 인사)　G
おはようございます	안녕하세요　G
おふろ　お風呂	목욕, 욕조　L6
おふろにはいる	목욕하다　L6
お風呂に入る	

おべんとう　お弁当	도시락　L9
おぼえる　覚える	외우다　L9
おみやげ　お土産	(여행이나 외출에서 사 온) 선물　L4
おもう　思う	생각하다　L8
おもしろい　面白い	재미있다　L5
おもちゃ	장난감　L11
おやすみなさい	안녕히 주무세요　G
およぐ　泳ぐ	수영하다　L5
おりる　降りる	내리다　L6
おわる　終わる	끝나다　L9
おんがく　音楽	음악　L3
おんせん　温泉	온천　L9
おんなのこ　女の子	여자 아이　L11
おんなのひと　女の人	여자　L7

か

〜か〜	〜 또는 〜　L10
が	〜지만　L7
カーテン	커튼　L2(S)
がいこく　外国	외국　L11
かいさつ　改札	개찰　L10(S)
かいしゃ　会社	회사　L7
かいしゃいん　会社員	회사원　L1, L8
かいすうけん　回数券	회수권　L10(S)
かいだん　階段	계단　L10(S)
かいもの　買い物	쇼핑　L4
かう　買う	사다　L4
かう　飼う	(동물을) 키우다　L11
かえす　返す	돌려주다　L6
かえる　帰る	돌아가다　L7
かお　顔	얼굴　L7(S), L10
かおがあおい	안색이 창백하다
顔が青い	L9(S)
かがく　科学	과학　L1

かかる		(시간・돈 등이) 걸리다 L10
かきとめ　書留		등기 L5(S)
かく　書く		쓰다 L4
がくせい　学生		학생 L1
がくわり　学割		학생 할인 L10(S)
かける（めがねを）		(안경을)쓰다 L7
～かげつ　～か月		～개월 L10
かさ　傘		우산 L2
かし　菓子		과자 L11
かしゅ　歌手		가수 L11
かぜ　風邪		감기 L12
かぜをひく 　風邪をひく		감기에 걸리다 L12
かぞく　家族		가족 L7
かた　肩		어깨 L7(S)
かたいいいかた 　かたい言い方		딱딱한 말투 L11(S)
かたみち　片道		편도 L10(S)
かっこ		괄호 L11(S)
かっこいい		멋있다 L7
がっこう　学校		학교 L3
かど　角		길 모퉁이 L6(S)
かない　家内		아내 L7(S)
かね　金		돈 L6
かねもち　金持ち		부자 L10
かのじょ　彼女		그녀 L12
かばん		가방 L2, L2(S)
かぶき		가부키 L9
かぶる		(모자를) 쓰다 L7
かみ　髪		머리카락 L7, L7(S)
かみさん		아내 L7(S)
カメラ		카메라 L8
かようび　火曜日		화요일 L4, L4(S)
カラオケ		노래방 L8
～から		～ 때문에 L6
～から		～부터 L9

かりる　借りる		빌리다 L6
かれ　彼		그 L15
かわいい		귀엽다 L7
がんか　眼科		안과 L12(S)
かんこく　韓国		한국 L1, L2
かんじ　漢字		한자 L6
かんたん（な）　簡単		간단하다 L10
かんぱい　乾杯		건배 L8

き

きいろい　黄色い		노랗다 L9(S)
きおん　気温		기온 L12
きく　聞く		듣다 L3
きく　聞く		묻다 L5
きせつ　季節		계절 L10
きた　北		북 L6(S)
ギター		기타 L9
きっさてん　喫茶店		커피숍 L2
きって　切手		우표 L5, L5(S)
きっぷ　切符		표 L5
きっぷうりば 　切符売り場		매표소 L10(S)
きのう　昨日		어제 L4, L4(S)
きめる　決める		정하다 L10
キャンプ		캠프 L11
きゅうこう　急行		급행 L10(S)
きゅうさい　九歳		9살 L1(S)
きゅうふん　九分		9분 L1(S)
きょう　今日		오늘 L3, L4(S)
きょうかしょ　教科書		교과서 L6
きょうだい　兄弟		형제 L7
きょうみがある 　興味がある		흥미가 있다 L12
～ぎょうめ　～行目		～째줄 L11(S)
きらい（な）　嫌い		싫어하다 L5

きる　着る　　　　　　입다　L7
きる　切る　　　　　　자르다　L8
きれい(な)　　　　　　깨끗하다　L5
きんいろ　金色　　　　금색　L9(S)
ぎんいろ　銀色　　　　은색　L9(S)
きんえんしゃ　禁煙車　금연차　L10(S)
ぎんこう　銀行　　　　은행　L2
きんちょうする　　　　긴장하다　L12
　　緊張する
きんぱつ　金髪　　　　금발　L9(S)
きんようび　金曜日　　금요일　L4, L4(S)

くうき　空気　　　　　공기　L8
くがつ　九月　　　　　9월　L4(S)
くじ　九時　　　　　　9시　L1(S)
くすり　薬　　　　　　약　L9
くすりをのむ　　　　　약을 먹다　L9
　　薬を飲む
くだけたいいかた　　　허물없는 말투
　　くだけた言い方　　L11(S)
ください(〜を)　　　(〜 을)주세요　L2
くち　口　　　　　　　입　L7(S)
くつ　靴　　　　　　　구두　L2
くに　国　　　　　　　나라　L7
くび　首　　　　　　　목　L7(S)
くもり　曇り　　　　　흐림　L12
〜ぐらい　　　　　　　〜 정도　L4
クラス　　　　　　　　학급　L4
グリーン　　　　　　　녹색　L9(S)
くる　来る　　　　　　오다　L3
くるま　車　　　　　　차　L7
グレー　　　　　　　　회색　L9(S)
クレジットカード　　　신용 카드　L10
くろい　黒い　　　　　검다　L9, L9(S)

けいざい　経済　　　　경제　L1, L2
けが　　　　　　　　　상처　L12(S)
げか　外科　　　　　　외과　L12(S)
けさ　今朝　　　　　　오늘 아침　L8
けしゴム　消しゴム　　지우개　L2(S)
けす　消す　　　　　　지우다　L6
けっこうです　　　　　됐습니다　L6
　　結構です
けっこんする　　　　　결혼하다　L7
　　結婚する
げつようび　月曜日　　월요일　L4, L4(S)
けんかする　　　　　　싸우다　L11
げんき(な)　元気　　　건강하다　L5
げんきがない　　　　　기운이 없다　L12
　　元気がない
げんぞう　現像　　　　현상　L5(S)

〜ご　〜語　　　　　　〜어　L1
〜ご　〜後　　　　　　〜후　L10
こうえん　公園　　　　공원　L4
こうくうびん　航空便　항공편　L5(S)
こうこう　高校　　　　고등학교　L1
こうこうせい　高校生　고등학생　L1
こうせいぶっしつ　　　항생물질　L12(S)
　　抗生物質
こうたくあり　光沢あり　광택 있음　L5(S)
こうたくなし　光沢なし　광택 없음　L5(S)
コーヒー　　　　　　　커피　L3
ゴールド　　　　　　　금　L9(S)
ごがつ　五月　　　　　5월　L4(S)
こくさいかんけい　　　국제 관계　L1
　　国際関係

さ

しんせつ（な） 親切	친절하다 L7
しんぱいする 心配する	걱정하다 L12
しんぶん 新聞	신문 L2
じんるいがく 人類学	인류학 L1

す

すいようび 水曜日	수요일 L4, L4(S)
スウェーデン	스웨덴 L1
スーパー	슈퍼마켓 L4
すき（な） 好き	좋아하다 L5
スキー	스키 L9
すぐ	금방, 곧 L6
すごく	매우 L11
すずしい 涼しい	시원하다 L10
すてき（な） 素敵	멋있다 L12
スポーツ	스포츠 L3
すみません	실례합니다, 미안합니다 G
すむ 住む	살다 L7
スライド	슬라이드 L5(S)
する	하다 L3
すわる 座る	앉다 L6

せ

せいかつ 生活	생활 L10
せいけいげか 整形外科	성형외과 L12(S)
せいじ 政治	정치 L1, L12(S)
せいせき 成績	성적 L12
せいりけん 整理券	정리권 L10(S)
せかい 世界	세계 L10
せがたかい 背が高い	키가 크다 L7
せがひくい 背が低い	키가 작다 L7
せき	기침 L12

せきがでる せきが出る	기침이 나오다 L12
せなか 背中	등 L7(S)
ぜひ	꼭 L9
せまい 狭い	좁다 L12
せんげつ 先月	지난 달 L4, L9(S)
せんしゅう 先週	지난 주 L4, L4(S)
せんせい 先生	선생님 L1
ぜんぜん＋부정	전혀 ～않다 L3
せんせんしゅう 先々週	지지난 주 L4(S)
せんたくする 洗濯する	빨래하다 L8
せんぱつ 先発	선발 L10(S)
せんもん 専門	전문 L1

そ

そうじする 掃除する	청소하다 L8
そうです	그렇습니다 L1
そうですね	그렇지요 / 글쎄요 L3
そくたつ 速達	속달 L5(S)
そこ	거기 L4
そして	그리고 L11
その	그 L2
そば	곁 L4
そふ 祖父	(나의) 할아버지 L7(S)
そぼ 祖母	(나의) 할머니 L7(S)
それ	그것 L2
それから	그리고 나서 L5

た

| ダイエットする | 다이어트하다 L11 |
| たいおんけい 体温計 | 체온계 L12(S) |

だいがく　大学	대학	L1
だいがくいんせい 大学院生	대학원생	L1
だいがくせい　大学生	대학생	L1, L8
だいきらい(な)　大嫌い	매우 싫어하다	L5
だいじょうぶ　大丈夫	괜찮다	L5
だいすき(な)　大好き	매우 좋아하다	L5
たいてい　大抵	대개	L3
たいへん(な)　大変	힘들다	L6
たかい　高い	비싸다	L2
だから	따라서	L4
たくさん	많이	L4
〜だけ	〜 만, 뿐	L11
ただいま	다녀왔습니다	G
たつ　立つ	서다	L6
たとえば	예를 들면	L11(S)
たのしい　楽しい	즐겁다	L5
たばこをすう たばこを吸う	담배를 피우다	L6
たぶん　多分	아마	L12
たべもの　食べ物	먹을 것	L5
たべる　食べる	먹다	L3
だれ	누구	L2
たんご　単語	단어	L9
たんじょうび　誕生日	생일	L5
だんな	남편	L7(S)

ち

ちいさい　小さい	작다	L5
ちかてつ　地下鉄	지하철	L10
ちこくする　遅刻する	지각하다	L11
ちち　父	아버지	L7, L7(S)
ちゃ　茶	차	L3
ちゃいろい　茶色い	갈색이다	L9(S)
ちゅうごく　中国	중국	L1, L2

ちゅうしゃ　注射	주사	L12(S)
ちょっと	조금, 잠깐	L3

つ

ついたち　一日	초하루	L4(S)
つかいすてカメラ 使い捨てカメラ	일회용 카메라	L5(S)
つかう　使う	쓰다	L6
つかれる　疲れる	피곤하다	L11
つぎ　次	다음	L6
つぎは〜　次は〜	다음은〜	L10(S)
つくえ　机	책상	L2(S), L4
つくる　作る	만들다	L8
つける	켜다	L6
つごうがわるい 都合が悪い	사정이 좋지 않다 L12	
つとめる　勤める	근무하다	L7
つま　妻	처	L7(S)
つまらない	지루하다	L5
つめたい　冷たい	차갑다	L10
つれてくる　連れてくる	데리고 오다	L6

て

て　手	손	L7(S)
〜で	〜으로	L10
ていきけん　定期券	정기권	L10(S)
Tシャツ	티셔츠	L7
ディスコ	디스코	L8
ていねいないいかた ていねいな言い方	정중한 말투	L11(S)
デート	데이트	L3
テープ	테이프	L2
でかける　出かける	외출하다	L5

てがみ　手紙	편지　L4	
できるだけ	가능한 한　L2	
でぐち　出口	출구　L10(S)	
〜でしょう	〜 겠지요　L12	
テスト	시험　L5	
てつだう　手伝う	돕다　L6	
テニス	테니스　L3	
デパート	백화점　L4	
てぶくろ　手袋	장갑　L10	
でも	그러나　L3	
てら　寺	절　L4	
でる　出る	나오다　L9	
テレビ　TV	텔레비전　L2(S), L3	
テレビゲーム	비디오 게임　L6	
〜てん　〜点	〜 점　L11	
てんき　天気	날씨　L5	
でんき　電気	전기　L2(S), L6	
てんきよほう　天気予報	일기 예보　L8	
でんしゃ　電車	전차　L6	
でんち　電池	건전지　L5(S)	
でんわ　電話	전화　L1	
でんわをかける　電話をかける	전화를 걸다　L6	

と

〜と	〜 와(과)　L4	
〜ど　〜度	〜도　L12	
ドア	문　L2(S)	
どうして	왜　L4	
どうぞ(〜を)	여기 있습니다　L2	
どうぞよろしく	잘 부탁합니다　G	
どうですか	어떻습니까　L3	
どうも	감사합니다　L2	
どうやって	어떻게　L10

とお　十	10　L9	
とおか　十日	10일　L4(S)	
とき　時	때　L4	
ときどき　時々	가끔　L3	
とけい　時計	시계　L2	
どこ	어디　L2	
とこや　床屋	이발소　L10	
ところ　所	곳　L8	
ところで	그런데　L9	
としょかん　図書館	도서관　L2	
どちら	어느 쪽　L10	
とっきゅう　特急	특급　L10(S)	
どっち	어느 쪽　L10	
とても	매우　L5	
となり　隣	옆　L4	
どの	어느　L2	
どのぐらい	어느 정도　L10	
トマト	토마토　L8	
とまる　泊まる	머무르다　L10	
ともだち　友だち	친구　L1	
どようび　土曜日	토요일　L3, L4(S)	
ドライブ	드라이브　L11	
とる　撮る	(사진을) 찍다　L4	
とる　取る	(수업을) 듣다　L11	
どれ	어느 것　L2	
トレーナー	운동복　L2	
とんかつ	포크 커틀릿　L2	
どんな	어떤　L5	

な

ないか　内科	내과　L12(S)	
なか　中	안, 속　L4	
ながい　長い	길다　L7	
なくす	잃다　L12	

なつ 夏	봄 L8
ななさい 七歳	7살 L1(S)
ななつ 七つ	7개 L9
ななふん 七分	7분 L1(S)
なにか 何か	무언가 L8
なにも＋부정 何も	아무것도 ～않다 L7
なのか 七日	7일 L4(S)
なまえ 名前	이름 L1
ならう 習う	배우다 L11
なる	되다 L10
なん／なに 何	무엇 L1

に

にかげつまえ	지지난달 L4(S)
二か月前	
にがつ 二月	2월 L4(S)
にぎやか(な)	번화하다 L5
にく 肉	고기 L2
にさい 二歳	2살 L1(S)
にさんにち 二三日	2, 3일 L12
にし 西	서쪽 L6(S)
にじ 二時	2시 L1(S)
にじはん 二時半	2시 반 L1
にじゅうよっか	24일 L4(S)
二十四日	
にじゅうよんまいどり	24장짜리 필름 L5(S)
24枚取り	
にじゅっぷん 二十分	20분 L1(S)
にちようび 日曜日	일요일 L3, L4(S)
にふん 二分	2분 L1(S)
にほん 日本	일본 L1
にほんご 日本語	일본어 L1
にほんじん 日本人	일본인 L1
にもつ 荷物	짐 L6

にょうぼう 女房	부인 L7(S)
～にん ～人	～명 L7
にんきがある	인기가 있다 L9
人気がある	

ね

ネガ	음화용 필름 L5(S)
ねこ 猫	고양이 L4
ねつがある 熱がある	열이 있다 L12
ねむい 眠い	졸리다 L10
ねる 寝る	자다 L3
～ねんせい ～年生	～년생 L1

の

ノート	공책 L2
～ので	～때문에 L12
のど	목 L12
のどがかわく	목이 마르다 L12
のどが渇く	
のぼる 登る	(산에)오르다 L11
のみもの 飲み物	마실 것 L5
のむ 飲む	마시다 L3
のりかえ 乗り換え	갈아탐 L10(S)
のる 乗る	타다 L5

は

は 歯	이 L7(S), L12
パーティー	파티 L8
バーベキュー	바베큐 L8
はい	네, 예 L1
はいいろ 灰色	회색 L9(S)

ばいてん　売店	매점 L10(S)
はいる　入る	들어가다 L6
はがき　葉書	엽서 L5, L5(S)
はく	신다 L7
はし	젓가락 L8
はじまる　始まる	시작하다 L9
はじめて　初めて	처음으로 L12
はじめまして	처음 뵙겠습니다 G
はじめる　始める	시작되다 L8
バス	버스 L5
バスてい　バス停	버스 정류장 L4
はたち　二十歳	20살 L1(S)
はたらく　働く	일하다 L11
はちがつ　八月	8월 L4(S)
はちじ　八時	8시 L1(S)
はちふん　八分	8분 L1(S)
ばつ	×표 L11(S)
はつおん　発音	발음 L11(S)
はつか　二十日	20일 L4(S)
はっさい　八歳	8살 L1(S)
はっぷん　八分	8분 L1(S)
はな　花	꽃 L12
はな　鼻	코 L7(S)
はなす　話す	말하다 L3
パノラマ	파노라마 L5(S)
はは　母	어머니 L7(S)
はやい　早い	이르다 L3
はやい　速い	빠르다 L7
はやく　早く	빨리 L10
はらう　払う	지불하다 L10
はる　春	봄 L10
はれ　晴れ	맑음 L12
はん　半	반 L1
～ばん　～番	～ 번 L11(S)
パン	빵 L4
ばんごう　番号	번호 L1
ばんごはん　晩御飯	저녁밥 L3

ハンサム（な）	멋있다 L5
～ばんせん　～番線	～ 번선 L10(S)
パンツ	바지 L10
ハンバーガー	햄버거 L3

ひ

ピアノ	피아노 L9
ビール	맥주 L11
ひがし	동쪽 L6(S)
ひきかえけん　引換券	교환권 L5(S)
ひく　弾く	(악기 등을) 치다 L9
ひこうき　飛行機	비행기 L5
ひさしぶり　久しぶり	오랜만임 L11
ビジネス	비즈니스 L1, L2
びじゅつかん　美術館	미술관 L11
ひだり　左	왼쪽 L4
ひだりがわ　左側	왼쪽 L6(S)
ビデオ	비디오 L2(S), L3
ひと　人	사람 L4
ひとつ　一つ	하나, 한 개 L9
ひとつめ　一つ目	첫 번째 L6(S)
ひとり　一人	한 명 L7
ひとりで　一人で	혼자서 L4
ひふか　皮膚科	피부과 L12(S)
ひま（な）　暇	여유 L5
びよういん　美容院	미용실 L10
びょういん　病院	병원 L4
びょうき　病気	병 L9, L12(S)
ひょうじゅんご　標準語	표준어 L11(S)
ひるごはん　昼御飯	점심 식사 L3
びん　便	～ 편 L10
ピンク	분홍 L9(S)

まっすぐ		곧장 L6(S)
~まで		~까지 L5
まど 窓		창 L2(S), L6
まどぐち 窓口		창구 L5(S)
まる		동그라미 L11(S)

み

みぎ 右		오른쪽 L4(S)
みぎがわ 右側		오른쪽 L6
みじかい 短い		짧다 L7
みず 水		물 L3
みずいろ 水色		물색 L9(S)
みずうみ 湖		호수 L11
みっか 三日		3일 L4(S)
みっつ 三つ		3개 L9
みどり 緑		녹색 L9(S)
みなみ 南		남쪽 L6(S)
みみ 耳		귀 L7(S)
みやげ 土産		토산물 L4
みる 見る		보다 L3
みんな		모두 L9
みんなで		모두 함께 L8

む

むいか 六日		6일 L4(S)
むずかしい 難しい		어렵다 L5
むっつ 六つ		6개 L9
むね 胸		가슴 L7(S)
むらさき 紫		보라색 L9(S)

め

| め 目 | | 눈 L7, L7(S) |

| めがね 眼鏡 | | 안경 L7 |
| メニュー | | 메뉴 L2 |

も

もう		벌써 L9
もうすぐ		금방 L12
もくようび 木曜日		목요일 L4, L4(S)
もしもし		여보세요 L4
もちろん		물론 L7
もつ 持つ		가지다 L6
もっていく 持っていく	가지고 가다 L8
もってくる 持ってくる	가지고 오다 L6
もっと		더 L11
もの 物		것 L12
もらう		받다 L9

や

やきまし 焼き増し		추가 인화 L5(S)
やきゅう 野球		야구 L10
やさい 野菜		야채 L2
やさしい		쉽다 / 친절하다 L5
やすい 安い		싸다 L5
やすみ 休み		휴일 L5
やすむ 休む		쉬다 L6
やせています		마르다 L7
やせる		여위다 L7
やっつ 八つ		8개 L9
やま 山		산 L11
やめる		그만두다 L11
やる		하다 L5

ゆ

ゆうびんきょく	郵便局	우체국 L2
ゆうめい（な）	有名	유명하다 L8
ゆうめいじん	有名人	유명인 L10
ゆき	雪	눈 L12
ゆっくり		천천히 L6
ゆび	指	손가락 L7(S)
ゆめ	夢	꿈 L11

よ

ようか	八日	8일 L4(S)
ようじ	用事	용무 L12
よかったら		괜찮다면 L7
よく		자주 L3
よじ	四時	4시 L1(S)
よっか	四日	4일 L4(S)
よっつ	四つ	4개 L9
よむ	読む	읽다 L3
よやく	予約	예약 L10
よる	夜	밤 L6
よんさい	四歳	4살 L1(S)
よんぷん	四分	4분 L1(S)

ら

らいがっき	来学期	다음 학기 L10
らいげつ	来月	다음 달 L4(S), L8
らいしゅう	来週	다음 주 L4(S), L6
らいねん	来年	내년 L4(S), L6

り

りゅうがくする	留学する	유학하다 L11
りゅうがくせい	留学生	유학생 L1
りょうりする	料理する	요리하다 L8
りょこう	旅行	여행 L5
りんご		사과 L10

る

| ルームメート | | 룸 메이트 L11 |

れ

れい	例	예 L11(S)
れきし	歴史	역사 L1, L2
レストラン		레스토랑 L4
れんしゅう	練習	연습 L11(S)
れんしゅうする	練習する	연습하다 L10
レントゲン		엑스레이 L12(S)

ろ

ろくがつ	六月	6월 L4(S)
ろくさい	六歳	6살 L1(S)
ろくじ	六時	6시 L1(S)
ろっぷん	六分	6분 L1(S)

わ

ワイフ		아내 L7(S)
わかい	若い	젊다 L9
わかる		이해하다 L4
わかれる	別れる	헤어지다 L12
わすれる	忘れる	잊다 L6
わたし	私	나 L1
わたる	渡る	건너다 L6(S)
わるい	悪い	나쁘다 L12

동사형	사전형	정중체(ます) (L.3)	て형 (L.6)	보통체 과거 (L.9)	보통체 현재부정 (L.8)	보통체 과거부정 (L.9)
irr.	する	します	して	した	しない	しなかった
irr.	くる	きます	きて	きた	こない	こなかった
ru	たべる	〜ます	〜て	〜た	〜ない	〜なかった
u	かう	〜います	〜って	〜った	〜わない	〜わなかった
u	まつ	〜ちます	〜って	〜った	〜たない	〜たなかった
u	とる	〜ります	〜って	〜った	〜らない	〜らなかった
u	ある	〜ります	〜って	〜った	*ない	*なかった
u	よむ	〜みます	〜んで	〜んだ	〜まない	〜まなかった
u	あそぶ	〜びます	〜んで	〜んだ	〜ばない	〜ばなかった
u	しぬ	〜にます	〜んで	〜んだ	〜なない	〜ななかった
u	かく	〜きます	〜いて	〜いた	〜かない	〜かなかった
u	いく	〜きます	*〜って	*〜った	〜かない	〜かなかった
u	いそぐ	〜ぎます	〜いで	〜いだ	〜がない	〜がなかった
u	はなす	〜します	〜して	〜した	〜さない	〜さなかった

*는 예외입니다.

	표준			h→p	h→p / b	p	k
1	いち			いっp	いっp	(いっ)	いっ
2	に						
3	さん			p	b		
4	よん	し	よ	よ	p		
5	ご						
6	ろく			ろっp	ろっp	(ろっ)	ろっ
7	なな	しち	しち				
8	はち			(はっp)	はっp	(はっ)	はっ
9	きゅう	く	く				
10	じゅう			じゅっp	じゅっp	じゅっ	じゅっ
?	なん			p	b		

| ～ドル
달러
～円(えん)
엔
～枚(まい)
장
～度(ど)
도
～十(じゅう)
십
～万(まん)
만 | ～月(がつ)
월 | ～時(じ)
시
～時間(じかん)
시간 | ～年(ねん)
년
～年間(ねんかん)
년간
～人(にん)
명 | ～分(ふん)
분
～分間(ふんかん)
분간 | ～本(ほん)
자루
～杯(はい)
잔
～匹(ひき)
마리
～百(ひゃく)
백 | ～ページ
페이지
～ポンド
파운드 | ～か月(げつ)
개월
～課(か)
과
～回(かい)
회
～個(こ)
개 |

이 표는 1~10 까지의 숫자 발음이 아래 단어의 조합에 따라 어떻게 변하는지를 보여 줍니다.

1. 히라가나는 이 숫자의 발음이 바뀌는 것을 나타내고, 알파벳은 조수사의 첫소리가 변하
   는 것을 나타냅니다.

2. (   )는 발음의 변화가 선택적입니다.

3. 비어 있는 곳은 발음의 변화가 없습니다.

k→g	s	s→z	t	예외			
いっ	いっ	いっ	いっ	ひとつ	ついたち	ひとり	**1**
				ふたつ	ふつか	ふたり	**2**
g		z		みっつ	みっか		**3**
				よっつ	よっか		**4**
				いつつ	いつか		**5**
ろっ				むっつ	むいか		**6**
				ななつ	なのか		**7**
はっ	はっ	はっ	はっ	やっつ	ようか		**8**
				ここのつ	ここのか		**9**
じゅっ	じゅっ	じゅっ	じゅっ	とお	とおか		**10**
g		z		いくつ			**?**
～階 층 ～軒 채	～セント 센트 ～週間 주간 ～冊 권 ～歳 살	～足 켤레 ～千 천	～通 통 ～丁目 번지	나이를 세는 단위 ※ はたち (20살)	날짜를 세는 단위 ※ じゅう よっか(14일) はつか(20일) にじゅう よっか(24일) なんにち (며칠)	사람을 세는 단위 ※ ～人 (3명 이상)	

◆ 会話・文法
かいわ　ぶんぽう

あいさつ

1. はじめまして。どうぞよろしく。 2. こんにちは。 3. (선생님께) おはようございます。／(친구에게) おはよう。 4. すみません。 5. ありがとうございます。 6. こんばんは。 7. おやすみなさい。 8. いってきます。 9. ただいま。 10. いただきます。 11. ごちそうさま。

第1課

I - A
(a)ご　(b)きゅう／く　(c)なな／しち　(d)いち　(e)じゅう　(f)はち　(g)に　(h)ろく　(i)よん／し　(j)さん

I - B
(a)よんじゅうご　(b)はちじゅうさん　(c)じゅうきゅう／じゅうく　(d)ななじゅうろく　(e)ごじゅうに　(f)ひゃく　(g)さんじゅうはち　(h)ろくじゅういち　(i)にじゅうよん／にじゅうし　(j)きゅうじゅうなな／きゅうじゅうしち

I - C
(a)はち　(b)じゅう　(c)なな/しち　(d)ゼロ/れい　(e)じゅうきゅう／じゅうく　(f)いち　(g)じゅうご

Ⅱ - A
(1)さんじです。(2)くじです。(3)じゅういちじです。(4)しちじです。(5)にじはんです。(6)よじはんです。

Ⅱ - B
1. ごご　ろくじです。 2. ごご　しちじです。 3. ごご　くじです。 4. ごご　じゅういちじはんです。 5. ごぜん　いちじです。 6. ごぜん　よじです。 7. ごご　いちじです。 8. ごご　さんじです。

Ⅲ - A
1. きゅうごいちの　ゼロさんにろく　2. さんろくにの　よんごいちきゅう　3. ろくきゅういちの　よんにさんろく　4. はちごにの　いちゼロさんに

Ⅲ - B （略）

Ⅳ
1. わたしの　せんせい　2. わたしの　でんわばんごう　3. わたしの　なまえ　4. たけしさんの　せんもん　5. メアリーさんの　ともだち　6. ロンドンだいがくの　がくせい　7. にほんごの　せんせい　8. こうこうの　せんせい

Ⅴ - A
(a) 1. たけしさんは　にほんじんです。
2. スーさんは　かんこくじんです。 3. ロバートさんは　イギリスじんです。 4. やましたせんせいは　にほんじんです。

(b) 1. たけしさんは　よねんせいです。
2. スーさんは　さんねんせいです。3. ロバートさんは　よねんせいです。
(c) 1. たけしさんは　にじゅうにさいです。
2. スーさんは　はたちです。3. ロバートさんは　にじゅうにさいです。4. やましたせんせいはよんじゅうななさいです。
(d) 1. たけしさんは　とうざいだいがくの　がくせいです。2. スーさんは　ソウルだいがくの　がくせいです。3. ロバートさんは　ロンドンだいがくの　がくせいです。4. やましたせんせいは　とうざいだいがくの　せんせいです。
(e) 1. たけしさんの　せんもんは　れきしです。2. スーさんの　せんもんは　コンピューターです。3. ロバートさんの　せんもんはビジネスです。

V - B
1. Q: メアリーさんは　アリゾナだいがくの　がくせいですか。A: ええ、そうです。2. Q: メアリーさんは　いちねんせいですか。A: いいえ、にねんせいです。3. Q: たけしさんは　にほんじんですか。A: ええ、そうです。4. Q: たけしさんは　にほんだいがくの　がくせいですか。A: いいえ、とうざいだいがくの　がくせいです。5. Q: たけしさんは　じゅうきゅうさいですか。A: いいえ、にじゅうにさいです。6. Q: スーさんは　スウェーデンじんですか。A: いいえ、かんこくじんです。7. Q: スーさんのせんもんは　けいざいですか。A: いいえ、コンピューターです。8. Q: ロバートさんのせんもんは　ビジネスですか。A: ええ、そうです。9. Q: ロバートさんは　よねんせいですか。A: ええ、そうです。10. Q: ロバートさんは　にじゅういっさいですか。A: いいえ、にじゅうにさいです。11. Q: やましたせんせいは　にほんじんですか。A: え

え、そうです。12. Q: やましたせんせいはハワイだいがくの　せんせいですか。A: いいえ、とうざいだいがくの　せんせいです。

VI - A
(a) 1. メアリーさんの　おかあさんは　しゅふです。2. メアリーさんの　おにいさんはだいがくいんせいです。3. メアリーさんのいもうとは　こうこうせいです。
(b) 1. メアリーさんの　おかあさんは　よんじゅうごさいです。2. メアリーさんの　おにいさんは　にじゅうさんさいです。3. メアリーさんの　いもうとは　じゅうろくさいです。

VI - B
1. はい、そうです。2. よんじゅうはっさいです。3. いいえ、しゅふです。4. よんじゅうごさいです。5. いいえ、だいがくいんせいです。6. にじゅうさんさいです。7. いいえ、こうこうせいです。8. じゅうろくさいです。

第2課

I - A
(a)さんじゅうよん／さんじゅうし　(b)ろくじゅうなな／ろくじゅうしち　(c)はちじゅうさん　(d)きゅうじゅうきゅう／きゅうじゅうく　(e)ひゃくにじゅうご　(f)ごひゃくじゅうご　(g)ろっぴゃくさん　(h)はっぴゃくごじゅう　(i)せんさんびゃく　(j)さんぜんよんひゃく　(k)はっせんきゅうひゃく　(l)さんまんごせん　(m)ろくまんよんせんごひゃく　(n)きゅうまんにせんさんびゃくよんじゅう

I - B
(1)ごじゅうえんです。(2)せんえんです。(3)ひゃくじゅうえんです。(4)せんごひゃくえんです。(5)ろっぴゃくえんです。(6)さんぜんごひゃくえんです。(7)いちまんえんで

す。(8)にまんえんです。(9)はっせんえんで
す。(10)きゅうせんえんです。(11)にまんご
せんえんです。(12)よんひゃくごじゅうえん
です。(13)にせんはっぴゃくえんです。

Ⅱ - A
(1)これは　じてんしゃです。(2)これは　ぼ
うしです。(3)これは　えんぴつです。(4)こ
れは　かさです。(5)これは　じしょです。
(6)これは　かばんです。(7)それは　テープ
です。(8)それは　にほんごの　ほんです。
(9)それは　ノートです。(10)それは　くつ
です。(11)それは　とけいです。(12)それは
しんぶんです。

Ⅱ - B
(1)あれは　だいがくです。　(2)あれは　ぎ
んこうです。(3)あれは　ゆうびんきょくで
す。(4)あれは　きっさてんです。

Ⅳ
(1)メアリーさんは　にねんせいです。たなか
さんも にねんせいです。(2)このかばんは
ごせんはっぴゃくえんです。あのかばんも　ご
せんはっぴゃくえんです。(3)たけしさんは
にじゅうにさいです。ロバートさんも　に
じゅうにさいです。(4)これは とけいです。
あれも とけいです。(5)これは やさいです。
あれも やさいです。(6)ロバートさんは　ロ
ンドンだいがくの　がくせいです。ナンシー
さんも　ロンドンだいがくの　がくせいです。

Ⅴ - A
1. いいえ、ちゅうごくじんじゃありません。
にほんじんです。2. いいえ、アメリカじん
じゃありません。イギリスじんです。3. いい
え、かんこくじんじゃありません。にほんじ
んです。4. いいえ、にほんごじゃありませ
ん。　ビジネスです。5. いいえ、けいざいじゃ
ありません。コンピューターです。6. はい、

そうです。7. いいえ、ロンドンだいがくの
がくせいじゃありません。アリゾナだいがく
の　がくせいです。8. いいえ、にねんせい
じゃありません。よねんせいです。9. いい
え、いちねんせいじゃありません。さんねん
せいです。10. はい、そうです。

第3課

Ⅰ - A
1. のみます／のみません　2. ききます／きき
ません　3. みます／みません　4. します／し
ません　5. はなします／はなしません　6. い
きます／いきません　7. きます／きません 8.
かえります／かえりません　9. ねます／ねま
せん　10. よみます／よみません　11. おきま
す／おきません　12. べんきょうします／べ
んきょうしません

Ⅰ - B
(a) (1)テープを聞きます。(2)テニスをしま
す。(3)ハンバーガーを食べます。(4)コー
ヒーを飲みます。(5)テレビを見ます。(6)日
本語を話します。
(b) (1)LLでテープを聞きます。(2)学校でテ
ニスをします。(3)マクドナルドでハンバー
ガーを食べます。(4)喫茶店でコーヒーを飲み
ます。(5)うちでテレビを見ます。(6)大学で
日本語を話します。

Ⅰ - C
(1)図書館に行きます。(2)学校に来ます。
(3)喫茶店に来ます。(4)家に帰ります。
(5)アメリカに帰ります。

Ⅱ - A
1. 七時半に起きます。2. 八時半に学校に行き
ます。3. 十二時に昼ごはんを食べます。4. 三

時にコーヒーを飲みます。**5.** 五時にうちに帰ります。**6.** 八時に勉強します。**7.** 十一時半に寝ます。

Ⅱ - C

(Ⅰ - B)（1）四時半にLLでテープを聞きます。（2）土曜日に学校でテニスをします。（3）五時にマクドナルドでハンバーガーを食べます。（4）三時に喫茶店でコーヒーを飲みます。（5）今晩うちでテレビを見ます。（6）毎日大学で日本語を話します。
(Ⅰ - C)（1）三時に図書館に行きます。（2）八時半に学校に来ます。（3）日曜日に喫茶店に来ます。（4）五時半に家に帰ります。（5）あしたアメリカに帰ります。

Ⅲ - A

1. 映画を見ませんか。**2.** 私のうちに来ませんか。**3.** テニスをしませんか。**4.** 晩ごはんを食べませんか。**5.** 図書館で勉強しませんか。**6.** 喫茶店で話しませんか。**7.** うちでお茶を飲みませんか。**8.** 音楽を聞きませんか。

第4課

Ⅰ - C

1. はい、あります。**2.** いいえ、ありません。**3.** いいえ、ありません。**4.** いいえ、ありません。**5.** フランス語のクラスと英語のクラスとコンピューターのクラスがあります。**6.** 英語のテストとパーティーがあります。**7.** アルバイトがあります。

Ⅱ - A

1. 郵便局は病院の前です。**2.** 喫茶店はホテルの中です。**3.** バス停は大学の前です。**4.** 公園はホテルの後ろです。**5.** スーパーは図書館のとなりです。**6.** 病院は大学とホテルの間です。

Ⅱ - B

1. えんぴつはつくえの上です。**2.** ラケットはかばんの中です。**3.** 時計はテレビの上です。**4.** 電話はテレビの右です。**5.** かばんはつくえの下です。**6.** ぼうしはドアの左です。

Ⅲ - A

1. いいえ、山下先生は子供じゃありませんでした。**2.** いいえ、山下先生は一年生じゃありませんでした。**3.** はい、山下先生はいい学生でした。**4.** いいえ、山下先生の専門は英語じゃありませんでした。**5.** はい、山下先生の専門は歴史でした。

Ⅳ - A

1. はなしました／はなしませんでした　**2.** かいました／かいませんでした　**3.** よみました／よみませんでした　**4.** かきました／かきませんでした　**5.** きました／きませんでした　**6.** まちました／まちませんでした　**7.** おきました／おきませんでした　**8.** わかりました／わかりませんでした　**9.** しました／しませんでした　**10.** とりました／とりませんでした　**11.** ありました／ありませんでした　**12.** ねました／ねませんでした　**13.** ききました／ききませんでした　**14.** かえりました／かえりませんでした　**15.** のみました／のみませんでした

Ⅳ - B

（1）メアリーさんは火曜日に家で手紙を書きました。（2）メアリーさんは水曜日に学校でテニスをしました。（3）メアリーさんは木曜日に喫茶店で日本人の友だちに会いました。（4）メアリーさんは金曜日に友だちのうちで晩ごはんを食べました。（5）メアリーさんは土曜日に京都で映面を見ました。（6）メアリーさんは日曜日にデパートで買い物をしました。

Ⅳ-C
1.はい、書きました。2.いいえ、行きません
でした。3.はい、会いました。4.いいえ、行
きませんでした。5.いいえ、しませんでし
た。6.はい、しました。

Ⅳ-D
1.学校でテニスをしました。2.家で手紙を書
きました。3.土曜日に映画を見ました。4.日
曜日に買い物に行きました。5.友だちのうち
で晩ごはんを食べました。6.喫茶店で友だち
に会いました。

Ⅵ-A
1.たけしさんはかばんも買いました。2.メア
リーさんも日本語を勉強します。3.たけしさ
んは日曜日にもアルバイトをします。4.メア
リーさんは学校でも日本語を話します。5.あ
した、メアリーさんはスーさんにも会いま
す。6.きのうもLLに行きませんでした。

Ⅵ-B
(1)木村さんはパーティーに行きます。山口さ
んもパーティーに行きます。(2)ごはんを食べ
ます。パンも食べます。(3)コーヒーを飲みま
す。お茶も飲みます。(4)英語を話します。ス
ペイン語も話します。(5)公園で写真を撮りま
す。お寺でも写真を撮ります。(6)うちで勉強
します。図書館でも勉強します。(7)土曜日に
デートをします。日曜日にもデートをしま
す。(8)火曜日にテストがあります。木曜日に
もテストがあります。(9)東京に行きます。広
島にも行きます。

第5課

Ⅰ-A
1.やすいです　2.あついです　3.さむいです

4.おもしろいです　5.つまらないです　6.い
そがしいです　7.いいです　8.しずかです
9.にぎやかです　10.きれいです　11.ひま
です

Ⅰ-B
1.さむくありません　2.ふるくありません
3.こわくありません　4.あたらしくありませ
ん　5.むずかしくありません　6.ちいさくあ
りません　7.よくありません　8.げんきじゃ
ありません　9.しずかじゃありません　10.
きれいじゃありません　11.ハンサムじゃあ
りません

Ⅰ-C
(1)この時計は安いです。／この時計は高くあ
りません。(2)暑いです。(3)寒いです。(4)
このテレビはおもしろいです。(5)このテレビ
はつまらないです。／このテレビはおもしろく
ありません。(6)メアリーさんは忙しいです。
／メアリーさんはひまじゃありません。(7)メ
アリーさんはひまです。／メアリーさんは忙し
くありません。(8)この町は静かです。／この
町はにぎやかじゃありません。(9)この町はに
ぎやかです。／この町は静かじゃありません。
(10)この部屋はきれいです。(11)テストはい
いです。(12)この部屋はきれいじゃありませ
ん。(13)テストはよくありません。

Ⅱ-A
1.やすかったです　2.あつかったです　3.さ
むかったです　4.おもしろかったです　5.つ
まらなかったです　6.いそがしかったです
7.よかったです　8.しずかでした　9.にぎや
かでした　10.きれいでした　11.ひまでした

Ⅱ-B
1.たかくありませんでした　2.たのしくあり
ませんでした　3.やさしくありませんでした

4. つまらなくありませんでした　5. おおきく
ありませんでした　6. よくありませんでした
7. いそがしくありませんでした　8. にぎやか
じゃありませんでした　9. しずかじゃありま
せんでした　10. きれいじゃありませんでし
た　11. ひまじゃありませんでした

Ⅱ - C
1. 食べ物は高くありませんでした。2. 食べ物
はおいしかったです。3. ホテルは大きくあり
ませんでした。4. ホテルは新しかったです。
5. レストランは静かじゃありませんでした。
6. 海はきれいでした。7. サーフィンはおもし
ろかったです。

Ⅱ - D
(1)映画を見ました。・こわかったです。(2)う
ちにいました。・とてもつまらなかったです。
(3)パーティーに行きました。・楽しくありませ
んでした。(4)フリーマーケットに行きまし
た。・安くありませんでした。(5)(解答略)

Ⅲ - A
(1)古い小テルですね。(2)つまらないテレビ
ですね。(3)難しい宿題ですね。(4)忙しい人
ですね。(5)ひまな人ですね。(6)にぎやかな
町ですね。(7)きれいな部屋ですね。

Ⅲ - B
(1)スーさんはきれいな人です。(2)ロバート
さんはおもしろい人です。(3)たけしさんは元
気な人です。

Ⅴ - A
1. うちに帰りましょう。2. 先生に聞きましょ
う。3. 映画を見ましょう。4. はがきを買いま
しょう。5. 出かけましょう。6. 待ちましょ
う。7. 泳ぎましょう。8. 写真を撮りましょ
う。9. バスに乗りましょう。

第6課

Ⅰ - A
1. たべて　2. かって　3. よんで　4. かいて
5. きて　6. まって　7. あそんで　8. とって
9. して　10. いそいで　11. いって　12. ね
て　13. しんで　14. はなして　15. かえって

Ⅰ - B　(略)

Ⅰ - C
1. あした電話をかけてください。2. 手紙を書
いてください。3. 窓を開けてください。4. お
茶を飲んでください。5. 漢字を教えてくださ
い。6. 飲み物を持ってきてください。7. 待っ
てください。8. 私と来てください。9. 病院に
行ってください。10. 本を返してください。
11. 友だちを連れてきてください。12. 立って
ください。

Ⅰ - D
(1)電気を消してください。(2)入ってくださ
い。(3)このテープを聞いてください。(4)急
いでください。／待ってください。(5)窓を閉
めてください。

Ⅱ - A
1. たばこを吸ってもいいですか。2. 電話をか
けてもいいですか。3. 朝、お風呂に入っても
いいですか。4. 遅く帰ってもいいですか。5.
友だちを連れてきてもいいですか。6. 音楽を
聞いてもいいですか。7. 夜、出かけてもいい
ですか。8. テレビゲームをしてもいいですか。

Ⅱ - B
1. お手洗いに行ってもいいですか。2. 家に
帰ってもいいですか。3. あした宿題を持って
きてもいいですか。4. 英語で話してもいいで
すか。5. たばこを吸ってもいいですか。6. 電

話を使ってもいいですか。／電話を借りてもいいですか。7. 写真を撮ってもいいですか。8. 窓を開けてもいいですか。9. 電気をつけてもいいですか。

Ⅱ- C
1. たばこを吸ってはいけません。2. 電話をかけてはいけません。3. 朝、お風呂に入ってはいけません。4. 遅く帰ってはいけません。5. 友だちを連れてきてはいけません。6. 音楽を聞いてはいけません。7. 夜、出かけてはいけません。8. テレビゲームをしてはいけません。

Ⅲ- A
(1)テレビを消して、出かけます。(2)朝ごはんを食べて、お手洗いに行きます。(3)お風呂に入って、デートをします。(4)日本語のテープを聞いて、寝ます。(5)新聞を読んで、コーヒーを飲みます。

Ⅴ
1. 窓を開けましょうか。2. テレビをつけましょうか。3. 手伝いましょうか。4. 先生に聞きましょうか。5. 電話をかけましょうか。6. 荷物を持ちましょうか。7. 飲み物を持ってきましょうか。8. 電気を消しましょうか。9. 写真を撮りましょうか。10. 窓を閉めましょうか。

第7課

Ⅰ- A
(1)メアリーさんは本を読んでいます。(2)メアリーさんは泳いでいます。(3)メアリーさんは写真を撮っています。(4)メアリーさんは日本語のテープを聞いています。(5)メアリーさんは歌を歌っています。(6)メアリーさんは日本語を話しています。(7)メアリーさんは友だちを待っています。(8)メアリーさんはたばこを吸っています。(9)メアリーさんはテニスをしています。(10)メアリーさんはコーヒーを飲んでいます。(11)メアリーさんは電話をかけています。

Ⅱ- A
1. お姉さんはソウルに住んでいます。2. いいえ、弟さんはロンドンに住んでいます。3. お母さんは高校の先生です。4. お姉さんは銀行に勤めています。5. はい、お姉さんは結婚しています。6. いいえ、弟さんは結婚していません。7. お父さんは四十八歳です。8. 弟さんは十八歳です。9. いいえ、お父さんはアメリカの会社に勤めています。

Ⅲ- A
1. いいえ、山田さんは太っていません。2. いいえ、山田さんはセーターを着ています。3. 吉川さんはトレーナーを着ています。4. はい、山田さんはジーンズをはいています。5. いいえ、吉川さんはめがねをかけていません。6. いいえ、吉川さんはかさを持っていません。7. はい、山田さんは背が高いです。8. はい、吉川さんは背が低いです。9. いいえ、山田さんは髪が短いです。10. いいえ、吉川さんは目が大きいです。

Ⅳ- A
1. 東京は大きくてにぎやかです。2. みちこさんはきれいでやさしいです。3. たけしさんは背が高くてかっこいいです。4. アパートは静かで大きいです。5. 新幹線は速くて便利です。6. スーさんは頭がよくて親切です。7. 私の国の人は元気でにぎやかです。

Ⅳ- B
1. 私の町は静かでよかったです。2. 私の先生は大きくてこわかったです。3. 私の家は古くてきれいじゃありませんでした。4. クラスは

長くておもしろくありませんでした。5. 私の
友だちは親切でおもしろかったです。6. 学校
はにぎやかでおもしろかったです。7. 宿題は
難しくて大変でした。8. 私は小さくてかわい
かったです。

V - A
1. スーさんはLLにテープを聞きに行きます。
2. スーさんは図書館に本を借りに行きます。
3. スーさんは食堂に昼ごはんを食べに行きます。
4. スーさんは郵便局に切手を買いに行きます。
5. スーさんは公園に写真を撮りに行きます。
6. スーさんは友だちのうちに勉強しに行きます。
7. スーさんは町に遊びに行きます。
8. スーさんはデパートにくつを買いに行きます。
9. スーさんは高校に英語を教えに行きます。
10. スーさんは喫茶店にコーヒーを飲みに行きます。

第8課

I - A
1. みない　2. あけない　3. すまない　4. か
けない　5. はかない　6. はじめない　7. つく
らない　8. せんたくしない　9. あらわない
10. こない　11. わすれない　12. ない　13.
おもわない　14. もっていかない　15. はいら
ない　16. かえらない　17. あめがふらない

I - B
1. ゆうめいじゃない　2. あめじゃない　3. い
そがしくない　4. かわいくない　5. みじかく
ない　6. しんせつじゃない　7. やすくない
8. きれいじゃない　9. たいへんじゃない　10.
よくない　11. かっこよくない　12. すきじゃ
ない　13. きらいじゃない

III - A

1. うん、勉強する。／ううん、勉強しない。
2. うん、会う。／ううん、会わない。3. うん、
飲む。／ううん、飲まない。4. うん、乗る。／
ううん、乗らない。5. うん、話す。／ううん、
話さない。6. うん、見る。／ううん、見ない。
7. うん、来る。／ううん、来ない。8. うん、
ある。／ううん、ない。9. うん、持っている。
／ううん、持っていない。10. うん、行く。／
ううん、行かない。11. うん、掃除する。／う
うん、掃除しない。12. うん、洗濯する。／う
うん、洗濯しない。

III - B
1. うん、ひま。／ううん、ひまじゃない。2. う
ん、忙しい。／ううん、忙しくない。3. うん、
おもしろい。／ううん、おもしろくない。4. う
ん、難しい。／ううん、難しくない。5. うん、
いい。／ううん、よくない。6. うん、こわい。
／ううん、こわくない。7. うん、上手。／うう
ん、上手じゃない。8. うん、好き。／ううん、
好きじゃない。9. うん、きらい。／ううん、き
らいじゃない。10. うん、月曜日。／ううん、
月曜日じゃない。

III - A
1. メアリーさんはよく料理をすると思いま
す。2. メアリーさんは車を運転すると思いま
す。3. メアリーさんはたばこを吸わないと思
います。4. メアリーさんは毎日日本語のテー
プを聞くと思います。5. メアリーさんは夜遅
く家に帰らないと思います。6. メアリーさん
はあまりお酒を飲まないと思います。7. メア
リーさんはよく映画を見に行くと思います。
8. メアリーさんは結婚していないと思いま
す。9. メアリーさんはたけしさんが好きだと
思います。10. メアリーさんは忙しいと思いま
す。11. メアリーさんはいい学生だと思いま

す。12. メアリーさんは背が高くないと思い
ます。13. メアリーさんはこわくないと思い
ます。14. メアリーさんは静かじゃないと思
います。15. メアリーさんは一年生じゃないと
思います。

Ⅲ- B
(그림 A)
1. ええ、会社員だと思います。／いいえ、会社
員じゃないと思います。2. ええ、有名だと思
います。／いいえ、有名じゃないと思います。
3. ええ、ひまだと思います。／いいえ、ひま
じゃないと思います。4. ええ、頭がいいと思
います。／いいえ、頭がよくないと思います。
5. ええ、背が高いと思います。／いいえ、背が
高くないと思います。6. ええ、忙しいと思い
ます。／いいえ、忙しくないと思います。7. え
え、結婚していると思います。／いいえ、結婚
していないと思います。8. ええ、お金をたく
さん持っていると思います。／いいえ、お金を
たくさん持っていないと思います。9. ええ、
よく食べると思います。／いいえ、あまり食べ
ないと思います。10. ええ、よくスポーツを
すると思います。／いいえ、あまりスポーツを
しないと思います。11. ええ、フランス語を
話すと思います。／いいえ、フランス語を話さ
ないと思います。

(그림 B)
1. ええ、ここは日本だと思います。／いいえ、
ここは日本じゃないと思います。2. ええ、有
名な所だと思います。／いいえ、有名な所じゃ
ないと思います。3. ええ、空気はきれいだと
思います。／いいえ、空気はきれいじゃないと
思います。4. ええ、暑いと思います。／いい
え、暑くないと思います。5. ええ、冬は寒い
と思います。／いいえ、冬は寒くないと思いま
す。6. ええ、人がたくさん住んでいると思い
ます。／いいえ、人がたくさん住んでいない

思います。7. ええ、ここの人はよく泳ぐと思
います。／いいえ、ここの人はあまり泳がない
と思います。8. ええ、よく仕事をすると思い
ます。／いいえ、あまり仕事をしないと思いま
す。9. ええ、夏によく雨が降ると思います。／
いいえ、夏にあまり雨が降らないと思います。

Ⅳ- A
1. 来月もひまじゃないと言っていました。2.
あしたは買い物をすると言っていました。3.
京都に住んでいると言っていました。4. ホー
ムステイをしていると言っていました。5. お
父さんは親切だと言っていました。6. お母さ
んは料理が上手だと言っていました。7. お兄
さんは大学生だと言っていました。8. 家族は
英語を話さないと言っていました。9. あした
はいい天気だと言っていました。10. あした
は寒くないと言っていました。11. あさって
は雨が降ると言っていました。12. あさって
は寒いと言っていました。

Ⅴ
1. 英語を話さないでください。2. 電話をかけ
ないでください。3. 私の家に来ないでくださ
い。4. 行かないでください。5. たばこを吸わ
ないでください。6. クラスで寝ないでくださ
い。7. 忘れないでください。8. じろじろ見な
いでください。9. まだクラスを始めないでく
ださい。10. 遅くならないでください。11. ま
だ黒板を消さないでください。

Ⅵ- A
1. メアリーさんはフランス語が上手です。2.
メアリーさんはテレビゲームが下手です。3.
メアリーさんは料理が上手です。4. メアリー
さんはすしを作るのが下手です。5. メアリー
さんは日本語を話すのが上手です。6. メア
リーさんは写真を撮るのが上手です。7. メア

リーさんは車を運転するのが上手です。8. メアリーさんははしで食べるのが上手です。9. メアリーさんはラブレターを書くのが上手です。

VII- A

1. スーさんが韓国人です。2. ロバートさんが料理をするのが上手です。3. たけしさんがいつも食堂で食べます。4. たけしさんとメアリーさんがデートをしました。5. メアリーさんが犬が好きです。

VIII- A

1. パーティーに行きましたが、何も飲みませんでした。2. カラオケがありましたが、何も歌いませんでした。3. テレビがありましたが、何も見ませんでした。4. カメラを持っていましたが、何も撮りませんでした。5. ゆみさんに会いましたが、何も話しませんでした。6. パーティーに行きましたが、何もしませんでした。

第9課

I- A

(a) 1. はなした　2. しんだ　3. すんだ　4. かけた　5. いった　6. あそんだ　7. つくった　8. せんたくした　9. あらった　10. きた　11. ひいた　12. まった　13. いそいだ　14. もらった　15. おどった　16. でた
(b) 1. みなかった　2. すてなかった　3. すまなかった　4. かけなかった　5. はかなかった　6. はじまらなかった　7. つくらなかった　8. せんたくしなかった　9. あらわなかった　10. こなかった　11. いわなかった　12. うんどうしなかった　13. おぼえなかった　14. うたわなかった　15. かえらなかった　16. やすまなかった

I- B

(a) 1. ゆうめいだった　2. あめだった　3. あかかった　4. かわいかった　5. みじかかった　6. しんせつだった　7. やすかった　8. きれいだった　9. いいてんきだった　10. かっこよかった　11. さびしかった　12. ねむかった
(b) 1. いじわるじゃなかった　2. びょうきじゃなかった　3. わかくなかった　4. かわいくなかった　5. ながくなかった　6. べんりじゃなかった　7. あおくなかった　8. しずかじゃなかった　9. いいてんきじゃなかった　10. かっこよくなかった　11. おもしろくなかった　12. さびしくなかった

II- A

1. きのうピザを食べた？　2. きのう散歩した？　3. きのう図書館で本を借りた？　4. きのううちを掃除した？　5. きのううちで料理した？　6. きのう友だちに会った？　7. きのう単語を覚えた？　8. きのう学校に来た？　9. きのう家族に電話をかけた？　10. きのうコンピューターを使った？　11. きのう手紙をもらった？　12. きのう遊びに行った？　13. きのう運動した？　14. きのうディスコで踊った？

II- B

1. 子供の時、かわいかった？　2. 子供の時、髪が長かった？　3. 子供の時、背が高かった？　4. 子供の時、勉強が好きだった？　5. 子供の時、スキーが上手だった？　6. 子供の時、さびしかった？　7. 子供の時、楽しかった？　8. 子供の時、スポーツが好きだった？　9. 子供の時、宿題がきらいだった？　10. 子供の時、頭がよかった？　11. 子供の時、先生は親切だった？　12. 子供の時、いじわるだった？

III- A

(a) 1. はい、きれいだったと思います。／いい

え、きれいじゃなかったと思います。2. は
い、いじわるだったと思います。／いいえ、い
じわるじゃなかったと思います。3. はい、上
手だったと思います。／いいえ、上手じゃな
かったと思います。4. はい、頭がよかったと
思います。／いいえ、頭がよくなかったと思い
ます。5. はい、背が高かったと思います。／い
いえ、背が高くなかったと思います。6. は
い、黒かったと思います。／いいえ、黒くな
かったと思います。7. はい、やせていたと思
います。／いいえ、やせていなかったと思いま
す。8. はい、弾いたと思います。／いいえ、弾
かなかったと思います。9. はい、勉強したと
思います。／いいえ、勉強しなかったと思いま
す。10. はい、手伝ったと思います。／いい
え、手伝わなかったと思います。
(b) 1. はい、かわいかったと思います。／いい
え、かわいくなかったと思います。2. はい、
好きだったと思います。／いいえ、好きじゃな
かったと思います。3. はい、太っていたと思
います。／いいえ、太っていなかったと思いま
す。4. はい、いじわるだったと思います。／い
いえ、いじわるじゃなかったと思います。5.
はい、遊んだと思います。／いいえ、遊ばな
かったと思います。6. はい、人気があったと思
います。／いいえ、人気がなかったと思います。

Ⅵ- A
1. いいえ、まだ買っていません。2. いいえ、
まだしていません。3. いいえ、まだ書いてい
ません。4. いいえ、まだ飲んでいません。5.
いいえ、まだ食べていません。6. いいえ、ま
だ覚えていません。

Ⅶ- A
1. 魚がきらいだから→すしを食べません。2.
試験が終わったから→今はひまです。3. 旅行
に行ったから→学校を休みました。4. コン

サートの切符を二枚もらったから→行きませ
んか。5. 天気がよくなかったから→遊びに行
きませんでした。6. クラスが始まるから→急
ぎましょう。

第10課

Ⅰ - A
1. 新幹線のほうがバスより速いです。2. 電車
のほうが新幹線より遅いです。3. バスのほう
が新幹線より安いです。4. 電車のほうがバス
より高いです。5. 東京のほうが大阪より大き
いです。6. 京都のほうが大阪より小さいで
す。7. 田中さんのほうが山田さんより背が高
いです。8. 山田さんのほうが鈴木さんより背
が低いです。9. 田中さんのほうが鈴木さんよ
り若いです。10. 山田さんのほうが鈴木さん
より髪が短いです。

Ⅱ - A
1. バスがいちばん遅いです。2. バスがいちば
ん安いです。3. 東京がいちばん大きいです。
4. 京都がいちばん小さいです。5. 鈴木さんが
いちばん背が高いです。6. 山田さんがいちば
ん若いです。7. 鈴木さんがいちばん髪が長い
です。

Ⅲ - A
(1) このアイスクリームはスーさんのです。
(2) このピザはトムさんのです。(3) このパン
はたろうさんのです。(4) このトマトはゆみさ
んのです。(5) このケーキはようこさんので
す。(6) このヨーグルトはクリスさんのです。
(7) このジュースはけんさんのです。(8) この
ミルクはまりさんのです。

Ⅳ - A
(1) 月曜日にピアノを練習するつもりです。

(2)火曜日に運動するつもりです。(3)水曜日に洗濯するつもりです。(4)木曜日に友だちに手紙を書くつもりです。(5)木曜日に出かけないつもりです。(6)金曜日に友だちと晩ごはんを食べるつもりです。(7)金曜日に日本語を勉強しないつもりです。(8)土曜日に友だちのうちに泊まるつもりです。(9)土曜日に家に帰らないつもりです。(10)日曜日に部屋を掃除するつもりです。(11)日曜日に早く起きないつもりです。

V - A
(1)眠くなりました。(2)元気になりました。(3)大きくなりました。(4)髪が短くなりました。(5)ひまになりました。(6)暑くなりました。(7)涼しくなりました。(8)医者になりました。(9)春になりました。(10)円が安くなりました。

Ⅵ - A
(1)うちから学校までバスで行きます。(2)うちからバス停まで歩いて行きます。(3)うちから会社まで車で行きます。(4)横浜から東京まで電車で行きます。(5)会社からデパートまで地下鉄で行きます。(6)名古屋から東京まで新幹線で行きます。(7)日本からハワイまで飛行機で行きます。(8)日本からインドネシアまで船で行きます。

Ⅵ - B
(1)うちから学校まで四十分かかります。(2)うちからバス停まで二十分かかります。(3)うちから会社まで一時間かかります。(4)横浜から東京まで三十分かかります。(5)会社からデパートまで十五分かかります。(6)名古屋から東京まで二時間かかります。(7)日本からハワイまで八時間かかります。(8)日本からインドネシアまで一週間かかります。

第11課

Ⅰ - A
1. 湖に行きたいです。2. 日本語のテープが聞きたいです。3. 旅行がしたいです。4. ゆっくり休みたくありません。5. 会社の社長になりたくありません。6. 日本で働きたいです。7. 車が買いたいです。8. 日本に住みたくありません。9. 留学したいです。10. 山に登りたくありません。

Ⅰ - C
1. 子供の時、テレビが見たかったです。2. 子供の時、飛行機に乗りたかったです。3. 子供の時、お風呂に入りたくありませんでした。4. 子供の時、犬が飼いたかったです。5. 子供の時、学校をやめたくありませんでした。6. 子供の時、魚が食べたくありませんでした。7. 子供の時、男の子/女の子と話したくありませんでした。8. 子供の時、ピアノが習いたくありませんでした。9. 子供の時、車が運転したかったです。10. 子供の時、有名になりたかったです。11. 子供の時、ミッキー・マウスに会いたかったです。

Ⅱ - A
1. たけしさんはキャンプに行ったり、ドライブに行ったりしました。2. きょうこさんはお菓子を作ったり、家で本を読んだりしました。3. スーさんは大阪に遊びに行ったり、食べに行ったりしました。4. けんさんは部屋を掃除したり、洗濯したりしました。5. ロバートさんは友だちと会ったり、ビデオを見たりしました。6. 山下先生は温泉に行ったり、休んだりしました。

Ⅲ - A
1. すしを食べたことがあります。2. フランス

語を勉強したことがあります。3. レストラン
で働いたことがあります。4. 広島に行ったこ
とがありません。5. ラブレターを書いたこと
がありません。6. 授業で寝たことがあります。7. 富士山に登ったことがあります。8. 日
本で車を運転したことがありません。9. 日本
の映画を見たことがありません。

第12課

Ⅰ-A
(1)彼から電話があったんです。(2)プレゼン
トをもらったんです。(3)あしたは休みなんで
す。(4)きのうは誕生日だったんです。(5)テ
ストが難しくなかったんです。(6)のどが痛い
んです。(7)かぜをひいたんです。(8)切符を
なくしたんです。(9)あしたテストがあるんで
す。(10)せきが出るんです。(11)彼女と別れ
たんです。

Ⅰ-B
(1)友だちにもらったんです。(2)イタリアの
なんです。(3)母が作ったんです。(4)安かっ
たんです。(5)親切なんです。

Ⅱ-A
(1)食べすぎました。(2)飲みすぎました。
(3)テレビを見すぎました。(4)買いすぎまし
た。(5)この服は大きすぎます。(6)このテス
トは難しすぎます。(7)このセーターは高すぎま
す。(8)このお風呂は熱すぎます。(9)この宿題
は多すぎます。(10)この犬は元気すぎます。

Ⅲ-A
1. 早く寝たほうがいいですよ。2. 遊びに行か
ないほうがいいですよ。3. 病院に行ったほう
がいいですよ。4. 仕事を休んだほうがいいで
すよ。5. うちに帰ったほうがいいですよ。6.
運動しないほうがいいですよ。

Ⅳ-A
1. 安いので、買います。2. あの映画はおもし
ろくないので、見たくありません。3. 今週は
忙しかったので、疲れています。4. 病気だっ
たので、授業を休みました。5. 彼女はいつも
親切なので、人気があります。6. 政治に興味
がないので、新聞を読みません。7. あしたテ
ストがあるので、勉強します。8. のどがかわ
いたので、ジュースが飲みたいです。9. 歩き
すぎたので、足が痛いです。

Ⅴ-A
(1)トムさんは八時にうちを出なくちゃいけま
せん。(2)トムさんは九時に授業に出なくちゃ
いけません。(3)トムさんは一時に山下先生に
会わなくちゃいけません。(4)トムさんは二時
に英語を教えなくちゃいけません。(5)トムさ
んは三時にLLに行って、テープを聞かなく
ちゃいけません。(6)トムさんは五時にうちに
帰らなくちゃいけません。(7)トムさんは六時
にホストファミリーと晩ごはんを食べなく
ちゃいけません。(8)トムさんは八時に宿題を
しなくちゃいけません。(9)トムさんは九時に
お風呂に入らなくちゃいけません。(10)トム
さんは十時に薬を飲まなくちゃいけません。
(11)トムさんは十一時にうちに電話をかけな
くちゃいけません。

Ⅵ-A
(1)シドニーはあした晴れでしょう。(2)シド
ニーはあした暑いでしょう。(3)シドニーの気
温は、三十度ぐらいでしょう。(4)香港はあし
た雨でしょう。(5)香港はあした涼しいでしょ
う。(6)香港の気温は、十八度ぐらいでしょう。
(7)ローマはあしたくもりでしょう。(8)ロー
マはあした暖かいでしょう。(9)ローマの気温
は、二十度ぐらいでしょう。

◆ 聞く練習
き　　　れんしゅう

第1課

A. 1. h　2. k　3. g　4. a　5. e　6. j　7. f
8. c　9. b　10. i　11. d
B. 1. A.M 4　2. P.M 9　3. P.M 1　4. P.M 7:30
5. A.M 11　6. P.M 3:30
C. 1. 905-0877　2. 5934-1026　3. 49-1509
4. 6782-3333
D. [이] 1. 미국인　2. 아메리칸 대학　3. 2학
년　4. 경영　[테일러] 1. 호주인　2. 시드니
대학　3. 1학년　4. 일본어

第2課

A. 1. ¥80　2. ¥1,000　3. ?　4. ¥120
5. ¥100
B. 1. 크리스티(다나카)　2. 파리, 프랑스
3. 영어　4. 프랑스인　5. 일본인
C. 1. a. ¥3,000　b. ¥600　c. ¥1,200
2. 우동, 가격이 싸기 때문에
3. 우동

第3課

A. [메리] 1. 교토에서 영화를 봤다.　2. 도서
관에서 공부를 했다.　[수] 1. 집에서 책을 읽
었다.　2. 오사카의 레스토랑에서 저녁 식사를
했다.
B. 1. c　2. a　3. g　4. e　5. h　6. f　7. b
8. i　9. d
C. 1. a　2. b　3. d　4. b　5. d　6. c　7. c
D. 1. b　2. a　3. a, c　4. b, c

第4課

A. 1. 집에서 TV를 봤다　2. 친구와 함께 백화
점에 갔다.　3. 테니스를 할 예정이다
B. 1. a　2. d　3. e　4. b　5. f　6. c
C. 1. 9월 14일　2. 월요일　3. [수] a, e
[메리] a, d [로버트] b, c, f　4. 로버트는 오
늘 시험인 것을 알지 못했다.

第5課

A. 1. 오래된 집이다　2. 깨끗하다　3. 조용하
다　4. 크지 않다　5. 많다　6. 94,000
B. 1. a. 친절한, 테니스를 하다.　b. 재미있는
사람, 친구와 식사를 하다.　c. 조용한 사람, 집
에서 TV를 보다.
C. [메리] 1. a　2. b　3. c　4. a　[다케시] 1.
b　2. a　3. a　4. a　5. a

第6課

A. 1. F　2. T　3. T　4. F
B. 1, 3, 4, 6
C. 1. [미치코] a. 토요일　b. 아르바이트를 한
다.　[수] a. 토요일　b. 친구들이 놀러온다.
[로버트] a. 일요일　b. 월요일 시험 때문에 공
부를 한다.　2. 다음 주

第7課

A. 1. 수와 함께 방에서 숙제를 하고 있었다.
2. 로버트와 함께 숙제를 하고 있었다.　3. 다
케시의 방에서 음악을 듣고 있었다.　4. 다케
시의 방에서 음악을 듣고 있었다.　5. 목욕을

하였다   6. 모른다.
B. 1. a, h   2. b, f   3. c, e   4. d, g
C. 1. c   2. b   3. b

第8課

A. 1. (f)   2. (c)   3. (b)   4. (e)   5. (a)   6. (d)
7. (g)
B. 1. 4:30 일요일   2. 아니요. 아르바이트를 하기 때문에   3. 예. 그는 일요일에는 바쁘지 않다고 했다.
C. 1. c, d, e   2. b, c   3. a

第9課

A. 1. 미치코는 켄을 기다린다.   2. 약 10분 정도   3. 그들은 저녁에 스파게티를 먹으러 갈 것이다.   4. 호텔 근처
B. 1. f   2. e   3. h   4. c   5. g   6. a   7. b
C. 1. 5, ￥600   2. 3, ￥180   3. 9, ￥1,800
4. 8, ￥960   5. 7, ￥8,400

第10課

A. [메리] 1. 한국   2. 많이 먹고, 쇼핑   3. 1주일   [로버트] 1. 런던   2. 귀국, 친구 만나기
3. 12/22 ~ 1/23   [다케시] 1. 어디든 상관없다   [수] 1. 한국   2. 귀국, 가족들 만나기, 스키 타기   3. 약 3주 정도
B. 1. 하나오카 대학   2. 매년 1,500,000엔
3. 버스와 기차로 약 2시간 정도   4. 쓰시마 대학. 거기에는 유명한 일본어 선생님이 많다.
C. 1. はい。東京へ行きました。 2. いいえ、友だちと行きました。 3. バスで行きまし

た。 4. 12月11日から12月15日まで東京にいました。 5. 買い物をしました。それから東京ディズニーランドに行きました。

第11課

A. [あきら] 1. a, j   2. i   [よしこ] 1. e, f, g
2. h   [けん] 1. d   2. b, c
B. 1. c   2. d   3. 오늘: a, d   내일: b, c
C. [메리] 1. 사장   2. 사장   [톰] 1. 가수   2. 부자; 부자와 결혼하길 바란다. [선생님] 1. 특별히 되고 싶은게 없었다.   2. 때때로 직업(선생님)을 그만 두고 싶다.

第12課

A. [환자1] a, d, e: 집에서 쉴 것   [환자2] a: 과식하지 말 것   [환자3] b, c, e: 큰 병원으로 가 볼 것
B. 1. 아니요. 다카하시는 아이 생일 때문에 집에 간다   2. 집에 가는 길에 아이를 위해 뭔가를 산다.
C.
1. [도쿄] 비, 때때로 구름: 더움, 29℃
2. [모스크바] 흐림: 약간 추움, 17℃
3. [방콕] 맑음: 매우 더움, 38℃
4. [캔버라] 흐름: 때때로 비: 따뜻함, 21℃

듣기 스크립트

第1課

Ⓐ

1. ありがとうございます。
2. さようなら。
3. あっ、すみません。
4. おはよう。
5. おやすみなさい。
6. こんにちは。
7. はじめまして。どうぞよろしく。
8. こんばんは。
9. ごちそうさま。
10. いってきます。
11. ただいま。

Ⓑ

예 :
乗客：すみません。今、何時ですか。
乗務員：今、六時です。
乗客：東京は、今何時ですか。
乗務員：午前八時です。

1.
乗客：すみません。今、パリは何時ですか。
乗務員：今、午前四時です。
乗客：ありがとうございます。
乗務員：どういたしまして。
2.
乗客：すみません。今、何時ですか。
乗務員：今、七時です。

乗客：ソウルは、今何時ですか。
乗務員：午後九時です。

3.
乗客：すみません。ニューヨークは今何時ですか。
乗務員：午後一時です。
乗客：ありがとう。
乗務員：どういたしまして。

4.
乗客：すみません。ロンドンは今何時ですか。
乗務員：七時半です。
乗客：午前ですか、午後ですか。
乗務員：午前です。

5.
乗客：すみません。台北は今何時ですか。
乗務員：午前十一時です。
乗客：ありがとうございます。
乗務員：どういたしまして。

6.
乗客：すみません。シドニーは今何時ですか。
乗務員：三時半です。午後三時半です。
乗客：ありがとうございます。
乗務員：どういたしまして。

Ⓒ

예 :
田中：すみません。鈴木さんの電話番号は何ですか。
交換：51-6751 です。
田中：51-6751 ですね。
交換：はい、そうです。

1.

田中：すみません。川崎さんの電話番号は何ですか。
交換：905-0877 です。
田中：905-0877 ですね。
交換：はい、そうです。

2.

田中：すみません。リーさんの電話番号は何ですか。
交換：5934-1026 です。
田中：5934-1026 ですね。
交換：はい、そうです。
田中：どうもありがとう。

3.

田中：すみません。ウッズさんの電話番号は何で
　　　すか。
交換：49-1509 です。
田中：49-1509 ですね。
交換：はい、そうです。

4.

田中：すみません。トンプソンさんの電話番号は
　　　何ですか。
交換：6782-3333 です。
田中：6782-3333 ですね。
交換：はい、そうです。

Ⓓ

1.

日本人：リーさんは日本人ですか。
リー：いいえ、アメリカ人です。
日本人：学生ですか。
リー：ええ、アメリカ大学の学生です。
日本人：今、何年生ですか。
リー：二年生です。
日本人：リーさんの専門は日本語ですか。
リー：ビジネスです。

2.

日本人：テイラーさんはオーストラリア人ですか。
テイラー：ええ、そうです。シドニー大学の一年

生です。
日本人：そうですか。専門は経済ですか。
テイラー：いいえ、日本語です。

第 2 課

Ⓐ

客A：すみません。ガムください。
店員：百円です。どうも。
客B：新聞ください。
店員：ええと、八十円です。
客C：あの、このかさはいくらですか。
店員：千円です。
客C：じゃあ、これください。
店員：どうも。
客B：すみません。コーラください。
店員：はい。百二十円です。

Ⓑ

メアリー：たけしさん、私の友だちのクリスティ・
　　　田中さんです。
クリスティ：はじめまして。クリスティです。
たけし：はじめまして。木村たけしです。あの、
　　　クリスティさんはアメリカ人ですか。
クリスティ：いいえ、アメリカ人じゃありません。
　　　フランス人です。パリ大学の学生です。専門は
　　　英語です。
たけし：そうですか。クリスティさんのお父さん
　　　は、日本人ですか。
クリスティ：ええ。
たけし：お母さんも日本人ですか。
クリスティ：いいえ、フランス人です。

Ⓒ

たけし：メアリーさん、このレストランの天ぷら
　　　はおいしいですよ。

メアリー：天ぷら？　天ぷらはいくらですか。

たけし：えっと……千二百円ですね。

メアリー：千二百円。うーん……。あのう……
　　　すきやきは何ですか。

たけし：肉です。

メアリー：いいですね。ええと……すきやき……。
　　　えっ、三千円！　高いですね。

たけし：そうですね。あの……うどんは六百円です。

メアリー：じゃあ、私はうどん。

たけし：じゃあ、私も。

第3課

Ⓐ

スー：メアリーさん、週末何をしますか。

メアリー：土曜日は京都へ行きます。

スー：京都？

メアリー：ええ、映画を見ます。スーさんは？

スー：土曜日はうちで本を読みます。でも、日曜
　　　日に大阪へ行きます。レストランで晩ごはんを
　　　食べます。

メアリー：そうですか。私は日曜日は図書館で勉
　　　強します。

Ⓑ

リーダー：あしたのスケジュールです。あしたは
　　　六時に起きます。

生徒A：朝ごはんは何時ですか。

リーダー：七時半です。七時半に朝ごはんを食べ
　　　ます。

生徒B：朝は何をしますか。

リーダー：テニスをします。十二時半に昼ごはん
　　　を食べます。

生徒A：午後は何をしますか。

リーダー：一時半に勉強します。三時にバスケッ
　　　トボールをします。六時に晩ごはんを食べます。

生徒B：あしたも映画を見ますか。

リーダー：はい。七時半に映画を見ます。日本の
　　　映画ですよ。

生徒A：何時に寝ますか。

リーダー：十一時半に寝ます。じゃあ、おやすみ
　　　なさい。

Ⓒ

友だち：スーさんはよく勉強しますか。

スー：ええ。毎日、日本語を勉強します。よく図
　　　書館に行きます。図書館で本を読みます。でも、
　　　日本語のテープはあまり聞きません。

友だち：週末は何をしますか。

スー：そうですね。よく友だちと映画を見ます。

友だち：日本の映画ですか。

スー：いいえ、アメリカの映画をよく見ます。日
　　　本の映画はあまり見ません。それから、ときど
　　　きテニスをします。

友だち：毎日、朝ごはんを食べますか。

スー：いいえ、食べません。でもときどきコーヒー
　　　を飲みます。

Ⓓ

友だち：メアリーさん、喫茶店でコーヒーを飲み
　　　ませんか。

メアリー：うーん、ちょっと……。私、家に帰り
　　　ます。

友だち：えっ、家に帰る？　今、九時ですよ。早
　　　いですよ。

メアリー：でも……今晩、勉強します。

友だち：日本語ですか。

メアリー：ええ。日本語。テープを聞きます。

友だち：そうですか……。じゃあ、メアリーさん、
　　　喫茶店で日本語を話しませんか。

メアリー：すみません。おやすみなさい。

友だち：あ、メアリーさん、お願いします。あし
　　　た、学校で昼ごはんを食べませんか。

メアリー：いいえ。私、あした、学校に行きませ
　　ん。さようなら。

友だち：あ、メアリーさ～ん……。

第4課

Ⓐ

メアリー：お父さんは今日、何をしましたか。
ホストファミリーの父：うちでテレビを見ましたよ。
メアリー：一人で？
父：ええ、お母さんは友だちとデパートへ行きました。
メアリー：そうですか。お父さん、あしたは何をしますか。
父：うーん……。
メアリー：じゃあ、テニスをしませんか。
父：ああ、いいですね。

Ⓑ

　これは、金曜日のパーティーの写真です。
　私の右はお母さんです。私の左はお父さんです。
　お母さんのとなりはマイクさんです。マイクさんはオーストラリア人です。
　マイクさんの後ろはりかさんです。りかさんはマイクさんのガールフレンドです。
　私の後ろは、友だちのたけしさんです。たけしさんはハンサムです。
　たけしさんの左は、けんさんです。

Ⓒ

先生：みなさん、おはようございます。
学生全員：おはようございます。
先生：今日は何月何日ですか。ロバートさん。
ロバート：えーっと、九月じゅうようかです。
先生：じゅうようかですか。
ロバート：あっ、じゅうよっかです。
先生：そうですね。何曜日ですか。スーさん。
スー：月曜日です。
先生：そうですね。週末はどうでしたか。何をしましたか。スーさん。
スー：友だちに会いました。友だちとカラオケへ

行きました。勉強もしました。
先生：そうですか。メアリーさんは何をしましたか。
メアリー：うちで手紙を書きました。それから、たくさん勉強しました。
先生：そうですか。いい学生ですね。ロバートさんは？
ロバート：東京に行きました。東京のディスコでダンスをしました。買い物もしました。
先生：そうですか。勉強もしましたか。
ロバート：いいえ、ぜんぜんしませんでした。
先生：今日は、テストがありますよ。
ロバート：えっ、テストですか！？

第5課

Ⓐ

不動産屋：この家はどうですか。
客：新しい家ですか。
不：いいえ、ちょっと古いです。でも、きれいですよ。
客：静かですか。
不：ええ、とても静かです。
客：部屋は大きいですか。
不：あまり大きくありません。でも、部屋はたくさんありますよ。
客：いくらですか。
不：一か月九万四千円です。
客：えっ。高いですね。
不：高くありませんよ。安いですよ。

Ⓑ

司会者：こんにちは。お名前は？
鈴木：鈴木ゆうこです。
司会者：鈴木さんですね。お名前をお願いします。
吉田：吉田です。
川口：川口です。
中山：中山です。

司会者：吉田さんはどんな人が好きですか。
吉田：私はやさしい人が好きです。
司会者：川口さんは？
川口：ぼくはおもしろい人が好きです。
司会者：中山さんは？
中山：静かな人が好きですね。

司会者：鈴木さん、じゃあ、聞いてください。
鈴木：はい。休みには何をしますか。
司会者：吉田さんは休みに何をしますか。
吉田：テニスをします。
司会者：川口さんは？
川口：ぼくは友だちと一緒にごはんを食べます。
司会者：中山さんは？
中山：私は家でテレビを見ます。

司会者：そうですか。では鈴木さん、どの人がい
　　いですか。
鈴木：吉田さんです。
司会者：吉田さん、おめでとうございます！

Ⓒ

インタビュアー：メアリーさんは音楽が好きですか。
メアリー：ええ、好きです。
イ：どんな音楽が好きですか。
メ：そうですね。アメリカのロックが好きです。
　　うちでよく聞きます。
イ：ジャズも好きですか。
メ：いいえ、ジャズはあまり好きじゃありません。
イ：そうですか。クラシックは？
メ：きらいです。クラシックはわかりません。
イ：週末何をしますか。
メ：そうですね。よく映画を見ます。
イ：どんな映画ですか。
メ：うーん。サスペンスが好きです。先週ヒッチ
　　コックの映画を見ました。とてもおもしろかっ
　　たです。ぜんぜん古くありませんでした。

インタビュアー：たけしさんはどんな音楽が好き
　　ですか。

たけし：ジャズが大好きです。よくジャズを聞き
　　ます。
イ：そうですか。ロックは？
た：あまり聞きません。あまり好きじゃありませ
　　ん。でもビートルズは好きです。
イ：クラシック音楽は好きですか。
た：ええ、好きです。ときどきコンサートへ行き
　　ます。
イ：そうですか。映画はどうですか。
た：好きです。サスペンス映画とホラー映画が大
　　好きです。

第６課

Ⓐ

ユースの人：朝ごはんは七時半ですから、七時半
　　にここに来てください。ええと、お昼ごはんは
　　ありません。
ロバート：すみません。部屋でたばこを吸っても
　　いいですか。
ユースの人：いいえ、吸ってはいけません。たば
　　こはロビーで吸ってください。
けん：朝、お風呂に入ってもいいですか。
ユースの人：いいえ、朝はシャワーを使ってくだ
　　さい。それから、コインランドリーはロビーの
　　となりにありますから、使ってください。

Ⓑ

　朝、私の部屋に入って、窓を開けてください。
　冷蔵庫にミルクがあります。飲んでください。
冷蔵庫の中の食べ物も食べてください。
　メアリーさんの本がつくえの上にあります。メ
アリーさんに返してください。
　それから、土曜日にパーティーをしますから、
ロバートさんに電話をかけて、音楽のテープを借
りてください。
　金曜日にパーティーの買い物をしてください。

じゃあ、お願いします。

Ⓒ

たけし：みちこさん、ピクニックに行きませんか。
みちこ：いいですね。いつですか。
たけし：今週の土曜日はどうですか。
みちこ：ああ、土曜日はアルバイトがありますから、
　　　ちょっと……。でも、日曜日はいいですよ。
　　　スーさんは？
スー：私も土曜日はちょっと……。友だちが来ま
すから。ロバートさんはどうですか。
ロバート：土曜日はいいですよ。でも日曜日はうち
　　　で勉強します。月曜日にテストがありますから。
たけし：じゃあ、来週行きましょうか。
みんな：そうですね。

第7課

Ⓐ

警察：ロバートさん、あなたはきのうの夜十一時
　　　ごろ何をしていましたか。
ロバート：ぼくは、部屋で宿題をしていました。
警察：一人で？
ロバート：いいえ、スーさんと。
警察：ほかの学生は何をしていましたか。
ロバート：たけしさんとけんさんは、たけしさん
　　　の部屋で音楽を聞いていました。それから、み
　　　ちこさんは、お風呂に入っていました。
警察：じゃあ、トムさんは？
ロバート：トムさん？さあ……。
警察：どうもありがとう。トムさんはどこですか。

Ⓑ

　みなさん、こんにちは。レポーターの鈴木で
す。わあ、スターがたくさん来ていますね。
　あっ、アーノルド・スタローンさんが来まし
た。Tシャツを着て、ジーンズをはいています。
背が高くて、かっこいいですね。
　そして、野口ひろこさんです。きれいなドレス
を着ています。ぼうしもかぶっています。かわい
いですね。
　そして……あっ、松本聖子さんです。今日はめ
がねをかけています。髪が長くて、いつもセク
シーですね。新しいボーイフレンドと来ました。
髪が短くて、ちょっと太っていますね。

Ⓒ

メアリー：すみません。ちょっといいですか。
田中：はい。
メアリー：あの、お名前は。
田中：田中です。
メアリー：今日はここに何をしに来ましたか。
田中：今日ですか。友だちの誕生日のプレゼント
　　　を買いに来ました。
メアリー：何を買いますか。
田中：音楽のCDを買います。
メアリー：そうですか。どうもありがとうござい
　　　ました。

メアリー：すみません。お名前は。
佐藤：佐藤です。
メアリー：今日は何をしに来ましたか。
佐藤：遊びに来ました。
メアリー：何をしますか。
佐藤：カラオケで歌います。
メアリー：ありがとうございました。

メアリー：すみません。お名前は。
鈴木：鈴木です。
メアリー：今日は何をしに来ましたか。
鈴木：妹に会いに来ました。妹はこのデパートに
　　　勤めていますから。
メアリー：そうですか。ありがとうございました。

いクラスだと言っていました。でも、学生はあまり勉強しないから、大変だと言っていました。

第8課

Ⓐ

1. 見ないでください。
2. ここで写真を撮らないでください。
3. 行かないでください。
4. 消さないでください。
5. 死なないでください。
6. ここでたばこを吸わないでください。
7. となりの人と話さないでください。

Ⓑ

ロバート：けん、日曜日ひま？
けん：うん。ひまだよ。
ロバート：一緒にバスケットボールしない？
けん：うん。いいね。いつする？
ロバート：四時半は？
けん：いいよ。たけしもすると思う？
ロバート：ううん。たけしはアルバイトがあると言っていた。
けん：トムは来る？
ロバート：うん。トムは大丈夫だと思う。日曜日は忙しくないと言っていたから。
けん：じゃあ、三人だね。

Ⓒ

みなさん、私は本間先生にインタビューしました。先生は背が低くて、やさしくて、頭がいい女の人が好きだと言っていました。
週末は、よくスポーツをすると言っていました。ゴルフとテニスをすると言っていました。テレビでスポーツを見るのも好きだと言っていました。ガールフレンドがいないから、ぜんぜんデートをしないと言っていました。ときどき料理をしますが、あまり上手じゃないと言っていました。
日本語のクラスは、にぎやかでとてもおもしろ

第9課

Ⓐ

けん：みちこさん、遅くなってごめんなさい。待った？
みちこ：うん。十分ぐらいね。
けん：もう、晩ごはん食べた？
みちこ：ううん、まだ食べていない。
けん：じゃあ、何か食べる？
みちこ：うん。
けん：何がいい？　イタリア、フランス、中国料理……。
みちこ：うーん、そうね、スパゲッティは？
けん：いいね。おいしいレストラン知っているから、そこへ行く？
みちこ：うん。それはどこ？
けん：あそこ。あのホテルの中だよ。

Ⓑ

じゅん：先週のパーティーの写真です。
ロバート：ケーキを食べている人がじゅんさんですね。
じゅん：ええ。
ロバート：じゅんさんのガールフレンドはどの人ですか。
じゅん：ぼくのとなりで、ワインを飲んでいる人です。
ロバート：きれいな人ですね。この歌を歌っている女の人もきれいですね。
じゅん：ああ、ぼくの妹ですよ。そのとなりが弟です。
ロバート：あのキスをしている男の人はだれですか。
じゅん：姉のボーイフレンドです。姉とキスをしています。

ロバート：そうですか。あの後ろのソファで寝て
　　　いる男の人は？
じゅん：父です。犬のポチも寝ています。
ロバート：じゃ、お母さんは？
じゅん：母はいません。写真を撮っていましたから。

Ⓒ

客A：コーヒーを五つください。
店員：はい、六百円です。
客B：オレンジを三つください。
店員：はい、百八十円です。
客C：おにぎりを九つお願いします。
店員：九つ……えっと、千八十円です。
客D：お茶は一ついくらですか。
店員：一つ百二十円です。
客D：じゃあ、八つください。
店員：はい、どうぞ。
客E：お弁当七つください。
店員：はい、一つ千二百円ね。

第10課

Ⓐ

ロバート：メアリーさん、冬休みに何をしますか。
メアリー：韓国に行くと思います。韓国でたくさ
　　　ん食べます。それから買い物もします。一週間
　　　ぐらい韓国にいるつもりです。ロバートさんは？
ロバート：ロンドンのうちに帰るつもりです。ロ
　　　ンドンで友だちに会うと思います。12月22日か
　　　ら1月23日までロンドンにいます。たけしさんは
　　　何をするつもりですか。
たけし：ぼくはお金がないから、どこにも行きま
　　　せん。アルバイトも休みだから、ひまだと思い
　　　ます。つまらないです。スーさんは？
スー：私もメアリーさんと一緒に韓国へ帰ります。
　　　私は三週間ぐらいいるつもりです。家族に会い
　　　ます。それから友だちとスキーをしに行くと思

います。

Ⓑ

ナオミ：三つの大学の中でどれがいちばん大きい
　　　ですか。
教師：花岡大学がいちばん大きいです。そしてい
　　　ちばん有名ですね。東西大学も津島大学もあま
　　　り大きくありませんね。
ナオミ：じゃあ、学費はどうですか。
教師：花岡は一年八十万円ぐらい、津島は百五十万
　　　円ぐらい、東西は五十万円ぐらいだと思います。
ナオミ：東西がいちばん安いですね。……東西と
　　　花岡とどちらのほうがここから近いですか。
教師：東西も花岡も遠いですよ。電車とバスで二
　　　時間ぐらいかかります。津島がいちばん近いで
　　　すね。バスで三十分ぐらいですから。
ナオミ：じゃあ、日本語のクラスはどうですか。
教師：東西と津島には日本語のクラスがあります
　　　が、花岡にはありません。
ナオミ：残念ですね。私は大学で日本語を勉強す
　　　るつもりですから……。東西と津島とどちらの
　　　日本語のクラスがいいですか。
教師：津島のほうがいいと思います。津島の日本
　　　語の先生はとても有名ですから。
ナオミ：そうですか。……先生、ありがとうござ
　　　いました。

Ⓒ

質問：
1. 冬休みにどこかへ行きましたか。
2. 一人で行きましたか。
3. どうやって行きましたか。
4. いつからいつまで東京にいましたか。
5. 東京で何をしましたか。

Ⓐ

けん：あきらさん、休みはどうでしたか。

あきら：よかったですよ。長野で毎日スキーをしたり、雪の中で温泉に入ったりしました。次の休みも長野に行って、山に登るつもりです。

けん：よしこさんは？

よしこ：私は友だちとオーストラリアに行きました。

あきら：えっ、オーストラリアですか？　いいなあ。ぼく行ったことがありませんが、友だちはオーストラリアでスキーをしたと言っていました。

よしこ：オーストラリアは今、夏だからスキーはしませんでしたけど。友だちがオーストラリアに住んでいるので、会いに行きました。ビーチを散歩したり、買い物したりして楽しかったです。でも、今度の休みはアルバイトします。もうお金がありませんから。けんさんは？　休みはどうでしたか。

けん：つまらなかったですよ。どこにも行きませんでした。うちでテレビを見ていました。

よしこ：そうですか。

けん：でも、今度の休みは、友だちと山にキャンプに行ったり、ドライブに行ったりするつもりです。

Ⓑ

1.

女：ああ、おなかすいた。

男1：うん。何か食べに行く？

女／男2：うん。

男1：何が食べたい？

女：私、ピザ。

男1：きのう食べた。

男2：すし。

男1：お金がない。

女：じゃあ、何？　何が食べたい？

男1：ぼくのうちに来る？スパゲッティ作るよ。

女／男2：いいね。

2.

男：どこに行きたい？

女：うーん。

男：映画はどう？

女：うん。何が見たい？

男：ゴジラはもう見た？

女：ゴジラ？　日本の映画好きじゃないの。

男：じゃあ、「スーパーマン」。

女：古い。

男：じゃあ、何が見たい？

女：「マイ・フェア・レディ」は？

男：そのほうがもっと古いよ。

3.

女1：ニューヨークで何がしたい？

女2：美術館に行ったりミュージカルを見たりしたい。どう思う？

女1：うん。私は買い物がしたい。家族におみやげが買いたいから。それから映画も見たい。アメリカでは安いからね。

女2：じゃあ、今日は美術館に行って、映画を見る？あしたはミュージカル。

女1：うん。いいよ。あっ、でも今日は月曜日だから、美術館は休みだと思う。

女2：そうか。じゃあ、今日の午後、買い物をしたりして、夜はミュージカル。

女1：そうだね。あしたは美術館と映画ね。

Ⓒ

先生：メアリーさんは、子供の時、何になりたかったですか。

メアリー：私は、社長になりたかったです。今もなりたいです。

先生：そうですか。じゃ、トムさんは？

トム：ぼくは、歌手になりたかったです。今はお金持ちになりたいです。だからお金持ちと結婚したいです。あのう、先生は子供の時から先生になりたかったですか。

先生：実は、あまりなりたくありませんでした。

メアリー：じゃあ、何になりたかったですか。

先生：別に、何も……
トム：じゃあ、どうして先生になりましたか。
先生：よくわかりません。ときどきやめたいと思
　　　いますが……
メアリー／トム：えっ！

第12課

Ⓐ

1.

医者：どこが悪いんですか。
患者A：のどが痛くて、夜せきが出るんです。熱
　　　もあると思います。
医者：そうですか。少し熱がありますね。おなか
　　　はどうですか。
患者A：大丈夫です。
医者：かぜですから、家でゆっくり休んだほうが
　　　いいですね。
患者A：はい、わかりました。ありがとうござい
　　　ました。

2.

患者B：きのうの夜からおなかが痛いんです。
医者：熱はどうですか。
患者B：熱はないと思いますけど。
医者：そうですか。口を開けてください。はい、
　　　もっと開けて……のどは大丈夫ですね。
患者B：でもすごくおなかが痛くて……。
医者：きのう、何か食べましたか。
患者B：晩ごはんは食べませんでした。昼ごはん
　　　に、天ぷらと、さしみと、うどんを食べました
　　　けど。さしみが悪かったんでしょうか。
医者：いえ、食べすぎたんですね。どこも悪くあ
　　　りませんよ。
患者B：そうですか。
医者：あまり食べすぎないほうがいいですよ。お
　　　大事に。

3.

医者：どうしましたか。
患者C：頭が痛いんです。それにおなかも痛くて。
医者：熱を測りましょう。うーん。熱もあります
　　　ね。ちょっと高いですね。せきは出ますか。
患者C：いいえ、出ません。
医者：のどは。
患者C：痛くありません。大丈夫でしょうか。
医者：大丈夫だと思いますが、大きい病院に行っ
　　　たほうがいいでしょう。
患者C：ええ？

Ⓑ

女：高橋さん、今晩一緒に飲みに行きませんか？
男：すみません。今日は子供の誕生日なので、早
　　く帰らなくちゃいけないんです。
女：そうですか。プレゼントは、もう買ったんで
　　すか。
男：いいえ。忙しかったから。
女：何か買って帰ったほうがいいですよ。
男：そうですか。じゃあ、そうします。

Ⓒ

　あしたの東京の天気は、雨ときどきくもりで
しょう。暑いでしょう。気温は二十九度ぐらいで
しょう。
　モスクワはあしたくもりでしょう。少し寒いで
しょう。気温は十七度ぐらいでしょう。
　バンコクはあした晴れでしょう。気温は三十八
度ぐらいでしょう。とても暑いでしょう。
　キャンベラはあした、くもりときどき雨でしょ
う。暖かいでしょう。気温は二十一度ぐらいでし
よう。

●저자

坂野永理(ばんの えり)

　岡山大学 言語教育センター 教授

大野裕(おおの ゆたか)

　立命館大学大学院 言語教育情報研究 教授

坂根(池田)庸子(さかね いけだ ようこ)

　茨城大学留学生センター 教授

品川恭子(しながわ ちかこ)

　カリフォルニア大学サンタバーバラ校　講師

순기초 일본어 **겡끼①**

초판인쇄	2002년　2월　7일
1판 13쇄	2022년　10월　20일

저자	坂野永理・大野裕・坂根庸子・品川恭子
책임 편집	조은형, 무라야마 토시오, 김성은, 손영은
펴낸이	엄태상
콘텐츠 제작	김선웅, 장형진
마케팅	이승욱, 왕성석, 노원준, 조성민, 이선민
경영기획	조성근, 최성훈, 정다운, 김다미, 최수진, 오희연
물류	정종진, 윤덕현, 신승진, 구윤주

펴낸곳	시사일본어사(시사북스)
주소	서울시 종로구 자하문로 300 시사빌딩
주문 및 교재 문의	1588-1582
팩스	0502-989-9592
홈페이지	www.sisabooks.com
이메일	book_japanese@sisadream.com
등록일자	1977년 12월 24일
등록번호	제 300-2014-92호

ISBN 978-89-402-0449-8 18730

　　　978-89-402-0448-1 18730 (set)